Peter Bär, Gerhard Schneider

Die Coen-Brüder

IMAGO

Peter Bär, Gerhard Schneider

Die Coen-Brüder

Im Dialog: Psychoanalyse und Filmtheorie Band 11

Mit Beiträgen von Peter Bär, Dirk Blothner,
Isolde Böhme, Andreas Hamburger, Stefan Hinz,
Katharina Leube-Sonnleitner, Christiane Mathes,
Manfred Riepe, Dietrich Stern, Marcus Stiglegger,
Mechthild Zeul und Ralf Zwiebel

Psychosozial-Verlag

Herausgeber:
Cinema Quadrat e.V., Mannheim
Institut für Psychoanalyse und Psychotherapie
Heidelberg-Mannheim
Psychoanalytisches Institut Heidelberg-Karlsruhe
der Deutschen Psychoanalytischen Vereinigung
Heidelberger Institut für Tiefenpsychologie

Bibliografische Information
der Deutschen Nationalbibliothek
Die Deutsche Nationalbibliothek verzeichnet diese
Publikation in der Deutschen Nationalbibliografie;
detaillierte bibliografische Daten sind im Internet
über http://dnb.d-nb.de abrufbar.

E-Mail: info@psychosozial-verlag.de
www.psychosozial-verlag.de

Umschlagabbildung: Ethan (r.) und Joel (l.) Coen
während der 61. Internationalen Filmfestspiele
Berlin (Berlinale), 10.2.2011

Umschlaggestaltung & Satz: Hanspeter Ludwig,
Wetzlar
www.imaginary-world.de
ISBN 978-3-8379-2373-5

Inhalt

Vorwort

2014 – das heißt auch: dreißig Kinojahre mit inzwischen 16 teils hoch dekorierten Filmen der Brüder Joel und Ethan Coen (*1954, *1957), von ihrem Erstling *Blood Simple* 1984 bis zu ihrem bislang letzten Film *Inside Llewyn Davis*, der Ende 2013 in die Kinos kam. Grund genug also, dass sich das 12. Mannheimer Filmseminar 2014 *Im Dialog: Psychoanalyse und Filmtheorie* mit dem Werk des Brüderpaars filmpsychoanalytisch und filmtheoretisch auseinandersetzte. In der kulturell-literarischen Feuilleton-Webseite *Der Umblätterer* heißt es Anfang 2010 unter der Überschrift »Joels & Ethans wunderbare Welt« zu recht:

> »Was wären die letzten 25 Jahre ohne die Gebrüder Coen. Sie etablierten mit ihrem Debüt *Blood Simple*. […] die amerikanische Independent-Szene, schufen mit *Fargo* einen modernen Klassiker, kreierten mit Jeff ›The Dude‹ Lebowski eine kultisch verehrte Ikone, verhalfen dem Bluegrass-Folk mit *O Brother, Where Art Thou?* zu einer überraschenden Renaissance, stemmten mit *No Country for Old Men* eine der besten Literaturverfilmungen überhaupt. […] *A Serious Man* gehört als ihr wohl persönlichster, wärmster und nachdenklichster Film bereits zum besten, was sie je gemacht haben.«[1]

Und dies lässt sich für die beiden nachfolgenden Werke *True Grit* als Spätwestern und den melancholischen Folkmusiker-Film *Inside Llewyn Davis* weiterschreiben.

Bis auf ihren zweiten Film *Arizona Raising* (1987), die Scheidungskomödie *Intolerable Cruelty* (*Ein [un]möglicher Härtefall*, 2003) und das Remake *Ladykillers* (2004) werden in den Beiträgen des Buchs alle Filme der Coen-Brüder diskutiert, wobei Mehrfachanalysen wie z. B. die von *Blood Simple* (Katharina Leube-Sonnleitner, Manfred Riepe) und *Fargo* (Mechthild Zeul, Dieter Stern) durch die in ihnen zutage tretenden unterschiedlichen Perspektiven etwas von dem interpretativen Unendlichkeitspotenzial eines jeden guten Films offenkundig werden lassen. Dass das kein Beliebigkeitspotenzial im Sinne eines »Anything goes« ist, ist klar: Die filmtheoretische oder filmpsychoanalytische Interpretation muss sich von der Film-Oberfläche, von den Bildern her ausweisen.

1 San Andreas (alias Andreas Vogel). In: www.umblaetterer.de/2010/02/02/25-Jahre-Coen (Stand 15.7.2014).

Manfred Riepe geht in seinem Überblicksartikel der zentralen filmtheoretischen Frage »Was […] zeichnet die Coens aus?« in einer filmpsychoanalytischen Perspektive nach. Sein Ausgangspunkt ist das Coen'sche Kernmotiv des Scheiterns: Wir erleben »haarsträubende Geschichten männlicher Verlierertypen: Durch eine Verkettung seltsamer Umstände, an denen sie scheinbar keine Schuld haben, werden ihre Helden hartnäckig vom Schicksal verfolgt.« Riepe versteht das als Ausdruck einer *zwanghaften Struktur*, die er ausgehend von Freuds berühmter Falldarstellung des »Rattenmanns« analysiert und mit der Thematik des »unglaubwürdigen Vaters« verbindet. Diese Perspektive wird an *Blood Simple* (1984), *Miller's Crossing* (1990) und *The Big Lebowski* (1998) detailliert konkretisiert. Den Kontrast dazu gibt es bei den Coens auch: Die (im Sinne Lacans) positive »Vaterfunktion, für die der tote bzw. der symbolische Vater steht« – *The Hudsucker Proxy* (1994) zeigt das in einer für sie charakteristischen komödiantischen Brechung. Darüber hinaus kann Riepe im Anschluss an eine grundlegende *formpsychoanalytische* Arbeit von Janine Chasseguet-Smirgel aus dem Prinzip des Zwangs heraus ein konstitutives Element der Coen'schen filmischen Form durchsichtig machen: das des Kreises und der Zirkularität der Wege ihrer Helden.

Katharina Leube-Sonnleitner diskutiert den ersten Film der Coen-Brüder *Blood Simple* (1984) in der Tradition des Film noir-Genres (dazu filmtheoretisch: Marcus Stiglegger), was sehr gut der »finsteren, pessimistischen, grundlegend tragischen Verstrickung, in die die Figuren […] unweigerlich geraten« entspricht. Sie nimmt Bezug auf die von Riepe diskutierte zentrale Tötungsszene, kommt aber zu einer anderen als der ödipal-vaterzentrierten Sichtweise: Man befinde sich nicht in einer ödipalen Welt der Rivalität, von Symbolisierung und Objektbeziehung, sondern in einer solchen der Desymbolisierung, »im Reich der vorsprachlichen Vermischung von Sinneseindrücken, archaischen Bedürfnissen und nacktem Überlebenskampf«. Krise der Männlichkeit, Schutzlosigkeit und menschliches Ausgeliefertsein sowie fehlende bzw. misslingende Kommunikation, also »keine Verständigung, nirgends«, sind weitere Attribute der Finsternis dieser Welt jenseits einer tragenden Ordnung.

Marcus Stiglegger nennt als Schlüssel zu seiner filmwissenschaftlichen Interpretation von *Barton Fink* (1991) den spezifischen Bezug der Coen-Brüder zum amerikanischen Film noir. In seiner detailreichen Übersicht stellt er zunächst die klassische Zeit des Noir in den 40er und 50er Jahren nebst ihren Vorläufern dar, deren Charakteristika inhaltlich ein unamerikanischer Pessimismus, in den formalen Mitteln eine komplexe Rückblendenstruktur, eine kommentierende wie subjektive Voice over und optisch später das Schattenspiel des Chiaroscuro mit extremen Kontrasten sowie verkantete oder perspektivisch verfremdete Einstellungen sind. Neo-Noir im Sinne der zeitgemäßen Adaption der klassischen Stilmittel wie Retro-Noir-Kostümfilme mit ihrer Beschwörung der Atmosphäre der 40er Jahre zeigen das kreative Potenzial des Noir-Genres. *Barton Fink* versteht Stiglegger in diesem Kontext als *Meta-Noir*: als filmische Selbstreflexion des Hollywood-Systems der frühen 40er (Noir-)Jahre, dessen Befund lautet: »Hollywoodland war die Hölle selbst.«

Stefan Hinz nähert sich *Barton Fink* filmpsychoanalytisch von seinen Gegenübertragungsreaktionen her. Fragmentierungen (die Geschichte »zerfällt […] in meinem Kopf zu Episoden«) und Integrationsprobleme (der Film »bietet mehr Anregungen, als ich integrieren kann«) sind dabei Erfahrungen, die Hinz davon abhalten, den Film subsumtiv in *einer* Perspektive interpretieren zu wollen. Eine zentrale Übereinstimmung mit Stiglegger ist die, dass der Film »eine der bösartigsten Abrechnungen mit Hollywood« ist. Unterhalb der Ebene einer methodisch für ihn unzulässigen Gesamtdeutung analysiert Hinz z. B. die Metaphern der Räume und Aspekte des Protagonisten Barton Fink, der dem Film den Namen gegeben hat, insbesondere seine Stellung als Drehbuchautor im Hollywoodsystem und den Bezug zu seinem Zimmernachbarn, einem Serienkiller, der verstanden wird »als Repräsentanz eines Persönlichkeitsanteils von Barton, zu dem er keinen Zugang hat«.

Mechthild Zeul stellt ein Merkmal der meisten Coen-Filme ins Zentrum ihrer Interpretation von *Fargo* (1996): die Mischung von Gewalt, Humor und Komik. Zur Analyse dieser Mischung als Wirkung filmischer Mittel greift sie auf die in der Säuglingsforschung entwickelte Konzeption der *Erwartungsverletzung* (Frank Lachmann) zurück, also die Diskrepanz zwischen einer vom Säugling erwarteten und der tatsächlich von der Mutter ausgeführten Geste oder Handlung. Es ist dies eine Konzeption, die z. B. für das Verständnis der Auslösung von Humor und ganz allgemein positiver wie negativer Überraschungen auch im ästhetischen Kontext genutzt werden kann. Zeuls Augenmerk gilt neben dem wie zwangsläufig in sein Unheil tappenden, schrägen Anti-Helden Jerry Lundegaard und den beiden Gaunern Carl und Gaear in besonderer Weise der hoch schwangeren Kommissarin Marge Gunderson, die in einer sympathischen und klugen Weise das Realitätsprinzip in einer Welt, die aus den Fugen zu geraten droht, repräsentiert.

Peter Bär geht in seiner filmdeskriptiven Analyse von *O Brother, Where Art Thou?* (2000) auf ein weiteres Merkmal der Coen-Filme ein: »Die Coens wählen sich in der Regel ein Thema […], wählen hierzu passend immer einen anderen US-Staat […] und plündern Literatur-, Philosophie-, Musik- und Filmgeschichte, um ihre Filme gezielt zu konstruieren.« Im genannten Film geht es um die Flucht von drei Sträflingen aus einem Gefängnis in Mississippi, die in ihrem gesamten Verlauf bis hin zur Rückkehr des einen von ihnen zu seiner Frau Penny (= Penelope) den zwölf Episoden der *Odyssee* (nur in anderer Reihenfolge und teilweise ironisierend oder ihre Inhalte verkehrend) nachempfunden ist. Zeitgeschichtliche, der Film spielt 1937, wie film- und musikgeschichtliche Anmerkungen ergänzen die Darstellung, die keinen umfassenden Deutungsanspruch erhebt, sondern sich bewusst darauf beschränkt, exemplarisch vorzuführen, wie frech und phantasiereich die Brüder mit vorgefundenem und ausgewähltem Material umgehen.

Christiane Mathes' filmwissenschaftliche Analyse von *The Man Who Wasn't There* (2001) nimmt in gewisser Weise in einer philosophisch zentrierten Perspektive Bärs allgemeine Charakterisierung des Vorgehens der Brüder auf. Wie in *Blood Simple* (Ray) und *Fargo* (Jerry) finden wir auch hier im Friseur Ed Crane einen der »typischen Anti-Helden der Coen-Brüder […], die sich aus ihrer beengten Situation befreien wollen, […] dabei aber die Konsequenzen nicht durchschauen und von diesen unerbittlich eingeholt und überrollt werden«. Mathes legt dar, dass der Film als zutiefst *existentialistisch* im Sinne Jean-Paul Sartres verstanden werden kann: Er handelt »von einem Mann, der ins Leben geworfen wurde und mit seiner Freiheit zu wählen nichts anzufangen weiß«; erst bei seiner Hinrichtung, also im Tod wird er »wahrhaft sichtbar«. Filmisch findet das Scheitern Eds, der als Figur mit Albert Camus' Meursault (*Der Fremde*, 1942) und Sartres Roquentin (*Der Ekel*, 1938) verglichen werden kann, mit den Mitteln des Films noir seinen adäquaten Ausdruck.

Andreas Hamburger vermittelt in seiner Interpretation von *No Country for Old Men* (2007) – eine Verfilmung des gleichnamigen Romans von Cormack MacCarthy – wie Riepe die filmpsychoanalytische mit der film- (und literatur-)wissenschaftlichen Perspektive. Hier scheint allerdings eine ganz andere Seite des Coen-Universums auf: An die Stelle der triangulär strukturierten väterlich-ödipalen Welt tritt die ganz frühe Welt des Kindes mit der Mutter als Zentrum, deren subjektive Logik durch das »Gesetz des Zufalls [...], das über Leben und Tod, Glück und Verhungern/Verdursten regiert« bestimmt wird – im Film durch den Killer Chigurh repräsentiert. Mit Alfred Lorenzer unterscheidet Hamburger drei Verstehensebenen: die des Begreifens (manifeste Handlung), des Nacherlebens (vorbewusstes psychologisches Verstehen der Intention) und die des szenischen oder psychoanalytischen Verstehen (unbewusste Teilhabe an der Szene). Auf der vorbewussten Ebene rekonstruiert er eine verlorene Männlichkeit in dem Sinne, dass sich das »›Country‹ als Inbegriff der sozialen Ordnung [...] aufgelöst [hat]«. Auf der unbewussten Ebene entspricht dem, dass der Film durch ein »No«, eine Leerstelle gesteuert wird, wie sich z.B. am Soundtrack zeigen lässt. Zu diesem durch das Gesetz des Zufalls regierten »No«-Universum gehört auch die Fusion von Gut und Böse – wie in Shakespeares Endspiel *Macbeth*: »Fair is foul, and foul is fair.«

Dirk Blothner analysiert *Burn After Reading* (2008) in der Perspektive, das »Unbewusste als Wirkungszusammenhang« zu verstehen. Der Film nimmt ein Grundthema der Coens auf (z.B. *Fargo*): Jemand »strickt [...] an einem Gewebe, das ihn mehr und mehr überzieht [...] und ihm schließlich Ereignisse aufdrängt, als deren Opfer er sich erfährt« – drei der vier Protagonisten sind am Ende des Films tot. Das macht Blothners Perspektive einsichtig: »Das Handeln der Menschen setzt Zusammenhänge in Gang, die ihnen nicht verfügbar sind«, und dieses Unverfügbare/Unbewusste macht sich in »mal befremdenden, mal überraschenden Wirkungen bemerkbar und [...] in der Unmöglichkeit, diese zu überblicken«. Darum ist der Film (aus dem Jahr der Finanzkrise!) kulturpsychoanalytisch hoch aktuell. Eine Pointe ist, dass auch der Zuschauer den Verlust an Überblick und Verfügung erlebt: Anfangs kann er noch aus einem Gefühl der Überlegenheit über die Protagonisten lachen, zunehmend gerät er aber selbst in einen Zustand kaum auflösbarer Verwirrung.

Isolde Böhme untersucht *A Serious Man* (2009), einen Film mit deutlich autobiographischen Zügen, der in dem Vorort von Minneapolis spielt, in dem Joel und Ethan aufgewachsen sind: Er stellt »eine Welt dar, in der sie als Kinder und Jugendliche gelebt haben«. Auch in ihm findet sich das Schräge und Komische, der schwarze Humor der Coen-Filme, das *Coeneske*, das hier in einem spezifisch jüdischen Kontext erscheint, zu dem »das Lachen [gehört], sich gerade über das lustig zu machen, was dem Herzen nahe geht«. In dieser Perspektive ist es konsequent, wenn Böhme in der Bar Mizwa Dannys, Sohn des von einem Schicksalsschlag nach dem anderen getroffenen Protagonisten Larry Gropnik, vielleicht ein moderner Hiob, das Zentrum sieht, auf das der Film hinläuft. In diesem Zusammenhang stellt sich die Frage: »Was dann, wenn das Gesetz dieser Religion, das innere Gesetz, seine Bedeutung verliert?«, eine Frage, die über das Judentum hinaus die ganze westliche Welt betrifft, in der nach Giorgio Agamben »Gesetz und Tradition zwar weiterhin Gültigkeit besitzen, aber ihre Bedeutung verloren haben«.

Ralf Zwiebel geht in seiner filmpsychoanalytischen Betrachtung von *True Grit* (2010) – dem Remake des gleichnamigen Films von Henry Hathaway (1969) – von dem unterschiedlichen Erleben aus, das er beim ersten (gute Unterhaltung durch einen hervorragenden, spannenden Film) und beim zweiten Sehen hatte, in dem ihm erst die Struktur der *rückblickenden Erzählung* durch die Protagonistin auffiel. Diese Erzählung zeigt, dass aus einem jungen, mutigen Mädchen (true grit = mit wahrem Mumm), das um jeden Preis die Ermordung ihres Vaters rächen will, was auch gelingt, eine depressive alte Frau geworden ist, die nie wieder ins Leben zurückgefunden hat. Zwiebels *Hauptthese* ist, dass die Coen-Brüder in der Auseinandersetzung mit der Romanvorlage (Charles Portis, 1968) und dem Erstfilm untersuchen, »wie es zu einer solchen Entwicklung kommen kann«, d. h. sie vermitteln einen Einblick in die durch einen traumatischen Verlust geprägte innere Welt einer Adoleszentin, die »die erlittenen Verlust und damit die Erfahrung der Vergänglichkeit nicht reflektierend verarbeiten und betrauern kann, sondern dies verleugnend in sich selbst vergraben hat«. Auch hier also eines der großen Themen der Coens: das Scheitern.

Dieter Stern wendet sich einem bislang eher stiefmütterlich behandelten Bereich des *audiovisuellen* Mediums Film zu, der *Musik in den Coen-Filmen*. Von *Inside Llewyn Davis* (2013) auszugehen, bietet sich an, geht es doch hier um das Leben eines Musikers – und die Sache der Musik selbst. Im Zentrum steht, kritisch kontrastiert von klassischer Musik und Verweisen auf den komplexeren Jazz, die Folkmusik der 60er Jahre, die für den Protagonisten als regressiver Kokon dagegen fungiert, sich den Anforderungen des Lebens zu stellen. Eine vergleichbare regressive Tagtraum-Funktion bekommen die ohrwurmartigen langsamen Sätze aus Beethoven-Klaviersonaten im Verlauf des Geschehens für Ed Crane in *The Man Who Wasn't There* (2001). Noch vielschichtiger wird die Musik in *Fargo* (1996) eingesetzt, in dem sie einerseits einen szenischen Charakter hat, andererseits als »Hollywood-Musik« die Aufgabe hat, den Zuschauer emotional einzubeziehen, und die darüber hinaus in Form eines norwegischen Volkslieds leitmotivisch in Schlüsselszenen verwendet wird. Insgesamt machen Sterns Ausführungen deutlich, dass bei den Coen-Brüdern »Musik mehr und anderes [leistet] als unbewusste Einfühlung. Sie ist selbstständiger Teil des Filmkonzepts, vergleichbar dem Schnitt, dem Dialog, der Einstellung.«

Abschließend möchten die Herausgeber den Autoren für die Überlassung ihrer Arbeiten und die reibungslose Zusammenarbeit danken. Peter Bär hat in Abstimmung mit ihnen die Auswahl und Anordnung der Filmbilder besorgt, Gerhard Schneider die Texte lektoriert.

Gerhard Schneider

Der unglaubwürdige Vater

Zur Poesie der Verlierer in den Filmen von Joel und Ethan Coen

Manfred Riepe

»Es spukt der böse Vater in der Welt der Coen-Filme.«

Georg Seeßlen

Einführung

Seit 30 Jahren drehen die Coens Filme. Meist führt der ältere Bruder Joel Regie, als Autorenfilmer schreiben sie ihre Drehbücher gemeinsam. Ihre literarische Erzählweise knüpft nicht selten an berühmte Kriminalromane an, dennoch ist nur einer ihrer Filme, nämlich *No Country for Old Men* (2007), eine Buchadaption. Ihre Produktionen können sich in gewissem Rahmen kommerziell behaupten und zeigen – sieht man von der Scheidungskomödie *Intolerable Cruelty* (2003) und dem Remake der britischen Komödie *Ladykillers* (2004) ab – eine erstaunliche künstlerische Konstanz. In bislang sechzehn abendfüllenden Spielfilmen entwickelten die Brüder eine unverwechselbare Handschrift. Was aber ist das Spezifische?

Im Gegensatz zu Regisseuren wie David Cronenberg und Pedro Almodóvar, die bei etwa gleichem Werkumfang eine ähnliche Akzeptanz bei Publikum und Kritik vorweisen, springt die Eigenart eines Coen-Films nicht unmittelbar ins Auge. Bei Cronenberg denkt man an verrückte Wissenschaftler mit detonierenden Schädeln. Und seit Almodóvar sind »Frauen am Rande des Nervenzusammenbruchs« sprichwörtlich geworden. Solche Markenzeichen treten bei den Coens nicht plakativ hervor: »Ihre Arbeiten sind auf der einen Seite nie so eindeutig ›Kunst‹ wie die Filme von David Lynch, haben aber auch nicht den Kult-Status eines Quentin Tarantino.« (Seeßlen, 1998, S. 224) Sie gelten als »cool«, weil ihre Filme eine ganz eigene Lakonie haben. Die Brüder arbeiten unabhängig vom Hollywood-Kino, haben ein »Independent Flair«, unterscheiden sich aber deutlich von einem Arthouse-Regisseur wie Jim Jarmusch.

Die Coens stammen aus einem Vorort von Minneapolis, ihr Vater war Professor für Wirtschaftswissenschaften, ihre Mutter lehrte Kunstgeschichte. Der 1954 geborene Joel ging in New York auf die Film School, sein drei Jahre jüngerer Bruder Ethan studierte Philosophie und promovierte über Wittgensteins Spätwerk. Beide haben einen jüdisch-intellektuellen Hintergrund, mussten fünf Tage in der Woche nach dem Unterricht noch zur Talmud und Thora-Schule, wo sie auch Hebräisch lernten. Als gläubig bezeichnen sie sich aber nicht, explizit greifen sie ihren autobiographischen Hintergrund nur in *A Serious Man* (2009) auf.

Obwohl ein jüdisch-intellektueller Humor die verschachtelten Kinoerzählungen der Coens durchdringt, heben sich ihre makabren Späße vom Witz des großen jüdischen Filmintellektuellen Woody Allen deutlich ab. Die Figuren der Gebrüder sind keine »Stadtneurotiker«, in ihrem Werk steckt, wie der Filmkritiker Peter Körte anmerkte, »mehr Billy Wilder als Woody Allen« (1998, S. 12). Im Gegensatz zu temporeichen Komödien wie Billy Wilders *One, Two, Three* (1961) zelebrieren die Coens allerdings ihre (ganz eigene) Wiederentdeckung der Langsamkeit. Man stößt auf das nächste Paradox: Obwohl neun der sechzehn Coen-Filme dem Krimi-Genre zuzurechnen sind, legen die Brüder keinen allzu großen Wert auf *Thrill* und *Suspense* im üblichen Sinn. Was also zeichnet die Coens aus?

Die »Schicksalsneurose«

Mit langem Atem und präzisem Blick auf ihre Charaktere erzählen sie haarsträubende Geschichten männlicher Verlierertypen: Durch eine Verkettung seltsamer Umstände, an denen sie scheinbar keine Schuld haben, werden ihre Helden hartnäckig vom Schicksal verfolgt. So wird der Vietnamveteran Llewelyn Moss (Josh Brolin) in *No Country for Old Men* nach einem glücklichen Geldfund von einem Profikiller gejagt, der seiner Zielperson mit ähnlich maschinenhafter Präzision nachstellt wie Arnold Schwarzenegger als »Terminator« im gleichnamigen Science-Fiction-Film. Aber: Warum werden die tragischen Helden der Coens so hartnäckig vom Unglück verfolgt? Warum erleidet der aufstrebende Broadway-Autor Barton Fink im gleichnamigen Film ausgerechnet dann eine Schreibblockade, als er nach Hollywood gerufen wird, um das Drehbuch für einen trivialen Catcherfilm zu schreiben? Warum wird ein Folksänger – eigentlich der Inbegriff für Friedensbotschaften – in ihrem bis dato letzten Film *Inside Llewyn Davis* (2013) brutal zusammengeschlagen? Warum erhält in *A Serious Man* ein introvertierter Physikprofessor, dem alle auf der Nase herumtrampeln, ausgerechnet in dem Moment die Nachricht seiner tödlichen Erkrankung, als er zum ersten Mal spontan handelt? Warum ist die Entführung, die der Autoverkäufer in *Fargo* (1996) plant, schon im Ansatz zum Scheitern verurteilt? Und warum stürzt ein junger Mann in *The Hudsucker Proxy* (1994) nach seinem kometenhaften beruflichen Erfolg ausgerechnet durch das Hochhausfenster, durch das vor ihm bereits der Firmengründer in den Tod sprang?

Die Filme der Coens sind Symphonien des Scheiterns. Sie erzählen von Männern, die ihre Chance ergreifen wollen, doch im Zuge einer seltsamen Folgerichtigkeit münden ihre Wege ins Unheil. Die Helden der Brüder sind Unglücksraben, aber keine psychisch auffälligen Menschen. Dennoch liegt über ihrem mittelmäßigen Leben ein eigentümlicher Fluch, eine verhängnisvolle Ausweglosigkeit, in der man eine *zwanghafte Struktur* vermuten kann. Einem solch rätselhaften Phänomen näherte sich Sigmund Freud in seinem Aufsatz *Jenseits des Lustprinzips* von 1920 an, in dem er die Wirksamkeit eines eigentümlichen Wiederholungszwangs auch bei solchen Menschen beobachtet, die er als nicht-neurotisch bezeichnet.

Bei solchen Charakteren ist weder ein Waschzwang zu beobachten noch eine solch typische Symptombildung, wie man sie aus der Fallgeschichte des zwangsneurotischen Rattenmannes kennt. Trotzdem ist das Erleben dieser Menschen von einer fatalen Folgerichtigkeit geprägt, die »vom Wiederholungszwang der Neurotiker nicht verschieden [ist] wenngleich diese Personen niemals die Zeichen eines durch

Symptombildung erledigten neurotischen Konflikts geboten haben« (Freud, 1920g, S. 20). Irgendetwas scheint hier nicht zu stimmen: »Es macht bei diesen [Menschen] den Eindruck eines sie verfolgenden Schicksals, eines dämonischen Zugs in ihrem Erleben« (a. a. O.). Freud gibt Beispiele von Wohltätern, die von ihrem Schützling immer wieder nach einiger Zeit im Groll verlassen werden, und von Männern, die regelmäßig vom besten Freund verraten werden; es gibt Liebende, bei denen jedes zärtliche Verhältnis zum Weibe dieselben Phasen durchmacht und zum gleichen Ende führt. Einen solchen dämonischen Zug kann man auch in *A Serious Man* beobachten. Die Coens erzählen hier die haarsträubende Misere des jüdischen Physikprofessors Larry Gopnik (Michael Stuhlbarg), in dessen Leben alles schief geht, was schief gehen kann.

Von »Schicksalsneurose« spricht Freud nicht explizit, denn klinisch gesehen handelt es sich nicht um ein eigenständiges Krankheitsbild. Er deutet an, dass Menschen, bei denen alles schief geht, einer Untergruppe der Zwangsneurotiker zuzuordnen sind. Trifft dies vielleicht auch auf die tragikomischen Helden der Coens zu? Wenn die Charaktere im Coen-Universum eben keine »*natural born loser*« (Kriest, 1998, S. 63) sind, vielmehr ihre eigentümliche Zwanghaftigkeit sie *selbstverschuldet* in die Misere führt, dann setzt ein Zugang zu den Filmen der Brüder eine Bemerkung zur Zwangsstörung voraus. Auf diese »Einführung in den Zwang« folgt der Versuch, dessen Struktur als treibendes Moment herauszustellen, das auch die unverwechselbare Filmästhetik der Coens prägt. In einer daran anknüpfenden Bemerkung wird die für den Zwang konstitutive Vaterproblematik weiter entwickelt; in diesem Zusammenhang lässt sich auch die Frage nach der filmischen Form und dem Selbstverständnis psychoanalytischer Filminterpretation vertiefen.

Anmerkungen zur Zwangsstörung[1]

In seiner Falldarstellung des »Rattenmannes« beschreibt Freud (1909d), wie sein zwangskranker Patient beispielsweise beim Spazierengehen im Park einen Ast auf dem Weg liegen sieht, über den andere Fußgänger stolpern könnten. Er räumt ihn zur Seite, dies aber nicht konsequent, sodass er in der neuen Position noch viel gefährlicher sein könnte. Von dieser Befürchtung gequält, muss er auf dem Heimweg von der Straßenbahn abspringen und in den Park zurückkehren, um den Ast wieder in die alte Position zurückzulegen: Könnte das nicht eine Szene aus einem Coen-Film sein?

Für den Zwangskranken typische Handlungen dieser Art verbergen ein ambivalentes Motiv. Der vermeintlich menschenfreundliche Impuls, den Ast zur Seite zu räumen, überdeckt einen aggressiven Wunsch, der aber auf eigentümliche Weise nicht zur Entfaltung kommt. Freud arbeitet heraus, dass die erstickte Aggression, die sich in zwanghaften Ritualen ausdrückt, in einem Vaterkonflikt wurzelt, der aber auf spezifische Weise ungelöst geblieben ist. Die Wurzel dieses Defizits lokalisiert er exemplarisch in einem Kindheitserlebnis, in dem der Rattenmann erstmals mit der Sexualität konfrontiert wird: Der Vater hat den Kleinen bei der Masturbation ertappt, will ihn züchtigen, doch ein kindlicher Zornesausbruch lässt den Alten verblüfft innehalten. Der kleine Rattenmann bemerkt, dass sein Vater unsicher und unglaubwürdig ist, weil er selbst sich dem Gesetz, das er repräsentieren soll, nicht unterworfen hat. Nicht zufällig ist er ein Spieler, der als Soldat die Regimentskasse verzockte und sich das fehlende Geld von einem Freund borgen

1 In meiner Monographie *Der große Andere und der kleine Unterschied. Freud – Lacan – Saussure und die Metapher des Geschlechts* habe ich die Struktur der Zwangsneurose ausführlich behandelt (Riepe, 2014, S. 340–352).

musste, dem er es aber schuldig blieb. In der Folge dieser Spielleidenschaft gibt er auch seine große Liebe auf, um stattdessen eine ungeliebte Frau des Geldes wegen zu heiraten. Als der erwachsen gewordene Rattenmann es dem Vater gleichtun und eine Vernunftehe eingehen soll, bricht bei ihm eine eigentümliche Form von Konflikt aus: Er kann weder eine Liebesheirat eingehen, noch sich dem väterlichen Wunsch beugen, eine Vernunftehe zu schließen.

Seine Zwangsgedanken sind ein Derivat dieses ungelösten Konflikts, bei dem in der Schwebe bleibt, wie er sich gegenüber dem Sexuellen verhält. Die notorische Entscheidungshemmung des Rattenmannes wiederholt somit die Grundsituation, in der er erstmals mit dem Sexuellen in Kontakt kommt. In diesem Moment wird der Vater als unglaubwürdig wahrgenommen, seine Untersagung scheitert, und deshalb schlägt das als erfolgreich erlebte kindliche Aufbegehren in eine Omnipotenzphantasie um. Im Innehalten des Vaters, der seine Züchtigung unterbricht, sieht der kleine Rattenmann so die Wirksamkeit der »Allmacht [s]einer Wünsche« (Freud, 1909d, S. 444): Er tötet den Vater. Die rational nicht auflösbare Befürchtung, einem anderen Unheil zuzufügen, wird auch heute noch für Zwangsstörungen als charakteristisch beschrieben. Ihre Deutung stellt den Analytiker deshalb vor folgende Kernfrage: Wenn der kleine Rattenmann in seiner Phantasie den Vater erfolgreich »ermordet« – warum eröffnet sich ihm dadurch nicht, wie man erwarten könnte, der ungehinderte Zugang zum sexuellen Objekt? Warum wird er stattdessen bei jeder triebhaften Regung zur Ausführung seiner zwanghaften Gedanken und Rituale genötigt?

Der Vater ist also nicht nur, wie in der klassischen ödipalen Sichtweise, ein »Verhinderer«, er wird in anderer Hinsicht auch gebraucht, weshalb seine phantasierte »Ermordung« mit der unverständlichen »Logik« der zwangsneurotischen Symptomatik zu tun zu haben scheint. Die verquere Logik der Zwangsrituale erhellt sich, wenn man Lacans Differenzierung zwischen dem leibhaftigen Vater und der sogenannten »väterlichen Funktion« berücksichtigt. Während der empirische Vater in der Spur Freuds als derjenige in Erscheinung tritt, der die Mutter verbietet, bildet die hiervon zu unterscheidende Vaterfunktion nach Lacan die Bedingung der Möglichkeit des Sexuellen schlechthin. Es gibt nicht, wie etwa bei Wilhelm Reich, den natürlichen Sexualtrieb, der dann durch die Gesellschaft oder den Vater unterdrückt würde. Das Sexuelle ist keine blinde Naturkraft, sondern ein sprachlich strukturierter Impuls. Die Sprachlichkeit des Sexuellen lokalisiert Lacan in jener konstitutiven *Limitierung*, die Freud als Triebverzicht bezeichnete.

Nach Lacan wird der Triebverzicht bewirkt durch die väterlich vermittelte Kastration, die aber kein Verbot im landläufigen Sinn darstellt, sondern die Einschreibung des Subjekts in die Ordnung des Symbolischen bewirkt (worunter die Einhaltung der Regeln des sozialen Zusammenlebens schlechthin zu verstehen sind). In dieser Einschreibung selbst verwirklicht sich der Triebverzicht: Gegen ihn opponiert der Zwangskranke. Er unterwandert die im Symbolischen wurzelnde Limitierung, um sie gleichzeitig zu stützen. Bei ihm ist die väterliche *Funktion* intakt, lediglich ihr Repräsentant ist unglaubwürdig. Deshalb muss der Zwangskranke den unglaubwürdigen Vater – wie am Beispiel von *Miller's Crossing* (1990) zu sehen sein wird – stützen. Er muss die untersagende Rolle des unglaubwürdigen Vaters mitspielen. Dies führt ihn in eine Zwickmühle, weil er wie ein Diener zweier Herren auf zwei Hochzeiten gleichzeitig tanzt. Regt sich beim Rattenmann ein sexueller Impuls, so antizipiert er im Geiste die fehlgeschlagene väterliche Untersagung – die er in Form seiner Zwangsgedanken selbst vorwegnehmen muss. So erzeugt seine unsinnig erscheinende Befürchtung, den bereits toten Vater zu ermorden, jedes Mal aufs Neue einen Gewissensdruck; er versagt sich jegliche Lust, um stattdessen wie ein Roboter Zwangshandlungen auszuführen. Er hat schon einen Kater, bevor er überhaupt ein Glas getrunken hat.

Die eigentümliche Zweizeitigkeit der Zwangshandlung, bei der das Subjekt zunächst einen Schritt auf das Objekt und die von ihm verheißene Befriedigung zugeht, um im zweiten Schritt zurückzuweichen, verwirklicht sich in einer *szenischen Abfolge*. Bei der hierfür exemplarischen Aktion mit dem Ast im Park ist allerdings kein sexuelles Motiv zu erkennen. Berücksichtigt man aber, dass in der Ordnung des Symbolischen selbst bereits der Triebverzicht institutionalisiert ist, so zeichnet sich ab, dass die vermeintlich sinnlosen Rituale des Zwangsgestörten diese Ordnung stützen – und gleichzeitig einfrieren. In solch »zweizeitige[n] Zwangshandlungen, deren erstes Tempo vom zweiten aufgehoben wird« (Freud, 1909d, S. 414), stehen einander widersprechende Impulse in einem Widerstreit, bei dem keiner der beiden einen Sieg erringt. So wird durch die zirkuläre Struktur der zwanghaften Rituale der beim Rattenmann beschriebene Vaterkonflikt verewigt, weil seine Ungelöstheit immer wieder neu inszeniert wird.

Dieser Widerspruch strukturiert das Werk der Coens. Ihre Filme sind nicht nur von der Problematik der unglaubwürdigen Vaterfigur geprägt. Auch bei den »Söhnen« zeigt sich eine symptomatische Auffälligkeit, die schon Freud beim Rattenmann hervorhob. Der Zwangskranke muss sich jene seltsamen Rituale wie die Aktion mit dem Ast im Park rational erklären. Da er im Gegensatz zum Psychotiker sehr wohl weiß, dass er unsinnige Dinge tut, die sich schwer rechtfertigen lassen, beugt er immer wieder die Logik. Im Kern seiner Analyse hebt Freud hervor, dass die zwanghafte Befürchtung, dem anderen Unheil zuzufügen, auf eine ausbuchstabierbare Grundformel rückführbar ist – in der sich jeweils ein »logischer Fehler« verbirgt, zuweilen ein simpler Irrtum, der dem Kranken, jedoch rational nicht vermittelbar ist. Deshalb ist das Verhalten der Zwangskranken ebenso wie das zahlreicher Figuren in den Filmen der Coens geprägt durch merkwürdige Fehlleistungen und eklatante Aussetzer wie beispielsweise die von Jerry Lundegaard (William H. Macy) in *Fargo*: Um seiner mediokren Existenz zu entfliehen, will der Autohändler seine Frau entführen lassen. Doch schon beim ersten Treffen mit dem hierfür engagierten Kidnapper (Steve Buscemi) zeigt sich, dass Jerry – obwohl er sozial integriert und keineswegs debil ist – die Sache in keine Weise durchdacht hat. So bringt der nicht gerade professionell wirkende Kidnapper entgegen der Abmachung einen ebenso wenig Vertrauen erweckenden Komplizen (Peter Stormare) mit. Jeder vernünftige Mensch hätte das Projekt hier bereits abgeblasen. Außerdem warten die beiden Entführer bereits eine Stunde auf ihren Auftraggeber, es lässt sich nicht klären, wer sich in der Zeit irrte. Obwohl Jerry also keineswegs geistig limitiert ist, ist bereits die Planung seines Verbrechens von zielgerichteten Fehlleistungen dieser Art gekennzeichnet, die sich bei allen Figuren der Coens beobachten lassen.

Blood Simple: lebendig begraben

Mit den Phantasievorstellungen des zwangsneurotischen Rattenmannes, der sich davor fürchtet, seinen bereits toten Vater umzubringen, befinden wir uns im Zentrum des Coen-Universums. Die Schlüsselszene in *Blood Simple*, ihrem Regiedebüt von 1984, beschreibt nicht nur die alptraumhafte Visualisierung der Tötung eines im Grunde längst toten »Vaters«. Die Auseinandersetzung zwischen den Männern folgt auch dem Muster eines ödipalen Konflikts, das nicht nur in diesem frühen Film anzutreffen ist. Die Lesart, wonach ein schwächlicher Sohn sich stets mit einer bösen Vaterfigur auseinandersetzt, ist in der Literatur zu den Coens verbreitet. Georg Seeßlen sieht hier eine »Meta-Struktur, die Geschichte hinter den Geschichten in den Coen-Filmen« (1998, S. 270):

> »Ein unsicherer, zu einem Teil noch kindhafter Mann will ›Ich‹ werden [...] Das komische Drama der Coen-Filme beginnt also damit, dass eine Figur des Sohnes in einen Raum des Vaters eindringt [...] Es spukt der böse Vater in der Welt der Coen-Filme. Es ist der korpulente, den Raum beanspruchende Mann, und umgekehrt ist der Coen-Held der ein wenig zu kleine, zu schmächtige Junge, der für die ödipale Auseinandersetzung so wenig gerüstet scheint wie der Kafka-Held.« (S. 232)

In *Blood Simple* wird dieser Vatermord von dem Barkeeper Ray (John Getz) begangen; seine Tat geschieht zudem auf der Grundlage jener oben skizzierten, auffälligen *Fehlleistung*, die für den Zwangsneurotiker ebenso wie für die Figuren des Coen-Universums typisch ist. Wie in den meisten Filmen der Brüder rutscht Ray scheinbar gegen seinen Willen ins Schlamassel, denn er ist eigentlich nicht die treibende Kraft. Vorangetrieben wird die Handlung durch eine junge Frau, gespielt von Frances McDormand, der Ehefrau des Regisseurs Joel Coen, die in sechs weiteren Filmen der Gebrüder ähnliche Schlüsselrollen spielt. In *Blood Simple* verkörpert sie die junge Abby, die ihren Ehemann Marty (Dan Hedaya) nicht mehr liebt und ihn für dessen Angestellten, den jüngeren Ray, verlassen will.

Mit ihrem Debüt erweisen die Brüder dem klassischen Film noir eine Hommage. Schon die erste Szene spielt in der Nacht. Abby und Ray befinden sich im Auto, es regnet in Strömen. Im ersten Dialogsatz beschwert sie sich bei ihrem Liebhaber, ihr verhasster Mann Marty habe ihr zum ersten Hochzeitstag einen Revolver geschenkt. Die Waffe wird im Film von Hand zu Hand gehen und dadurch den Plot in Gang halten. Mit ihrem Debüt spielen die Coens auf einen berühmten Film der schwarzen Serie an: Die dramatische Geschichte von Tay Garnetts *The Postman Always Rings Twice* (1946) wird jedoch invertiert: Während in diesem düsteren Krimi Lana Turner ihren Liebhaber John Garfield dazu aufstachelt, ihren Mann zu ermorden, engagiert in *Blood Simple* der gehörnte Ehemann Marty (Abb. 1) einen Privatdetektiv (M. Emmet Walsh), der seine untreue Frau und deren Liebhaber umbringen soll. Doch der Schuss geht nach hinten los, denn am Ende einer Kette ebenso fataler wie folgerichtiger Verwicklungen wird Ray den Ehemann seiner Geliebten töten – wenn auch nicht ganz freiwillig.

Die ödipale Auseinandersetzung hat eine spezifische Ausprägung, die man in einer scheinbar beiläufigen Szene beobachten kann. Es kommt zu einer spannungsgeladenen Unterredung zwischen den Kontrahenten. Ray hat Marty nicht nur die Frau ausgespannt, er tritt ihm noch einmal unter die Augen, um den ausstehenden Lohn für zwei Wochen Arbeit einzufordern. Um nicht als Verlierer dazustehen, erklärt Marty seinem Nebenbuhler, es lohne sich nicht, für Abby zu kämpfen. Sie sei es nicht wert, das würde Ray früher oder später selbst herausfinden.

Irgendwann, so prophezeit Marty, wird Abby auch ihn verraten – und zwar dann, wenn er sich für sie ins Zeug gelegt hat. Sie wird ihn mit ihren unschuldigen Augen anblicken, um ihm etwas zu sagen, was sie auch Marty in solchen Situationen immer sagte, nämlich den vermeintlich harmlosen Satz: »Ich weiß gar nicht, was du meinst.« Diese Worte wird Abby tatsächlich zu Ray sagen, und zwar in einer verwickelten Situation, in der ihre noch junge Beziehung auf dem Prüfstand steht. Um zu sehen,

Abb. 1: Marty aus »Blood Simple«

warum Ray diesen Satz »missversteht« – und welcher für die Zwangsneurose typische »Fehler« ihm dabei unterläuft –, muss die Szenenfolge genauer betrachtet werden: Als Ray nachts die Bar seines Chefs betritt, um sich den ausstehenden Lohn selbst zu holen, findet er den leblos erscheinenden Körper Martys, was ihn zu folgenschweren Irrtümern verleitet. Da er Abbys Revolver am Tatort findet, glaubt er allzu bereitwillig, sie habe ihren Mann umgebracht. Tatsächlich wurde er von jenem Detektiv niedergeschossen – den Marty eigentlich engagiert hatte, um Ray und Abby zu töten. Der heimtückische Detektiv kassierte jedoch das Geld und schoss Marty nieder. Um die Tat dessen Frau in die Schuhe zu schieben, hinterließ er am Tatort deren Revolver. Den findet Ray neben dem leblosen Marty – doch er fragt sich nicht, wie Abby so dumm sein konnte, mit der Mordwaffe ihre Visitenkarte am Tatort zurück zu lassen. Seine für den Zwangskranken typische falsche Schlussfolgerung führt zu einer Kette fataler Ereignisse: Ray beseitigt die Leiche und kehrt nach diesem aufreibenden Liebesbeweis erschöpft zu Abby zurück – die von seiner chaotischen Aktion nichts ahnt. Wenn Abby auf Rays kryptische Andeutungen erklärt: »Ich weiß gar nicht, was du meinst«, so weiß allein der Zuschauer, dass sie die Wahrheit spricht. Ray ist verständlicherweise enttäuscht, denn für ihn muss es so aussehen, als hätte sich die düstere Prophezeiung des väterlichen Rivalen Marty verwirklicht: Aus Rays Sicht gibt Abby vor, als wüsste sie von nichts – offenbar liebt sie ihn nicht, sie hat ihn nur benutzt, um Marty loszuwerden.

Dieses symptomatische »Missverständnis« – eine für die Coens typische Konstellation – rührt daher, dass Ray seine Geliebte durch die Augen ihres verhassten Ehemannes sieht. Sein Fehlschluss ist Folge eines »Vermächtnisses« der defizitären Vaterfigur. Deshalb ist auch die Beseitigung von Martys Leiche kein Liebesbeweis für Abby. Ray entschließt sich allein deswegen zur Beseitigung der Spuren, weil damit sein Wunsch, der Vatermord wäre längst vollzogen, in Erfüllung zu gehen scheint – sodass er selbst den Alten nicht mehr umzubringen braucht. Mit einer makabren Wendung verdeutlichen die Coens das zwangsneurotische Dilemma. Der Versuch, dem Vatermord auszuweichen, verewigt den Konflikt auf quälende Weise. In der mehr als 15-minütigen Schlüsselszene, um die herum der Film aufgebaut ist, versucht Ray höchst dilettantisch, zunächst die Spuren am Tatort und dann die Leiche des Toten zu beseitigen. Doch während er den leblosen Körper mit dem Wagen aus der Stadt bringt, stellt sich heraus, dass Marty noch nicht ganz tot ist.

Was nun? Soll Ray den Sterbenden, der sich zwischenzeitlich kriechend zu retten versucht, mit dem Wagen überfahren oder ihm mit der Grabschaufel den Rest geben? Auf eine nachvollziehbare Weise zögert Ray – und macht dadurch auf eine für Coen-Figuren typische Weise alles nur noch schlimmer. Er schleift den Halbtoten über einen Acker, hebt eine Grube aus, legt ihn hinein – um ihn lebendig zu begraben. Während er den Röchelnden zuschaufelt, greift Marty zu jenem Revolver, den Ray ihm zuvor in die Jackentasche gesteckt hat: Das Schießgerät ist nun von Abby über den Detektiv und Ray bis zu Marty gewandert. Die seltsame Waffe – die Abby als Geschenk nicht wollte und die Marty auch nicht umbringen konnte – ist offenbar ein »untauglicher Phallus«. Als Marty nämlich mit letzter Kraft abzudrücken versucht, befinden sich – wie sollte es anders sein – keine Kugeln im Magazin (vgl. die Darstellung von Katharina Leube-Sonnleitner in diesem Band). In einer tranceartig erscheinenden Zeitlupe nimmt Ray dem Sterbenden die Waffe ab (Abb. 2). Die gespenstische Szene erscheint wie die Parodie der Übergabe der väterlichen Insignien. Symbolisch weitergegeben wird hier die »psychische Impotenz« des Vaters an den Sohn. Die beklemmende Szene eines verweigerten – und dadurch verewigten – Vaterkonflikts gipfelt darin, dass sich die lockere Erde über dem lebendig Begrabenen noch einmal anhebt, weil dieser, noch immer nicht tot, sich wie ein Zombie zu befreien versucht. Eine abschließende Totale von oben zeigt, dass Ray bei der Anfahrt zudem unübersehbare Reifenspuren auf dem frisch bestellten Acker hinterlassen hat.

Abb. 2: »Blood Simple«: Der Versuch, dem Vatermord auszuweichen, verewigt den Konflikt auf quälende Weise

Coen-Interpreten haben diese beklemmende Szene naheliegend als Vatermord gedeutet (vgl. Seeßlen, 1998, S. 59). Die makabren Schwierigkeiten, mit denen Ray bei der Beseitigung der vermeintlichen Leiche konfrontiert wird, sind jedoch Ausdruck seines Wunsches, dass er diesem Mord bis zuletzt auszuweichen versucht. Die gedehnte Zeit, die Ray braucht, um den Alten zu verscharren, visualisiert ein zwangsneurotisches Zögern: Der Vatermord ist als Konflikt unausweichlich, doch indem er Marty lebendig begräbt, versucht Ray die Dinge so arrangieren, als würde sich die Sache von selbst erledigen. Ray ist jemand, der während des Handelns gleichzeitig nicht handeln will, seine Tat im Geist gewissermaßen durchstreicht. In seiner Phantasievorstellung versetzt der Zwanghafte sich mit seinen Ritualen in die imaginäre Situation einer Zeitlosigkeit, in der die Schöpfung von Gott noch nicht vollbracht wurde.

Immer Ärger mit den Vätern

Der entscheidungsgehemmte »Sohn« und der unglaubwürdige »Vater« geistern als Figuren durch zahlreiche Filme der Coen-Brüder. In *Raising Arizona* (1987) bricht ein Gewohnheitskrimineller, der mit seiner Frau keine Kinder bekommen kann, bei einem omnipotenten Self-Made-Kapitalisten ein, um diesem einen seiner Fünflinge zu rauben. In *Barton Fink* quält den gleichnamigen Bühnenautor (John Turturro) eine Schreibhemmung, weil er das Skript für einen despotischen Filmproduzenten verfassen soll, der auf kafkaeske Weise im Unklaren lässt, was er von seinem »Sohn« überhaupt erwartet. In dem absurden Drama *Fargo* – für das die Coens ihren ersten Oscar erhielten – lässt ein Autoverkäufer seine Frau entführen, um seinen reichen Schwiegervater zu erpressen, aus dessen Schatten er nicht treten kann.

Auch in den zehn Filmen, die die Coens

zwischen 2000 und 2013 realisierten, spielt der Vaterkonflikt eine tragende Rolle. In der Agentenkomödie *Burn After Reading* (2008) wird ein überheblicher CIA-Agent (John Malkovich) aufgrund seines Alkoholproblems entlassen. In einer Schlüsselszene beschwert er sich bei seinem Vater, der – wie der Vater in *Inside Llewyn Davis* – nicht mehr sprechen kann und im Rollstuhl sitzt. *True Grit* (2010), der einzige Western der Coens, handelt von einer verhängnisvollen Rache an einem ermordeten Vater. In *A Serious Man* sucht ein Physikprofessor im Zuge einer unglaublichen Serie privater Missgeschicke Rat bei drei verschiedenen Rabbis. Und in dem Schwarzweißdrama *The Man Who Wasn't There* (2001) zettelt Billy Bob Thornton als Friseur eine für die Coens typische Intrige an. Das Schicksal ereilt ihn jedoch erst, als er versucht, die Vaterrolle auszufüllen.

Autoritäre Vaterfiguren

Abb. 3: Mit der Waffe im Kinderzimmer: »Raising Arizona«

Abb. 4: Der autoritäre Schwiegervater in »Fargo«

Abb. 5: Jarry Lipnick am Pool im Liegestuhl: »Barton Fink«

Abb. 6: Sidney Mussburger in »The Hudsucker Proxy«

Miller's Crossing: Der Mann mit dem Hut

Markant tritt der nicht ausgetragene Vater-Konflikt in der Komödie *The Big Lebowski* (1998), vor allem aber in *Miller's Crossing* (1990) hervor. Das poetische Mafia-Drama thematisiert die häufig im Kino beschworene Epoche der amerikanischen Prohibition, die zu einer beispiellosen Gesetzlosigkeit führte. Alkoholschmuggel, Korruption und organisiertes Verbrechen bestimmten den gesellschaftlichen Alltag der 20er Jahre in den USA. Mit sorgfältiger Ausstattung und einer atmosphärischen Inszenierung versetzen die Coens den Zuschauer in jene Epoche zurück, die man aus Filmen wie *Some Like It Hot* (Billy Wilder, 1959) kennt. Mit der historischen Situierung des dramatischen Konflikts geben sich die Coens wie immer Mühe. In den 1920er Jahren spielten die Iren als eine der ersten Einwanderergruppen auch in der Gangsterhierarchie eine zentrale Rolle. Der Film erzählt davon, dass sie mit den nachrückenden Italienern, die später kamen und sich ein Stück vom Kuchen abzuscheiden versuchen, einen blutigen Verteilungskampf führten. Im Gegensatz zu klassischen Gangsterfilmen wie *Scarface* (Howard Hawks, 1932) dominiert bei den Coens eine sophistische Erzählperspektive. Schießereien erscheinen parodistisch überzogen, und auch die von Kritikern monierten brutalen Szenen wirken wie groteske Eruptionen. Action wird zurückgenommen, es dominieren ausgefeilte Dialoge mit literarischem Schliff. Das Publikum war dennoch irritiert, viele Kritiker sahen nur selbstverliebtes Zitatenkino.

Tatsächlich ist *Miller's Crossing* das erste Meisterwerk der Coens. Die Eröffnungsszene zeigt, wie der aufstrebende Bandenführer Johnny Caspar (Jon Polito) den irischen Obermafioso Leo (Albert Finney) mit gestelzter Höflichkeit bittet, ihm den Juden Bernie Bernbaum (John Tuturro) auszuliefern (Abb. 6). Wie in einer Operette klagt der Italiener, dass der Jude sich nicht damit begnüge, im Rahmen getroffener Absprachen zu betrügen – er betrügt obendrein die Betrüger; das kann nicht geduldet werden. Wenn Caspar sich in seiner vollmundigen Grundsatzrede auf den Begriff der »Ethik« beruft, dann scheint dieses Beharren auf Prinzipien in einem Bereich, der keine Prinzipien zu kennen scheint, eine Lachnummer zu sein. Unter der Maske der Komik tragen die Coens jedoch ein ernstes Anliegen vor. Der ausführliche Dialog der Eingangsszene beschreibt die widersprüchliche Situation der Gangster, die – um ein Zitat der russischen Mafia zu verwenden – sich wie »Diebe im Gesetz« verhalten. Unter den Gesetzesbrechern, die das »organisierte« Verbrechen kontrollieren, herrscht eine verlässliche Ordnung. Diese ungeschriebenen Gesetze sind gebrochen worden. Der Mafiaboss Leo soll in gewisser Weise »Recht« sprechen; er wird als Repräsentant einer väterlichen Position angerufen.

Leo wird dieser Position aber nicht gerecht, weil er nicht unvoreingenommen urteilt. Er lehnt die Auslieferung Bernie Bernbaums ab, weil er in dessen berechnender Schwester Verna (Marcia Gay Harden) seine große Liebe gefunden zu haben glaubt. Die »ethische« Problematik wird dabei in doppelter Hinsicht virulent: Der nicht mehr ganz junge, bullige Mafiaboss will nicht wahrhaben, dass eine jüngere Frau ihm aus purer Berechnung Sand in die Augen streut. Das macht Leo zu einer unglaubwürdigen Vaterfigur: Er will sich dem Gesetz, das er repräsentiert, nicht selbst unterwerfen. Er würde Vernas Gunst verlieren; er müsste also, um seiner väterlichen Position als Repräsentant des Gesetzes gerecht zu werden, sein »Genießen« opfern.

Abb. 7: Leo O'Bannion in »Miller's Crossing«

Hier kommt die schillernde Figur Tom Reagans (Gabriel Byrne) ins Spiel, deren rätselhafte Motivation das Geheimnis des Films ebenso ausmacht wie das der Hauptfigur der »Romanvorlage«, Dashiell Hammetts *The Glass Key*, 1931, auf die hier aus Raumgründen nicht eingegangen werden kann. Er ist ein blitzgescheiter und loyaler Berater, weswegen Leo sich immer wieder bemüht, ihm etwas zurückzugeben, etwa seine Spielschulden zu begleichen. Doch Tom verhält sich wie ein Sohn, der nicht im väterlichen Betrieb anfangen will, dies aber dem Alten noch nicht beigebracht hat. *Er erwartet vom Vater etwas anderes.*

Tom ist besorgt darüber, dass Leo den Emporkömmling Caspar unterschätzt und den Ernst der Lage verkennt. Mehrmals versucht er seinen Boss davon zu überzeugen, dass es klüger wäre, den »betrügerischen« Buchmacher auszuliefern. Seine Beweggründe sind nicht einfach zu erfassen. Das Rätsel seiner Motivation macht den eigentümlichen Charme dieses poetischen Mafiafilms aus. So wechselt Tom die Seiten, schließt sich dem Italiener Caspar an – allerdings nur zum Schein. Am Ende bringt er alle Gegner Leos dazu, sich gegenseitig zu töten. Dabei riskiert er aber mehrfach Kopf und Kragen – aber aus welchem Grund?

Tom fordert indirekt die Autorität des »Vaters« heraus. So lässt er sich auf eine Affäre mit Verna ein, dies jedoch nicht, um Leo – wie in *Blood Simple* – die Frau wegzunehmen. Das Gegenteil ist der Fall: Tom gesteht ihm sogar, dass er mit dessen Geliebter im Bett war. Dieser erteilt ihm eine Tracht Prügel und wirft ihn hinaus. Doch die »Gewalt«, die er dabei ausübt, erweist sich als Strohfeuer. Nach jedem seiner Faustschläge kann Tom sich den vom Kopf gefallenen Hut wieder aufsetzen. Dass dieser Hut, der im Roman eine etwas andere Rolle spielt, hier als phallisches Symbol fungiert, erscheint wie eine allzu schematische Deutung. Nicht ganz so trivial ist jedoch die Tatsache, dass Tom diesen Hut in all den Turbulenzen nie verliert. Nur zu Beginn vermisst er ihn einmal. Wie sich herausstellt, hat er die Kopfbedeckung bei Verna vergessen, mit der er betrunken die Nacht verbrachte. Der Verlust des Hutes ist eine Kastrationsdrohung. Dass er den heruntergefallenen Hut bei der Auseinandersetzung mit Leo immer wieder aufsetzt, verdeutlicht daher, dass er von diesem »Vater« nichts zu befürchten hat. Was er bei Leo förmlich erbittet, ist jene symbolische Kastration, von der er sogar träumt. In einem Traum fliegt ihm der Hut vom Kopf – diese Bildfolge, die nicht zufällig ins Titel-Menü der DVD-Fassung aufgenommen wurde, drückt Toms *Wunsch nach einer wirksamen väterlichen Autorität aus.*

Hinter seiner prahlerischen Stärke ist Leo jedoch ein schwächlicher Vater. Dies verdeutlicht eine Schlüsselszene, in der zu sehen ist, wie er nachts tief entspannt im Bett liegt und Musik hört. Killer des Italieners Caspar rücken an, um ihn zu ermorden. Als hätte er auf nichts anderes gewartet, überrumpelt Leo die auf ihn angesetzten Mörder und hangelt sich artistisch über die Dachrinne ins Freie. Mit einer erbeuteten Maschinenpistole feuert er sogar noch den Flüchtenden hinterher, bis deren Auto gegen einen Baum fährt. Diese skurrile Machtdemonstration macht Leo jedoch lächerlich, sogar das Mündungsfeuer der Maschinenpistole ist dank einem billig aussehenden optischen Effekt als *fake* erkennbar. Leo ist die Karikatur eines omnipotenten Vaters. Er verkörpert eine Variante jenes schwächlichen Vaters, der in *Blood Simple* lebendig begraben wird.

Auch die Schlussszene von *Miller's Crossing* ist das Spiegelbild zu *Blood Simple*: Verna will Leo nun von sich aus heiraten, und da der Boss nach gewonnenem Gangsterkrieg wieder uneingeschränkter Herrscher ist, scheint seine Welt wieder in Ordnung zu sein. Er glaubt, der geniale Stratege Tom habe sein Imperium gerettet und bittet den verlorenen Sohn, zurückzukommen. Dieser lässt ihn jedoch glauben, die Geschicke seien durch puren Zufall gelenkt worden – darin besteht sein letzter Coup. Würde er Leo wissen lassen, dass er die Intrigen nur deshalb arrangiert hat, um dessen Autorität zu stützen, so würde er die väterliche Schwäche aufdecken. Diese Auseinandersetzung, die auf einen Vatermord hinauslaufen würde, will Tom seinem väterlichen Freund ersparen. Deswegen schlägt er das Angebot aus und kehrt Leo den Rücken. Es ist ein bewegender Abschied. Aus Toms traurigen Augen lässt sich ablesen, wie sehr er sich gewünscht hat, dass Leo ihm ein »richtiger« Vater hätte sein sollen: Tom kann keine Beziehung zur Frau eingehen; er hätte mit Verna nur dann weggehen können, wenn Leo es geschafft hätte, dass ihm in der Prügelszene *wirklich* der Hut vom Kopf fällt. Leo erinnert an den unglaubwürdigen Vaters des Rattenmannes, der mit seiner Züchtigung innehält.

The Big Lebowski: Idolisierung des Schlaffis

Eine »Schnittmenge« zwischen dem einsamen Helden Tom und dem Versager Ray aus *Blood Simple* verkörpert der Traumtänzer Jeffrey in *The Big Lebowski*, unnachahmlich gespielt von Jeff Bridges. Der ausgefeilte visuelle Stil dieser sophistischen Kifferkomödie resultiert einmal mehr aus einer präzisen Situierung des Milieus. Eigentlich spielt der Film zur Zeit des ersten Irak-Kriegs, in einem laufenden Fernseher ist George Bush Senior zu sehen, der die Befreiung Kuwaits von Saddam Husseins Truppen rechtfertigt. Der Held Jeffrey, der sich »The Dude« (Amerikanisch: Stutzer, Geck) nennt, wirkt allerdings wie ein Gespenst aus der Epoche der Gegenkultur der 70er Jahre. Immer wieder ist zu sehen, wie der lethargische Nichtstuer Haschisch raucht. Um noch den letzten Krümel des kostbaren Rauschmittels zu konsumieren, hält er dabei den Stummel des Joints mit der Pinzette. Als Arbeitsloser, der allerdings nicht gerne darüber spricht, dass er keinen Job hat, zahlt er keine Miete. Er wurschtelt sich durch, kann seinen schwulen Vermieter immer wieder damit besänftigen, dass er dessen amateurhafte Schauspielauftritte besucht. Sein Lieblingsgetränk ist nicht zufällig der »White Russian«, den man mit Alkohol und Milch mixt: Wenn der Dude in der Anfangsszene, bekleidet nur mit Bademantel, Boxershorts und Badeschlappen, in den Supermarkt schlurft, um sich eine neue Tüte Milch zu holen (die er mit einem Scheck bezahlt), dann wird die Verweigerungshaltung dieses Späthippies, der sich mit Walgesängen entspannt, bis zur Kenntlichkeit entstellt. Sein Leben folgt, wie das vieler anderen Coen-Figuren, einem kurzschlussartigen Kreislauf, der diesmal durch ein Detail seiner Freizeitbetätigung betont wird: Die Kugel auf der Bowlingbahn kehrt nach dem Kegeln jeweils vollautomatisch an den Ausgangspunkt des Wurfs zurück. Dass er aufgrund seiner lässigen Eleganz von nicht wenigen Fans als Kultfigur verehrt wird, resultiert aus der liebevollen Zeichnung dieser ambivalenten Figur. Eigentlich geriert der Dude sich wie ein verzogener Sohn, der sich dem Geldkreislauf verweigert und ewig an der Mutterbrust hängt, die hier durch das Kühlregal des Supermarkts ersetzt ist. »Dude ist«, so Peter Körte, »einer jener Coen-Männer, die nicht erwachsen werden wollen, die mit dem Realitätsprinzip im ständigen Clinch liegen: ein ödipaler Nachzügler, dem Frauen ein wenig unheimlich sind und den bisweilen Kastrationsängste quälen« (1998, S. 205).

Der träge Hedonismus dieses Schlaffis wird durch zwei Geldeintreiber unterbrochen, die bei ihm unsanft die Schulden seiner Ehefrau kassieren wollen – doch der Dude ist gar nicht verheiratet. Die Gangster, die so dilettantisch sind wie die meisten Kleinganoven bei den Coens, haben ihn mit einem gleichnamigen Unternehmer (David Huddleston) verwechselt. Dank dieses Irrtums kommt der Dude auf eine Idee: Da einer der rabiaten Gauner dank einer Verwechslung auf seinen Teppich urinierte, fordert der Dude von seinem reichen Namensvetter Ersatz. Bei diesem Zusammentreffen hält der Alte, der nicht nur durch die Namensgleichheit in eine väterliche Position rückt, dem Schnorrer eine Standpauke: »Die Revolution ist vorbei, Mr. Lebowski, schade eigentlich. Der Penner hat verloren. Hören Sie auf meinen Rat, suchen Sie sich einen Job.« Wie in *Miller's Crossing*, wo ein ernst gemeinter Vortrag über »Ethik« einer lächerlichen Figur in den Mund gelegt wird, wirkt auch die Kritik am nichtsnutzigen Lebensstil des Dudes nicht allzu glaubhaft. Der keifende Rollstuhlfahrer verkörpert einmal mehr die Karikatur väterlicher Autorität (Abb. 7). Er ist »einer jener brüllenden, dicken Männer, die durch so viele Coen-Filme geistern und deren Ohnmacht am stärksten hervortritt, wo sie am markigsten agieren« (Körte, 1998, S. 206). Seine Figur – eine Anspielung auf General Sternwood aus dem Referenzfilm *The Big Sleep* (Howard Hawks, 1946) – wird noch weiter entwertet. Von seiner Tochter Maude (Julianne Moore) erfährt der Dude später, dass Lebowskis Vermögen in einem Trust angelegt ist und er nur ein Taschengeld erhält. Trotzdem kommt der Dude nicht auf die Idee, zu überprüfen, ob der ihm vom alten Lebowski anvertraute Geldkoffer, um den sich eine absurde Jagd entwickelt, tatsächlich die erwartete Million Dollar enthält. Dieser Unterlassung ist nicht nur typisch für die Verlierertypen der Coens; strukturell betrachtet, ist diese Fehlleistung auch Bestandteil der oben beschriebenen Charakteristik der Zwangsstörung.

Abb. 8: Noch eine lächerliche Vaterfigur: Der alte Lebowski in »The Big Lebowski«

Die Frage nach der filmischen Form

Angesichts der heterogenen Vielfalt der Sujets und Genres, die über Komödien, Western, eine Agentenpersiflage bis hin zum fiktiven Biopic über einen Countrysänger reichen, stellt sich eine methodische Frage: Handelt es sich bei der Vaterproblematik und der notorischen Schusseligkeit der Coen'schen Helden nur um ein zufällig wiederkehrendes Thema? Wenn man am Ende von *The Big Lebowski* erfährt, dass die Dollarmillion, um die das ebenso komplexe wie chaotische Intrigenspiel veranstaltet wurde, gar nicht existiert, so kann man Fakes dieser Art, wie Körte anmerkt, als eine »Parodie auf die *plot twists* so manches *film noir* oder zeitgenössischen Polizeifilms« (1998, S. 196) auffassen. Diese Betrachtungsweise sieht im »assoziative[n] Erzählen [der Coens folglich nur] eine große kompositorische Anstrengung« (S. 197), die nichts anderes ist als eine kultivierte Form von Beliebigkeit. Die kompositorische Anstrengung der Coens »erfüllt [bloß] die Standards einer kausalen Entwicklung, indem sie diese Logik zugleich als bloßes Zufallsprodukt erscheinen lässt. Man sollte sich daher«, so Körte weiter, »auch nicht zu lange den Kopf darüber zerbrechen« (S. 196), wie und warum die Helden in immer wieder neue absurde Situationen geraten. Diese Schlussfolgerung erscheint konsequent; nach ihr produzieren die Coens »beständig [...] beiläufige kleine Gags und visuelle Reize, die für sich stehen können, ohne die Handlung auch nur einen Schritt voranzubringen, aber auch ohne vollends von ihr wegführen zu dürfen« (a. a. O.).

Körtes Schlussfolgerung: »Die Kohärenz des Plots ist dabei nur eine Formsache« (a. a. O.), überzeugt aber nicht ganz. Denn die vermeintliche *Formsache* – die immer komplizierter und absurder werdenden Intrigenspiele – korreliert stets mit dem *Inhalt*. Diese Korrespondenz zwischen Gestaltung und erzählter Geschichte hat Janine Chasseguet-Smirgel in ihrem programmatischen Aufsatz von 1969 am Beispiel von Alain Resnais' Meisterwerk *L'Année dernière à Marienbad* (1961) aufgezeigt. Ihrer Auffassung zufolge hat dieser Film allein deswegen eine in der Filmgeschichte einzigartige Struktur, weil hier der Stil zum Inhalt wird. Die außergewöhnliche Form drückt jenen ungelösten Vaterkonflikt aus, von dem der Film auch inhaltlich erzählt. Zur Stützung dieser Behauptung kritisiert die französische Analytikerin zunächst die konventionelle psychoanalytische Ineinanderspiegelung von Leben und Werk, bei der Autoren, Regisseure und Filmfiguren einfach auf die Couch gelegt werden. »Die biographische Methode, die sich nur auf die Inhalte, vor allem auf die unbewussten Triebregungen richtet, ist kein Schlüssel, der die Eigenart des Werks zu erschließen mag.« (Chasseguet-Smirgel, 1972, S. 191) Im zweiten Schritt hebt sie den ödipalen Konflikt hervor, von dem *L'Année dernière à Marienbad* erzählt: Während eines mondänen Empfangs in einem prunkvollen Barockschloss versucht ein Mann unermüdlich eine Frau zu überreden, sie solle ihren Mann verlassen. Wieder und wieder versucht er sie daran zu erinnern, dass sie beide letztes Jahr eine Affäre miteinander gehabt hätten; man sei also schon längst zusammen. Die Frau verhält sich dabei nicht eindeutig, antwortet immer nur lasziv: »Lassen Sie mich, ich flehe Sie an.« Im entscheidenden Moment tritt ihr Gatte immer wieder dazwischen, um die Bemühungen des Buhlenden zu vereiteln, der nicht zum Zug kommt, weil er die Etikette wahren will.

Hinter dieser Rivalität zweier Männer um eine Frau zeichnet sich nach Chasseguet-Smirgel das Grundgewebe des Ödipuskomplexes ab, das aber »in keiner Weise die Spezifität des Werk erschließt, weil wir ja die Ödipussituation in fast allen künstlerischen und literarischen Schöpfungen finden können« (S. 198). Das Spezifische dieses Films ist ihr zufolge nicht in der Geschichte zu sehen, sondern in der Art und Weise, wie sie erzählt wird. Das Besondere des Films besteht bekanntlich darin, dass Resnais und sein Drehbuchautor Alain Robbe-Grillet keine linear sich entwickelnde Geschichte erzählen. Entsprechend sind auch die Bemühungen des auf der Stelle tretenden Helden vergeblich – wobei diese Vergeblichkeit in der hermetisch abgeriegelten Szenerie des prunkvollen Barockschlosses ihren spezifischen Ausdruck findet. Die außergewöhnliche filmische Form ist nach Chasseguet-Smirgel somit eine visualisierte Phantasievorstellung: »Die Aufnahmen von Personen und Dingen erscheinen nur als bildhafte Projektionen der inneren Welt von X [dem Helden], seiner Gefühle und Affekte.« (S. 202) Der »Sohn« will dem »Vater« die Frau *kampflos* abnehmen, doch weil er der Auseinandersetzung immer wieder ausweicht, wird dieses Projekt endlos aufgeschoben – wobei dieser endlose Aufschub sich in der Form des Films ausdrückt: »Die Ausweglosigkeit, in welcher der Held sich deshalb befindet, erscheint im Bild der labyrinthischen Welt, in der das [erstickte] Drama sich abspielt [...] Es ist klar, dass diese Welt ohne Ausweg die Unmöglichkeit darstellt, das Objekt wirklich zu erreichen, und zugleich auch den verzweifelten Versuch, zu ihm zu gelangen.« (S. 204) Indem der Film sich einer dramatischen Entwicklung zugunsten einer Endlosschleife sperrt, entspricht die außergewöhnliche »Ästhetik des Scheiterns« (S. 196), die *L'Année dernière à Marienbad* bestimmt, einem zeitlosen narzisstischen Universum, das der Held nicht verlassen will, d. h. der Film selbst perpetuiert mit seiner Form jenes Scheitern, das, indem es verewigt wird, eine Lösung in Form einer Nicht-Lösung darstellt.

Resnais' Schwarzweißfilm von 1961 hat offenbar nicht viel gemeinsam mit den Coens. Auf den zweiten Blick zeigt sich jedoch, dass sich Chasseguet-Smirgels Überlegungen auch auf die Filme der beiden Brüder übertragen lassen. Bei den Coens ebenso wie in *L'Année dernière à Marienbad* kann man eine Endlosschleife wieder finden – wobei die Struktur einer hängenden Schallplatte in den Filmen der Brüder etwas andere Ausprägungen zeigt. Mit ihrem durchgängigen Gestaltungsprinzip variieren die Coens immer wieder eine Zirkularität. Diese strukturiert die Dramaturgie der Erzählungen, und sie taucht auch immer wieder als filmisches Motiv auf.

Bei Barton Fink, dem Autor mit Schreibblockade, drehen sich die Gedanken im Kreis. »In *The Big Lebowski* dreht sich alles um eine Million Dollar, die es gar nicht gibt – eine runde Summe und eine Null.« (Seeßlen, 1998, S. 259) In einer Traumszene dieses Films ist zu sehen, wie der Dude sein Leben entsetzt aus der Perspektive einer rollenden Bowlingkugel wahrnimmt. Und in *The Hudsucker Proxy* ist das zentrale Motiv ein Hula-Hoop-Reifen, dessen Kreisform im Heiligenschein des toten Vaters wiederkehrt. Der Kreis taucht aber nicht nur als wiederkehrendes filmisches Motiv auf. Auch die Wege der Coen'schen Helden haben nicht selten etwas Zirkuläres. So sind die Charaktere der Brüder – von *Blood Simple* bis hin zu *Inside Llewyn Davis* – immer wieder in einem seltsamen Teufelskreis gefangen. Während die Frauen bei den Coens stets geradlinig agieren, »neigen die Männer dazu, sich im Kreis zu drehen« (S. 247). In *Raising Arizona* kehrt der Held permanent ins Gefängnis zurück. So beginnt auch *Inside Llewyn Davis* mit jener rätselhaften Szene, in welcher der gefühlvoll singende Folksänger (Oscar Isaac) hinter der Bühne zusammengeschlagen wird. Am Ende des Films ist auf subtile Weise klar geworden, warum der Teufelskreis sich geschlossen hat: In scheinbar beiläufigen Situationen traf der Folksänger mit zwanghafter Konsequenz stets die falsche Entscheidung. Nach einer Plattenaufnahme brachte er eine wichtige Unterschrift nicht bei, die, nachdem das eingespielte Lied zum Hit wurde, dem verarmten Künstler satte Tantiemen eingebracht hätte. Später lehnt er aus Überheblichkeit das Angebot ab, in einem Trio aufzutreten – was seiner Karriere sicherlich förderlich gewesen wäre. Und er ließ auch seine Schwester seine Papiere, darunter seinen Matrosenschein, entsorgen, den er später dringend gebraucht hätte: Diese passgenauen falschen Entscheidungen führen dazu, dass die traurige Erfolglosigkeit des Llewyn Davis »den Eindruck eines [ihn] verfolgenden Schicksals, eines dämonischen Zugs in [seinem] Erleben« macht, wie Freud (1920g, S. 20) in *Jenseits des Lustprinzips* schrieb. Am Ende des Films wird klar, dass der Protagonist nicht an der Verwertungslogik der bösen Musikindustrie scheitert: Aufgrund seiner zwanghaft wiederholten Fehlleistungen ist er selbst Schuld an seiner Misere; auch die Tracht Prügel, die er am Ende erhält, erscheint wie eine »väterliche Lektion«.

The Hudsucker Proxy: Ein guter Vater?

Väter sind bei den Coens nicht nur negativ besetzt. Die Brüder differenzieren zwischen unglaubwürdigen Vaterfiguren und der Vaterfunktion, für die der tote bzw. der symbolische Vater steht. In der verblüffenden Schlussszene ihres unterkühlten Thrillers *No Country for Old Men* – der vier Oscars erhielt, von denen drei an die Coens gingen – erzählt ein Sheriff seinen Traum. Darin ist der tote Vater dem Sohn vorausgeritten, um ein Feuer in der Dunkelheit und Kälte zu entfachen. Der düstere Film endet überraschend mit dem tröstlichen Satz: »Ich wusste, er ist da, wenn ich komme.« Ein »guter Vater« tritt bei den Coens jedoch nur dann als Figur in Erscheinung, wenn sein Wirken komödiantisch gebrochen wird. In der surrealen Komödie

O Brother, Where Art Thou? (2000) spielt George Clooney einen Vater von sieben Töchtern, der aus dem Gefängnis ausbricht und zunächst eine von Homer inspirierte Odyssee durch den Staat Mississippi hinter sich bringen muss, bis er seine Frau davor bewahren kann, mit einem Anhänger des Ku Klux Klan zusammenzuleben.

Es gibt in der düsteren Welt der Coens also zwei verschiedene Typen von Vätern, die zugleich zwei unterschiedliche Formen von Tauschbeziehungen in Gang setzen. In *Blood Simple* und in *The Big Lebowski* wird von den unglaubwürdigen Vätern jeweils eine destruktive Austausch-Folge etabliert. Auslöser sind jeweils »Leerstellen«, die Ausdruck eines väterlichen »Einsatzes« sind, der sich immer wieder als nicht gedeckter Wechsel erweist. Ein nicht existierendes oder wertloses Objekt löst jeweils eine emsige Aktivität aus, deren einziger Zweck darin besteht, die Nichtigkeit des Einsatzes zu kaschieren: Wie in *Miller's Crossing* soll dabei die väterliche Schwäche, die all diese Spiele in Gang setzt, verborgen werden. Im Unterschied zu Alfred Hitchcocks berühmtem McGuffin, der die Handlung vorantreibt, ohne selbst von Interesse zu sein, sind solche »Leerstellen« bei den Coens – beispielsweise die verunglückte Autobiographie, die der entlassene Agent in *Burn After Reading* schreibt – von Interesse. Marty in *Blood Simple* und der »Big Lebowski« im gleichnamigen Film platzieren jeweils eine Art von McGuffin, der eine destruktiv-absurde Kette von Verwicklungen und Tauschbeziehungen in Gang setzt.

Daneben gibt es auch positive Vaterfiguren, bei denen der symbolische Austausch mit dem Sohn fruchtbar ist. Die gelungene »Übergabe« eines McGuffin-artigen »imaginären Staffelholzes« ist nur möglich im Gewand einer komödiantischen Überzeichnung, etwa in der Komödie *The Hudsucker Proxy*. Die Coens erzählen hier die Geschichte des liebenswürdigen Dorftrottels Norville Barnes (Tim Robbins), dem ein märchenhafter Aufstieg zu gelingen scheint: Er wird vom niederen Büroboten direkt in die Spitze des Konzerns berufen. Die Beförderung hat jedoch einen Haken: Der heimtückische Vorstandvorsitzende Sidney J. Mussburger (Paul Newman) will sich die Unfähigkeit dieses prototypischen Trottels zunutze machen, damit der Aktienkurs des Unternehmens in den Keller fällt und er die Firma dann für einen Apfel und ein Ei aufkaufen kann.

Es kommt anders als geplant: Mit seiner genialen Erfindung, dem Hula-Hoop-Reifen, beschert der vermeintliche Trottel dem Unternehmen satte Gewinne, worauf der Aktienkurs steigt und die Pläne des bösen Managers durchkreuzt sind. Um den Dorftrottel loszuwerden, treibt Mussburger ihn mithilfe eines Psychiaters in den Wahnsinn, sodass er sich aus dem Fenster im 46. Stockwerk des Hudsucker-Wolkenkratzers stürzt. Damit scheint sich ein typischer Coen'scher Teufelskreis geschlossen zu haben: Norville wiederholt nämlich jenen Suizid, den zu Beginn des Films der Firmengründer Waring Hudsucker (Charles Durning) mit seinem Sprung aus demselben Fenster verübte – doch diesmal ist etwas anders.

Bereits Waring Hudsuckers Fenstersturz war keine realistische Darstellung eines Selbstmords. Die ungewöhnliche Visualisierung des zeitlich bis ins schier unendliche gedehnten Hinabfallens in die Hochhausschlucht – bei der Hudsucker im Fallen sogar noch Passanten auf dem Bürgersteig zuwinkt, sie mögen zur Seite treten, damit er sich nicht erschlägt – erinnert einerseits an ein Cartoon. Andererseits erscheint der seltsame Abgang Norvilles (der sich gerade in eine Frau verliebt hat) wie der phantasierte Sturz ins weibliche Genitale. Man denkt unwillkürlich an Barton Fink, der während des Beischlafs mit einer Frau die Phantasie hat, in einen Abfluss zu »tauchen«.

Die überraschende Fortsetzung dieser Szene in *The Hudsucker Proxy* könnte aus einem Märchenfilm stammen: Das Rad der Zeit, symbolisiert durch die große mechanische Uhr im Dachgeschoss des Hudsucker-Hochhauses, wird angehalten. Der afroamerikanische Hausmeister, der auch als Erzähler fungiert, verkantet die großen Zahnräder mit einem Besenstiel. Dadurch wird Norvilles Todessturz wie in einem Standbild eingefroren: Auszeit. Die ganze Welt um ihn herum steht still. Unterdessen kommt, mit Engelsflügeln und Heiligenschein, der Firmengründer Waring Hudsucker als »toter Vater« herabgeschwebt, um den Jungen an eine vergessene Pflicht zu erinnern. Als Norville noch Bürobote war, sollte er dem bösen Mussburger nämlich dessen Kündigungsschreiben überbringen. Diesen wichtigen Botenjob hat er jedoch vergessen, weil Mussburger den Jungen im Zuge seines perfiden Plans in den Vorstand berief. Mit diesem Brief vom toten Vater – eine positive Variante des nicht schussbereiten Revolvers in *Blood Simple* – kann Norville den Usurpator Mussburger verjagen, ganz legitim die Nachfolge des väterlichen Firmengründers antreten und vor allem die Frau seines Herzens bekommen: Dieser tote Vater ist ein Beispiel für jene gebietende väterliche Funktion, ohne die zwischen Mann und Frau nichts läuft.

Die Vaterfigur spaltet sich folglich in zwei Hälften auf: Mussburger verkörpert den bösen, usurpierenden – den unglaubwürdigen – Vater, der durch zahlreiche Filme der Coens spukt. Dagegen verkörpert der alte Waring Hudsucker den guten – sprich den toten – Vater, über den der Sheriff in *No Country for Old Men* sagen wird: »Ich wusste, er ist da, wenn ich komme.« *The Hudsucker Proxy* nimmt somit den erzählten Traum aus *No Country for Old Men* vorweg – auch wenn der tote Vater nicht voraus geritten, sondern voraus gesprungen ist. Im Gegensatz zum nicht geladenen Revolver in *Blood Simple* entspricht die Erinnerung an den Brief einer gelungenen Übergabe der »väterlichen Insignien«. Der testamentarische Brief, der am Ende auf magische Weise seinen Adressaten erreicht, installiert sozusagen das väterliche Prinzip, das die sexuelle Beziehung des Helden ermöglicht.

Positiv besetzte Vaterfiguren wie Waring Hudsucker bleiben bei den Coens allerdings unauffällig. Eine von ihnen taucht in dem Drama *Fargo* auf. Wie in *The Big Lebowski* erzählen die Brüder hier von einer gnadenlos schief gehenden Entführung, bei der die Coen'sche »Metaerzählung« einmal mehr variiert wird. Der graumausige Autoverkäufer Jerry Lundegaard ist einer jener schwächlichen Söhne, der den »verspäteten ödipalen Aufstand« (Reinecke, 1998, S. 177) gegenüber einer vermeintlich omnipotenten väterlichen Autorität probt. Dazu lässt er seine eigene Frau entführen, um von seinem hartherzigen Schwiegervater Geld zu erpressen. Im Gegensatz zu *The Big Lebowski* zirkuliert dabei sogar echtes Geld – jedoch so, dass am Ende niemand etwas davon hat.

Die Figur des dilettantischen Entführers Jerry Lundegaard, selbst Familienvater, wird subtil kontrastiert durch eine andere Vaterfigur. Norm Gunderson (John Carroll Lynch) ist der Ehemann der eigentlichen Filmheldin, der schwangeren Polizistin Margie (Frances McDormand). Auf den ersten Blick scheint dieser Leisetreter nur die gesetzestreue Variante des unfähigen Entführers Jerry zu sein. Es gibt jedoch Unterschiede. Jerry ist destruktiv: Er setzt das Leben seiner Frau aufs Spiel, um eine »Tauschbeziehung« zu erzwingen, von der er profitieren könnte. Norm ist dagegen kreativ, er bringt etwas Neues hervor, obwohl man seine Schöpfungen belächeln mag. Dieser selbstgenügsame Typ, der sich nur fürs Angeln interessiert, ist ein nicht gerade inspirierter Hobbymaler. Eines seiner Motive, eine Ente, wird – lächerlicher könnte es eigentlich nicht sein – auf einer Briefmarke abgedruckt. Und zwar nicht wie erhofft auf der für 29 Cent, sondern auf der billigen 3-Cent-Marke.

Wenn Margie ihren Mann am Ende damit tröstet, dass man nach der Portoerhöhung seine

3-Cent-Marke dringend brauchen wird, so weist sie subtil darauf hin, dass diese vermeintlich lächerliche Vaterfigur zu etwas nutze ist: Norm hat tatsächlich etwas aus dem Nichts »gezeugt«, eine Variation des oben beschriebenen Platzhalters, der im symbolischen Kreislauf des Tauschs einen *Wert* hat. Die Entenbriefmarke selbst ist zwar so gut wie nichts wert. Doch dieses »Nichts«, das Norm kreierte, setzt eine Kette von Tauschvorgängen in Gang – und diese Kette ist im Gegensatz zu den gescheiterten Deals der Coen'schen Loser *legal.* Das von Norm gezeugte *Nichts, das nicht nichts ist,* hat keinen Eigen-, sondern nur einen Stellenwert. Es entspricht der Funktion, die Lacan jenem symbolischen Vater zuerkennt, mit dessen Vermittlung der Zwanghafte die hier beschriebenen Probleme hat.

Literatur

Chasseguet-Smirgel, J. (1972 [1969]). Letztes Jahr in Marienbad. Zur Methodologie der psychoanalytischen Erschließung des Kunstwerks. In A. Mitscherlich (Hg.). *Psycho-Pathographien I* (S. 182–213). Frankfurt a.M.: Suhrkamp.

Coen, E. (1999). *Falltür ins Paradies.* München: Goldmann.

Evans, D. (2002). *Wörterbuch der Lacanschen Psychoanalyse.* Wien: Turia + Kant.

Freud, S. (1909d). Bemerkungen über einen Fall von Zwangsneurose. In GW 7, S. 379–463.

Freud, S. (1920g). Jenseits des Lustprinzips. In GW 13, S. 1–69.

Hammett, D. (1976 [1931]). *Der gläserne Schlüssel.* Berlin: Aufbau.

Körte, P. (1998). The Big Lebowski. In P. Körte & G. Seeßlen. (Hg.). *Joel & Ethan Coen* (S. 191–208). Berlin: Bertz + Fischer.

Körte, P. & Seeßlen, G. (Hg.). (1998). *Joel & Ethan Coen.* Berlin: Bertz + Fischer.

Reinecke, S. (1998). Fargo. In P. Körte & G. Seeßlen. (Hg.). *Joel & Ethan Coen* (S. 165–190). Berlin: Bertz + Fischer.

Seeßlen, G. (1998). Spiel, Regel, Verletzung. Auf Spurensuche in Coen Country. In P. Körte & G. Seeßlen. (Hg.). *Joel & Ethan Coen* (S. 209–274). Berlin: Bertz + Fischer.

Riepe, M. (2014). *Der große Andere und der kleine Unterschied. Freud – Lacan – Saussure und die Metapher des Geschlechts.* Wien: Turia + Kant.

Weiterführende Literatur

Riepe, M. (2002). *Bildgeschwüre. Körper und Fremdkörper im Kino David Cronenbergs. Psychoanalytische Filmlektüren nach Freud und Lacan.* Bielefeld: transcript.

– (2004a). New York Underground: Von Hardcore zu Artcore. Lydia Lunch, Richard Kern und das Cinema of Transgression. In B. Kiefer & M. Stiglegger (Hg.). *Pop und Kino. Von Elvis bis zu Eminem.* (S. 137–145). Mainz: Ventil.

– (2004b). *Intensivstation Sehnsucht. Blühende Geheimnisse im Kino Pedro Almodóvars. Psychoanalytische Streifzüge am Rande des Nervenzusammenbruchs.* Bielefeld: transcript.

– (2005a). Maßnahmen gegen die Gewalt. In: J. Köhne, R. Kuschke & A. Meteling. (Hg.). *Splatter Movies. Essays zum Modernen Horrorfilm* (S. 167–186). Berlin: Bertz + Fischer.

– (2007). Ist Pedro Almodóvar überhaupt noch zu analysieren? In P. Bär, & G. Schneider. (Hg.). *Pedro Almodóvar. Im Dialog: Psychoanalyse und Filmtheorie.* Schriftenreihe Band 5 (S. 4–21). Mannheim: Selbstverlag Cinema Quadrat.

– (2008a). Die Architektur der erogenen Zonen. Cyberspace und virtuelle Realität in Matrix und eXistenZ. In P. Laszig, & G. Schneider. (Hg.). *Film und Psychoanalyse. Kinofilme als kulturelle Symptome* (S. 85–104). Gießen: Psychosozial.

– (2009a). Schauen und stechen. Anmerkungen zu Michael Powells Peeping Tom. *RISS. Zeitschrift für Psychoanalyse, 72/73,* 97–116.

– (2012). Videodrome und die traumatische Konfrontation mit dem Weiblichen. In P. Laszig. (Hg.). *Blade Runner, Matrix und Avatare – Psychoanalytische Betrachtungen virtueller Wesen und Welten im Film* (S. 87–104). Heidelberg: Springer.

– (2013). Sprich nicht! Zeig' mir deinen Zorn. In G. Schneider, & P. Bär. (Hg.). *David Cronenberg. Im Dialog. Psychoanalyse und Filmtheorie. Band 10* (S. 25–38). Gießen: Psychosozial.

– (2014). Das Paradigma der Muschel. In: S. Doering, & H. Möller. (Hg.). *Mon Amour trifft Pretty Woman. Liebespaare im Film* (S. 171–158). Heidelberg: Springer.

Keine Verständigung, nirgends

Blood Simple. »Your brain turns to mash«

Katharina Leube-Sonnleitner

Filmgeschichtlicher Hintergrund

Der Titel des Films ist ein Zitat aus dem Roman *Red Harvest* (1927/28) von Dashiell Hammett, einem Autor, nach dessen Büchern einige klassische Film noirs gedreht wurden: »Blood simple. Your brain turns to mash« (...wenn man einen Menschen getötet hat). Gemeint ist, dass der Mörder im Blutrausch »simple«, d.h. primitiv wird oder allgemeiner: die Verrohung von Menschen unter Bedingungen von impliziter oder manifester Gewalt. Aber man hört in diesem Titel auch etwas heraus wie »bloody simple«, also »ganz einfach«. Welche Ironie, wo doch in dem Film unvergesslich eindrucksvoll demonstriert wird, wie entsetzlich schwierig es ist, einen Menschen zu töten.

Schnell fühlt man sich an *The Postman Always Rings Twice* (1934) erinnert. In dem düsteren, dreimal verfilmten Thriller von James M. Cain ist die Konstellation etwas anders. Das leidenschaftlich und irgendwie verzweifelt liebende, ehebrecherische Paar versucht sich des störenden Ehemannes durch Mord zu entledigen. Beide sind nach der finsteren Tat auf unheilvolle Weise aneinander gekettet, klammern sich an eine pervertierte, nicht mehr existierende Leidenschaft. In *Blood Simple* (1984) dagegen traut sich der unheimliche, aber, wie sich erweisen wird, schwache Betrogene so wenig zu, die geliebte Frau zurückzugewinnen, dass er das Liebespaar töten muss. Er versucht dies so schnell hinter sich zu bringen, dass er entsetzlich dilettantisch vorgeht und selbst zum ersten Opfer dieser klassischen Konstellation wird, also doch wieder wie in *The Postman Always Rings Twice.* Der betrogene Ehemann in *Blood Simple* wird sich als Folge seines Mordauftrags auf erschreckend konkret bildliche Weise sein eigenes Grab schaufeln (lassen) (Abb. 1).

Abb. 1

Ich werde im Folgenden eine an manchen Stellen um die Ebene der vermuteten Backstory oder meiner affektiven Reaktion als Zuschauerin erweiterte Inhaltsangabe geben, dann einige Überlegungen zum Film noir und am Schluss eine szenische Analyse anschließen.

Inhalt

Exposition. Wie wird ein durchschnittlicher, schweigsamer Mann zum Mörder ohne Mitgefühl?

Eine helle, gleißende Landstraße in Texas, im Vordergrund ein seltsames Objekt der Vergänglichkeit und Bedrohung, die Reste eines geplatzten Reifens, im Hintergrund Überbleibsel einstiger Ölförderung, eine gespenstisch leere weiße Leinwand. Voice-over, eine kurzatmige Stimme erzählt etwas davon, dass, wer man auch sei, man hier in Texas auf sich allein gestellt sei und dass immer etwas schiefgehen könne.

Dann ein Mann und eine Frau, Ray (John Getz) und Abby (Frances McDormand), im Auto vom Rücksitz aus gesehen, Regen prasselt gegen die Windschutzscheibe, die Wischer haben keine Chance. Scheinwerfer entgegenkommender Autos blenden gefährlich, blitzen ins Dunkel, keine Orientierung möglich. Auch nicht im Dialog der Beiden. Sie sind noch kein Paar. Abby verlässt ihren Mann, den Barbesitzer Marty (Dan Hedaya), bei dem Ray angestellt ist. Ihr Mann hatte ihr einst einen perlmuttbesetzten Revolver geschenkt, und wir erfahren welcher Art ihre Beziehung zu ihm ist: lieber weggehen, als die Waffe gegen ihn richten. die Waffe wird das handlungsentscheidende Objekt in der Geschichte werden.

Ray meint, besser nichts miteinander anfangen, obwohl er sie mag. Unheimliche Stimmung, ein VW Käfer verfolgt sie, kriecht langsam wie eine echte Bestie an ihnen vorbei. Die beiden retten sich in ein Motel, wo sie ihrem Vorsatz und Abby ihrem Mann untreu werden, und zwar im grellen, rhythmischen Scheinwerferlicht der vorbeifahrenden Trucks. Das hat mehr vom Aneinanderklammern verängstigter Kinder als von Leidenschaft.

Am Morgen ein Anruf. Ray denkt, der Anrufer sei Marty, und schreibt ihm damit magische Kräfte zu. Sonst müsste er ab jetzt wissen, dass ein Detektiv im Spiel ist, natürlich der aus dem VW Käfer, aber Ray versteht nicht und besteht von nun an aus Angst und Schuldgefühl. Beides wird er auf entsetzliche Weise loswerden wollen.

Was Marty für ein Typ ist, erfährt man durch seine verächtlichen Ansichten über Schwarze und Frauen. Im Büro seiner Bar trifft er den etwas heruntergekommenen Detektiv Visser (M. Emmet Walsh), der ihm auf zynische Weise vom Ehebruch seiner Frau erzählt. Marty versucht mit Drohgebärden seine Demütigung zu überspielen, weil dieser schmierige Gauner von Detektiv seine Frau beim Sex mit dem kleinen Ray fotografiert hat. So genau wollte er es gar nicht wissen. Vielleicht ist das der Hauptgrund dafür, dass er ihn kurz danach mit dem Mord an den beiden beauftragen wird.

Das folgende Gespräch zwischen Marty und Ray ist wieder ein bedeutungsvoller, aber die Dinge nicht unbedingt klärender Dialog. Finstere Stimmung, ein unheimlicher Verbrennungsofen hinter der Bar, Marty spricht von der Hölle, in der er sei. Er erscheint erstaunlich defensiv, als er es als einen Witz bezeichnet, wenn Ray annehme, Abby sei seinetwegen zurückgekommen, und damit die Beziehung der beiden als Fakt anerkennt. Machtlos kann er Ray beim Rausschmiss nur noch seinen Lohn vorenthalten. Abby wohnt übergangsweise bei Ray und kapiert nicht, warum sie auf dem Sofa schlafen soll.

Am Tag darauf macht Marty einen letzten, gewaltsamen Versuch, seine Frau aus Rays Wohnung quasi zurück zu entführen, sie wehrt sich heftig, bricht ihm mit einem grausigen Geräusch den Finger und tritt ihm ins Genitale. Er ist geschlagen, muss spucken und kann Hass und Demütigung nur noch durch den Mordauftrag loswerden, während Ray am Ende der Szene wie ein gerade aus dem Bett stolperndes Kind zwar den Revolver in der Hand hält, aber einmal mehr seine mangelnde Männlichkeit unter Beweis stellt.

Nun wird im VW Käfer zwischen Marty und Visser das gewaltsame Ende dieser Romanze beschlossen. Beim Nennen der zynisch niedrigen Summe von 10.000 Dollar für zwei Menschenleben erinnern wir uns an die programmatischen Sätze des Detektivs am Anfang und fragen uns erneut, warum denn dieser Misanthrop mit seiner Einschätzung der Lage den Film einführt. Über die grimmige Ironie von Martys Antwort auf Vissers Frage nach der Legalität des Auftrags: »It's not strictly legal«, können wir zu diesem Zeitpunkt schon nicht mehr lachen. Marty schlägt vor, die Leichen in dem (Müll-?) Verbrennungsofen hinter seiner Bar zu entsorgen. Derweil mietet Abby eine Wohnung mit kahlen Ziegelwänden und riesigen Fenstern, durch die blaues, kaltes städtisches Licht hereinfällt (Abb. 2).

Töten ist harte Arbeit

Visser stiehlt Abbys Revolver und präsentiert Marty später Fotos der beiden erschossenen Liebenden. Darauf liegen sie mit dunklen Schusswunden auf dem Bett, das sie – es steht in Rays Wohnung direkt am Fenster – völlig schutzlos quasi ausgeliefert hat. Marty hat die Insignien seines Alibis, vier große tote Fische als Beute eines Angelausflugs auf den Tisch gelegt. Er ist all dem weiterhin nicht gewachsen und muss wieder spucken. Ein absurder Dialog über gegenseitiges Vertrauen leitet über zum logischen Plan des Detektivs: Wozu zwei Leichen und einen Mitwisser, wenn man das Geld nehmen und einfach den Auftraggeber erledigen kann? Und zwar mit Abbys unverkennbar weiblichem Revolver mit Perlmuttgriff.

Über die Fälschung der Fotos müssen nicht viele Worte (oder Bilder) verloren werden, Ray kommt ganz lebendig ins Büro, will sein ausstehendes Geld, findet Marty frisch erschossen vor, das Blut tropft noch. Er entdeckt Abbys Revolver, will ihr helfen, weil er sich schuldig fühlt oder sie liebt oder sie seine Hoffnung auf ein anderes Leben repräsentiert, und versucht auf dilettantischste Weise, die Leiche zu seinem Wagen zu schleppen und abzutransportieren. Es ist schwer mitanzusehen, wie er mit seiner Satinjacke den untauglichen Versuch macht, das Blut wegzuwischen. Ohne sich um das Blut auf den Sitzen in seinem Wagen zu kümmern – es wird später unter einer Decke immer wieder durchkommen, um Rays und Martys Qualen bildlich zu bezeugen –, lädt er die Leiche in sein Auto und fährt ins nächtliche Dunkel, vorbei am lodernden Ofen. Erneut die finstere Ironie der Coen-Dramaturgie: Das von Marty kalt erwogene Problem der Beseitigung von Mordopfern stellt sich jetzt mit ihm selbst als Opfer. Aber die Befriedigung der Zuschauer durch dieses »Wer Andern eine Grube gräbt …« wird untergraben (im wörtlichen Sinne), denn

Abb. 2

vom Rücksitz ertönen grausige Lebenszeichen des nur schwer verletzten Marty.

In einem quälenden inneren und äußeren Kampf, einer zwanzigminütigen Sequenz, versucht Ray sich dieser alptraumhaften Figur zu entledigen. Seine Motive interessieren hier nicht mehr, er muss da durch und wir mit ihm. Er schafft es nicht, das Gaspedal durchzutreten, um den Gepeinigten, der im harten Scheinwerferlicht um sein Leben kriecht, zu überfahren. Sein erhobener Arm kann die Schaufel nicht auf dessen Kopf niedersausen lassen, obwohl ihn in diesem Moment Martys geisterhafte Hand am Knöchel gepackt hat. Ein Truck donnert vorbei, und der sterbende Marty spuckt schon wieder, diesmal Blut auf Rays Rücken. Der beherrscht das Handwerk des Tötens nicht, hebt eine Grube aus und begräbt seinen Widersacher, der sich bis zuletzt wehrt, auch mit einem Schuss aus der Frauen-Pistole, die ihm Ray in die Jackentasche gesteckt hatte und in der insgesamt drei Patronen waren. Mit einer davon war Marty angeschossen worden, ein Schuss löste sich, als Ray die Pistole fand eine müsste noch da sein. Russisch-Roulette also. Ein, zwei, drei mal – nur Klicken. Man atmet auf, aber nicht, weil Ray überlebt, sondern weil wir es wohl bald hinter uns haben. Wie war nochmal diese Todfeindschaft entstanden?

Die Kamera steigt hoch und zeigt die unübersehbare Spur, die Rays Autoreifen in dem graphisch angelegten Acker hinterlassen haben. Eine Querrille zu den parallelen Ackerfurchen, die bildlich zeigt, dass hier etwas dem ordentlichen, normalen Leben zuwiderläuft. Ray hat keine Chance, auch nicht, als wie zum Hohn das Auto, das zunächst nicht angesprungen ist, im Morgengrauen doch noch los fährt. Ray ruft Abby an und spricht für sie in Rätseln, sie müsse sich keine Sorgen mehr machen. Sie wisse nicht, wovon er spreche, sagt sie …, und da erinnern wir uns mit ihm, dass ihm Marty höhnisch prophezeit hatte, mit dieser Phrase werde sie antworten, wenn sie wieder einen Anderen habe. Alarmiert sucht sie Beruhigung bei Meurice, einem Kollegen Rays, der sie davon überzeugt, Marty sei am Leben, bösartig wie eh und je, er habe Ray auf seinem Anrufbeantworter des Diebstahls der 10.000 Dollar bezichtigt.

Projektionen und Verästelungen. Wer beging welchen Mord aus welchem Motiv?

Inzwischen bemerkt Visser, dass er Marty unterschätzt hat, der hatte einen Beweis für ihre Komplizenschaft aus seiner Bar zu den vermeintlichen Tatortfotos geschmuggelt, ein Schild mit der Aufschrift: »All employees must wash hands before resume work.« Sehr ironisch, denn Ray hatte nicht nur seine Hände mangelhaft vom Blut gereinigt. Außerdem vermisst Visser sein Feuerzeug, muss also an den Tatort zurück. »Something can always go wrong«, hat er selbst am Anfang gesagt. In der Tat, denn die Leiche ist bekanntlich verschwunden, der Tresor lässt sich mit dem Hammer nicht öffnen, und das Feuerzeug bleibt verschwunden, Visser muss annehmen, dass seine angeblichen Opfer es an sich genommen haben und wissen, was geschehen ist.

Der Film quält uns weiter mit den Missverständnissen zwischen Ray und Abby. Als das Telefon klingelt, denkt sie, es sei Marty, und er denkt, sie habe einen anderen, ganz im Bann seines von ihm getöteten Vorgängers. Später kann sie nur denken, er habe Marty erschossen im Streit um den Lohn, noch später, Marty sei hinter ihnen beiden mit mörderischer Absicht her. Sie kann an keiner Stelle einen Durchblick bekommen und ist doch die einzige, die überlebt. In der Bar versucht sie zu verstehen, was los ist, kann das Chaos nicht deuten, sucht Zuflucht in ihrer ungeschützten Wohnung mit den kahlen Wänden und großen Fenstern, sinkt auf das Bett. Überblendung.

Als sie ein Geräusch hört, erwartet sie Ray, aber zu unserem grenzenlosen Erstaunen ist es Marty, der sagt, er liebe sie. Ich dich auch, antwortet sie, noch erstaunlicher. Als sich aus Martys Mund ein Schwall dunklen Bluts auf den Fußboden ergießt, wacht Abby entsetzt aus diesem Alptraum auf. Wir sind verwirrt, er hatte doch Ray mit Blut bespuckt? Sagt ihr Unbewusstes ihr doch schon, was geschehen ist? Hatte sie doch eine innige Verbindung zu Ray? Kann es in dieser Welt überhaupt innige Verbindungen geben?

Schluss: Überleben, aber nicht wissen, was und warum

Ray durchsucht inzwischen Martys Büro, findet die Fotos, die ihn und Abby angeblich tot zeigen, bekommt eine Ahnung. Er versucht, Abby in ihrer Wohnung daran zu hindern, das Licht einzuschalten, was sie beide, wie wir als Zuschauer sehen, zu einem leichten Ziel für Visser machen würde. Abby traut Ray nicht mehr und schaltet das Licht an. Da wird er erschossen, sie kann sich in letzter Sekunde durch einen Sprung retten. Der Detektiv folgt ihr ins Bad, stellt fest, dass sie durch das Fenster nach nebenan geklettert sein muss, öffnet es, da klemmt sie seinen Arm ein und nagelt seine Hand mit einem Messer an den hölzernen Fensterrahmen. Mit jeder weiteren Bewegung würde er nun entweder seinen Hals an der geborstenen Fensterscheibe aufschneiden oder die Hand noch mehr verletzen. Wild vor Schmerz und mit einem unfassbaren Überlebenswillen schießt er zehn Mal durch die hölzerne Wand, trifft dabei die scheinbar unverwundbare Abby nicht, während sie ihn kurz darauf mit der einen letzten Patrone ebenfalls durch Holz hindurch erschießt. Alle diese Schüsse lassen bizarr schöne Lichtkanäle entstehen. Visser kann schließlich mit der anderen Faust die Wand durchschlagen und das Messer aus der Fensterbank und der Hand ziehen (Abb. 3). Abby hat ihren Revolver geholt, wartet neben dem toten Ray auf den Mörder (Abb. 4).

»Ich habe keine Angst vor dir Marty«, ruft sie, als sie ihren anonymen Gegner durch die Tür hindurch erschießt. Ein letzter Witz, er bricht zusammen, kapiert langsam, dass es aus ist mit ihm, lacht bitter verzweifelt, und während wir aus seiner Perspektive das Gewirr der Rohre unter dem Waschbecken sehen, aus de-

Abb. 3

Abb. 4

Abb. 5

nen etwas Wasser rinnt, sich zum Tropfen formt und ihn benetzt (wie blutende Eingeweide), sagt er höhnisch: »Ich werde es ihm ausrichten, wenn ich ihn sehe.« Im Jenseits natürlich.

Film noir

Ist *Blood Simple* ein Film noir? Ein Neo-Noir? Eine Hommage an den Film noir?

Am ehesten ist *Blood Simple* ein Neo-Noir, der Stilmittel und Kriterien des klassischen Noir variiert, ersetzt oder weglässt, in diesem Fall z. B. die nächtliche Stadt, den Asphaltdschungel (vgl. Marcus Stiglegger, in diesem Band). Deren Unübersichtlichkeit zeigt im klassischen Noir, wie sehr die Protagonisten in Zusammenhänge verstrickt werden, die sie nicht beherrschen, ja nicht einmal durchschauen. Stattdessen haben wir hier einen Un-Ort in Texas, lebensfeindlich, entweder in glühender Sonne, möbliert nur mit abgewrackten Zeichen der Ölförderung, Symbol einstiger Geldmacht (1984 war der erste Golfkrieg mit dem Kampf um Ölressourcen), und einer weißen Leinwand, von der niemand weiß, wofür man auf ihr werben könnte. Oder bei Nacht in strömendem Regen, wo nur die Autos Schutz bieten. Das Innere einer schäbigen Bar mit dem vollgestopften Büro des Besitzers, in dem nur flimmernde Börsenkurse auf die Anwesenheit von Zivilisation hinweisen, ebenfalls ein kaltes Symbol für Geld. Gestapelte Stühle weisen darauf hin, dass auch die Bar, wie das Personal des Films, schon bessere Zeiten gesehen hat. Das Chaos des Interieurs zeigt auch hier bildlich, dass die Protagonisten die Ereignisse zwar in Gang setzen, aber niemals Herr der Lage sind. Es spielt, wie die nächtliche Stadt im klassischen Noir, eine eigenständige Rolle, ein scheinbar absichtsloses, die Orientierungslosigkeit der Figuren illustrierendes Durcheinander (Abb. 5), ist aber eine durchdachte Komposition. Wie die Stadt im Noir scheint diese Umgebung nur zu existieren, um die Menschen in ihr zu bedrohen und mit ihrer Hässlichkeit zu beleidigen (Grob, 2008).

Die Verständigungsprobleme in *Blood Simple* als Ausdruck fehlender Beziehungen, filmisch z. B. durch unwirtliche, ungeordnete Schauplätze illustriert, führen zu einer Verselbstständigung des Geschehens: »Es ist kein Zufall, dass in diesem Film jeder jeden für einen Mörder halten kann, während die wirklichen Morde gleichsam in Unkenntnis der Täter/Opfer-Beziehung begangen werden« (Seeßlen, 1998, S. 52). Schlicht überleben wollen, wie Abby, die weibliche, einzige Überlebende der vier Hauptfiguren, ist das einzig nachvollziehbare Motiv.

Die Stimme aus dem Off. Voice-over

Im klassischen Noir erzählt oft der resignierte Held aus der Rückschau, wie alles begann, und zwar, wenn er, der zumeist auch selbst im weiteren Verlauf die Dinge nur marginal beeinflussen kann, überhaupt nichts mehr tun kann, wenn die Würfel längst gefallen sind und ihm klar ist, welchen Selbsttäuschungen er aufgesessen ist. Der in *Blood Simple* aus dem Off zu uns spricht, wird allerdings die Geschichte nicht überleben. Das kann nur bedeuten, dass wir unmerklich in einen Perspektivenwechsel hineingezogen werden, die Voice-over scheint eine Rückblende einzuleiten – aber dann würde ein Toter aus dem Jenseits zu uns sprechen. Die Diskontinuität der Perspektive signalisiert von Anfang an Unheil. Denn von der unwirtlichen Texas-Szenerie mit dem Voice-over-Text eines hörbar Abgehalfterten kommen wir direkt in die Gegenwart einer unheimlichen nächtlichen Autofahrt im strömenden Regen. Ein Mann und eine Frau. Die Off-Stimme hat da schon das Programm vorgegeben: »The world is full of complainers. But the fact is, nothing comes with a guarantee.« Voice-over-Einführungen verweisen deutlich darauf, dass eine subjektive Sicht auf die Dinge folgt, nicht eine objektive Wahrheit. Zugleich lädt sie hier den Zuschauer dazu ein, selbst das Unsichtbare, Nicht-Erzählte phantasmatisch zu ergänzen und komplizenhaft ins Geschehen einzutauchen. Es wird allerdings keine Rückblenden geben, vielmehr eine zunächst lineare, dann »netzartige« Erzählstruktur (vgl. Seeßlen, 1998).

Die Nacht

Nicht von ungefähr lautet der deutsche Verleihtitel *Eine mörderische Nacht.* Die beiden

Abb. 6

zentralen Szenen des Tötens und des verzweifelten Überlebenswillens spielen sich in der Nacht ab, einmal auf einem Feld, einmal in einer Wohnung mit riesigen, alles enthüllenden Fenstern. Das Leben in einer Bar spielt sich nachts ab. Die Nacht ist hier wie in anderen Film noirs eine Welt des Unheimlichen, Halluzinatorischen, Albtraumhaften, eine Welt der Außenseiter, Gestrandeten und Gefährdeten. Sie symbolisiert, in welchem Ausmaß die Protagonisten im sprichwörtlichen Dunkel des Unwissens agieren. Jeder versucht sich aus den Bruchstücken der Wahrheit, angereichert durch die eigenen Phantasien und Ängste, seine eigene Wirklichkeit zu konstruieren. Durchblick und Weitsicht bleiben begrenzt wie die Sicht im Dunkel der Nacht (Abb. 6). Der Zuschauer hat zwar nur einen kleinen, aber entscheidenden Informationsvorsprung.

Licht und Schatten

Das Adjektiv »noir« (schwarz) verweist auf den nächtigen, dunklen Charakter dessen, was die Kamera in diesen Filmen zeigt. (Joel und Ethan Coen werden später mit *Fargo,* 1996, einen quasi weißen Film noir drehen, der im Schnee spielt, und ihre souveräne Beherrschung des Genres damit ironisch unter Beweis stellen.) Die Übertragung von Noir auf die finstere, pessimistische, grundlegend tragische Verstrickung, in die die Figuren, auch in *Blood Simple,* unweigerlich geraten und in der sie ihr Schicksal nicht in der Hand haben, verweist uns darauf, dass die Vorstellung, sein eigenes Leben weitgehend bestimmen zu können, eine Schimäre sein könnte. Gleichzeitig symbolisieren die gegen das Dunkel grell imponierenden Lichteffekte die Hoffnung auf das ganz Andere: das große Geld, die phantastische Frau, die Befriedung durch Rache oder eine kathartische gute Tat (vgl. Grob, 2008). Beides, Dunkel und Licht, tritt uns in *Blood Simple* in unübersehbarem Gegensatz und Aufeinander-Bezogensein entgegen. Greller Tag, stockdunkle Nacht mit Scheinwerfern, die totale Dunkelheit im Grab, streifenförmige Lichteffekte (wie Gitterstäbe) durch Jalousien, Ventilatoren und Scheinwerfer, tödliche Bedrohung und tröstliche Morgenröte, Leben und Sterben. Zwar geht morgens wieder die Sonne auf, aber die Figuren haben weder Geschichte noch Zukunft, sie sind gegeben wie das Land, auf dem sie leben müssen. Wie in einer Versuchsanordnung wohnen wir ihrem Untergang bei, nach tieferen Motivationen zu suchen als der, 10.000 Dollar haben zu wollen, scheint sinnlos.

Szenisches Verstehen

Der Horror des Tötens und Getötet-Werdens und der Verlust des Psychischen

Manfred Riepe beschreibt in diesem Band die zentrale Tötungsszene aus *Blood Simple* u. a. als ödipale Konstellation, in der der Sohn gegen den Vater aufbegehrt. Allerdings »entschließt sich Ray allein deswegen zur Beseitigung des toten Rivalen, weil sein Wunsch, der Vatermord wäre längst vollzogen, scheinbar in Erfüllung gegangen ist«. Es geht also bei der Tötung des Vaters/Rivalen hier nicht wirklich um die Frau und damit eine sexuelle Konkurrenz oder die Befreiung von der väterlichen Instanz, die verbietet, die Mutter/Frau zu lieben. Man hat nicht den Eindruck, sich in einer ödipalen Welt der Rivalität, von Symbolisierung und Objektbeziehungen zu befinden, vielmehr im Reich der vorsprachlichen Vermischung von Sinneseindrücken, archaischen Bedürfnissen und nacktem Überlebenskampf. Die psychophysische Anstrengung der Tötung steht bildlich im Vordergrund, eine Konzentration auf den Dreck, den Schweiß, das Blut, das Spucken, Röcheln, Aufbäumen, Sterben. Hier findet vielmehr das Gegenteil von Symbolisierung oder unbewusster Phantasie statt: eine Konkretisierung, eine brutale Sichtbarmachung der physischen Grundlagen der menschlichen Existenz und in der Tötungsaktion die Vernichtung jeglicher Seelentätigkeit. In diesem Zusammenhang bedeutet der Titel *Blood Simple* – Hammett, wie oben zitiert, weiter: »Your brain turns to mash« – genau dies: Der Akt des Tötens und Getötet-Werdens führt zur Entmenschlichung, zur Reduzierung des Gehirns auf graue und weiße Masse, zum Untergang seiner Funktion des Denkens, (Ein-)Fühlens, Symbolisierens und als Ort des Unbewussten, der Erinnerung und der Verbindung zur eigenen Geschichte, zu Anderen und zur Welt. Wenn Marty versucht zu schießen oder den Grabhügel von innen aufzubrechen, regieren gerade noch Überlebensinstinkte sozusagen auf Stammhirnniveau, genau wie in der Schlussszene des Films bei Visser. Es gibt in dieser Reduzierung auf pure Instinkte keinen Unterschied zwischen den jeweils Tötenden und den Opfern.

Die anti-psychologische Darstellung der Protagonisten durch die Coen Brüder in diesem Film scheint mir dies zu illustrieren: Herkunft, Vergangenheit, Motive und Intentionen der Figuren interessieren nicht, sie agieren auch jenseits der Tötungsszenen reduziert auf primitive Affekte, Gier bei Visser, Überleben bei Abby, irrationales Getriebensein bei Ray und Marty. Dass Marty seine Frau zum »Psychiater« schickt, scheint in dieser Welt vollkommen absurd, einer Welt, in der es keine Zivilisation zu geben scheint, in der keiner der Protagonisten auch nur entfernt auf die Idee käme, die Polizei, das Gesetz zur Hilfe zu rufen. Was soll in einer solchen Welt ein Psychiater, der urteilt, wer normal ist und wer nicht?

Die Versuchung, als Psychoanalytiker die Figuren des Films auf die Couch zu legen und zu deuten, entsteht hier kaum. Sie wirken tatsächlich wie des Psychischen beraubt. Einen Helden gibt es nicht. Die Frau scheint zwar Movens, Hoffnung und den Wunsch nach seelischer Einstimmung zu verkörpern, sie weiß um die Existenz einer inneren, psychischen Welt. Aber sie ist auch ein kleines Mädchen, das statt Aufbruch den nächsten Mann sucht. Puderdose und Mini-Revolver sind im Traum austauschbar. Letzterer tut nur einmal wirklich, was er soll, nämlich als sie selbst damit schießt, bzw. sie ist die einzige, die damit umgehen kann, und er repräsentiert ja alle entscheidenden Wendepunkte und Taten. Im emotionalen Zentrum des Films wird er vom sterbenden Opfer/Täter an den Totengräber weiter gereicht, wie ein jetzt schmutziges und nutzloses Symbol einstiger Potenz.

Aber auch Abby reagiert immer erst einen Schritt, nachdem das Unheil schon seinen Lauf genommen hat. Deshalb scheint fraglich, in ihr die eigentliche Manipulatorin zu sehen, die die Männer dazu treibt, unbewusst die von ihr gewünschten Morde zu begehen (vgl. Zeul, 2013). Nur als es um das nackte Überleben geht, ist sie schneller. Und härter als ihre männlichen Verfolger. Sie kennt eben die Gesetze der Prärie als Frau noch besser als Visser in seinem Eingangsmonolog. Wir haben allerdings keine Ahnung, warum. Auch sie hat keine Vergangenheit, keine Motivationen und Ziele und wohl wenig psychische Repräsentanzen.

Männer

Ray: »What'd he say?« Abby: »Nothing. He is like you, he doesn't say much.« Männer sagen nicht viel, nicht im Film noir und anderen Genres wie Western, Thriller etc. Stattdessen zünden sie sich Zigaretten an und stecken sie sich in den Mund, oral bedürftig wie Säuglinge. Die unterschiedlichen Genres werden von den Coens genutzt, ironisiert, vermischt und manchmal dekonstruiert, um die Krise der Männlichkeit zu illustrieren, auch in *Blood Simple* (vgl. Andreas Hamburger, in diesem Band). Das phallische Symbol par excellence, Schießeisen in jeder Form, ist hier wie zum Hohn klein, kurz und mit Perlmutt verziert. Die Männer sind zu keinem Zeitpunkt Herr der Lage, keiner hat ehrenwerte Motive oder ist sonst von irgendeinem Nutzen für die Anderen, für die Frauen, nicht einmal der nette Ray, wenn er, statt Abby nach einem vermeintlichen Mord zu helfen, sie in Wirklichkeit erst in den Schlamassel zieht. Es ist große Kunst, diese Figuren nicht als reine Parodien auf Männlichkeit, als Witzfiguren zu inszenieren, sondern hilflos, überfordert, und selbst im Bösen einfach nur beim Versuch, die eigenen inneren Konflikte auszubalancieren und zu überleben in der gesellschaftlichen Wildnis.

Sexualität? Marty ist armselig und kotzt immerzu, von Visser mit seinem wölfischen Grinsen und pseudomodischen Anzug nebst Schuhen zu schweigen. Ray schläft zwar mit Abby, aber merkwürdigerweise sympathisieren wir nicht mit ihm, vielleicht weil Abby immer kleinmädchenhafte Nachthemden trägt und uns auf diese Weise etwas Unrechtmäßiges, Inzestuöses suggeriert wird. Immerhin gibt es bei Ray ein angedeutetes Motiv, eine Regel, die ihm beim Militär, dem uramerikanischen Hort der Männlichkeit, eingebläut wurde: »Wenn du schießt, achte darauf, dass der Gegner wirklich tot ist, sonst wird er dich töten.« Als Marty in der Grube auf ihn zielt, reagiert er wie gelähmt, willenlos, selbst innerlich tot. Der Gedanke, den verletzten Marty ins Krankenhaus zu fahren, ihn zu retten, womit sich alles aufklären würde, kommt ihm nicht, das Naheliegende, Menschliche existiert nicht in dieser archaischen Welt, die von Männern nicht mehr gestaltet und zivilisiert wird.

Die toten Fische

Marty legt die toten Fische an der Angelleine, Zeichen und Symbol seines Alibis, auf den Tisch (Abb. 7). Die Fische werden im Lauf der Handlung zu stinken anfangen, die Hitze der texanischen Nacht wird immer wieder indirekt gezeigt, z. B. durch den Ventilator, der kaum die zähe, heiße Luft durch schneiden kann; Visser, der sich mit seinem Hut fächelt und die Stirn wischt; Abby, die beim Betreten des Raums die Nase kräuselt.

Sind die Fische ein *Red Herring*, also eine falsche Fährte, eine Nebelkerze, wie das beim Film genannt wird? Nein, sie verdecken das auf dem Tisch liegende Feuerzeug des Detektivs, was das blutige Ende der Geschichte unaufhaltsam einleiten wird.

Die Fische als Ironisierung eines christlichen Symbols? Immerhin schickte Visser Marty nach »Corpus« – Corpus Christi ist eine Hafenstadt in Texas – zum Angeln. »Dies ist mein Leib, dies ist mein Blut«, denkt man unwillkürlich, und Visser erwidert, als Marty ihm zwei Fische anbietet, er wolle lieber die zehntausend, eine unüberhörbare Anspielung auf die biblische Speisung der Zehntausend. »Fürchte dich nicht. Denn von nun an wirst du Menschen fischen«, sagt Jesus im Lukas-Evangelium zu Paulus, nachdem er ihn, den glücklosen Fischer, mit einem überbordenden Fang im See Genezareth für seinen Gehorsam belohnt hat.

Im Amerika der 80er Jahre entwickelten sich die beiden sich schneidenden gekrümmten Linien, die einen Fisch symbolisieren, bei Evangelikalen und Kreationisten zum Symbol eines fundamentalistischen Christentums. Gut vorstellbar, dass den Brüdern Coen weder das Lukas-Zitat noch die Calvinisten und ihre Symbole gefallen. Denn als Ray zum Grabschaufeln ins Feld aufbricht, spricht das Autoradio: »Der Antichrist lebt. Hier ist ein Wunsch, für den wir tief graben mussten.« So dienen die Fische zwar als Alibi für die eine Untat, Rays Mordauftrag, sie könnten aber auch den anderen Verbrecher, Visser, entlarven (durch das Feuerzeug). Aber die Finsternis kann letztlich nicht aufgehellt werden, schon gar nicht durch Religion.

Im Reich der Mafia dient die Platzierung

Abb. 7

eines toten Fisches vor dem Haus eines Verräters als unverhohlene Todesdrohung. Sie können aber auch als Symbol für eine verborgene Unterwasserwelt, die nicht erkennbare Wahrheit stehen.

Fische gelten als wachsam (sie schlafen nie), aber auch als dumm, und sie symbolisieren Fruchtbarkeit (besonders wie hier, mit einem Glas Milch daneben) und den Penis. Kein Zweifel, Marty wurde symbolisch kastriert (gebrochener Finger, Tritt ins Genitale), er legt die Fische tot auf den Tisch.

Die toten Fische machen aus Martys Schreibtisch ein Stillleben (frz. nature morte) der besonderen Art. Mit Darstellungen toter Tiere und Vanitas-Gemälden nordischer Meister des 17. Jahrhunderts im Kopf, bringen wir Zuschauer diese Todessymbolik mit der Filmerzählung zusammen: Die texanische Wüste ist auch inwendig eine Natura morta.

Innen und Außen

Schutzlosigkeit und Ausgesetztheit der Menschen in diesem Film, fehlende Sicherheit, die instinktive Überlebensstrategien erfordert, zeigen sich auch durch Übergänge von Innen nach Außen; zwischen Beidem herrscht ein Kontinuum, sowohl leiblich als auch in der Szenerie. Die Körpergrenzen nicht sicher zu spüren, kann psychotische Desintegrationsängste auslösen.

Das Liebespaar scheint seine Begegnungen immer in einer nächtlichen Öffentlichkeit direkt an beleuchteten Fenstern zu zelebrieren. Nackte Ziegelwände in Abbys Wohnung, wo der Showdown stattfindet, zeugen ebenso wie die Lebensgefahr, die es bedeutet, im Licht sichtbar zu werden, von der Ausgesetztheit auch im Inneren. Diese entscheidenden Szenen spielen sich außerdem an Grenzen zwischen Innen und Außen ab, an Mauern, Fenstern, Autotüren.

Marty spuckt dreimal, zuletzt todbringende Mengen von schwarzem Blut in Abbys Alptraum. Er stülpt sein Innerstes nach Außen, zeigt die physische Reaktion auf seelisch Unerträgliches.

Das Lebendig-begraben-Werden symbolisiert ebenfalls die Inversion von Außen nach Innen, von nächtigem Dunkel zu totaler Dunkelheit wie im Körperinneren, wenn der noch lebende Körper in das Innere von Mutter Erde kommt, gezeigt durch den für die Aufnahme des Saatguts schon umgepflügten, fast sumpfigen Acker. Das Organische steht sichtbar im Vordergrund, fast spüren wir die beginnende Verwesung, der entseelte Körper wird zu Erde werden.

Das Auto könnte ein Schutzraum an der Todesgrenze sein, aber als Marty halbtot daraus wegkriecht, könnte es auch zur Mordwaffe werden. In Wirklichkeit gibt es in der endlosen Weite der Nacht keinerlei Zuflucht vor dem Grauen, innen wie außen.

Keine Verständigung möglich

Auch für den Zuschauer ist es schwer, aber er kann dramaturgisch den Überblick behalten. Die Protagonisten nicht, denn …

Ray denkt, Abby habe Marty getötet.

Abby denkt erst, Ray habe Marty getötet, dann, der Mann, der sie bedroht und den sie erschießt, sei Marty.

Abby denkt am Schluss, sie könne Ray nicht mehr trauen, und liefert ihn so dem Tod aus.

Ray denkt, Abby habe noch einen anderen Geliebten.

Marty denkt, Meurice sei Abbys Geliebter.

Marty denkt, Abby und Ray seien tot.

Meurice denkt, Ray habe das Geld gestohlen.

Visser denkt, Abby oder Ray hätten sein Feuerzeug und seien eine Bedrohung für ihn. (vgl. Kilzer & Rogoll, 1998)

Der filmischen Haltung der Coens in diesem Film ist wie gesagt jedes Psychologisieren fremd. Sie zeigen: Der Andere wird funktionalisiert, dient als Mittel zum Zweck. Keiner der Protagonisten lädt zur Identifizierung ein. So wie die Figuren sich untereinander nicht verstehen, verstehen auch wir Zuschauer sie nicht.

Viele Filme, die Spannung erzeugen sollen, setzen darauf, Dialoge abzuschneiden, Klärungen zwischen den Figuren dramaturgisch zu vermeiden, was nicht immer einleuchtet. Auch hier könnten Ray und Abby einfach miteinander reden. Aber genau das können sie nicht. Und sie sind so dargestellt, dass uns dieser Verlust der Verständigungskompetenz zwar quält, aber nicht erstaunt. Es ist also nicht die Ebene der Identifikation mit einzelnen Protagonisten, an der der Zuschauer seine unbewusste Reaktion auf den Film festmachen kann (vgl. Hamburger & Leube-Sonnleitner, 2013), sondern es ist das gesamte Tableau des Films selbst mit seinen beschädigten Figuren, die füreinander nur Teilobjekte sind. Tatsächlich erinnert dieses fatale Aneinander-vorbei-Reden oder Gar-nicht-Reden – von einer zunehmend verzweifelten Abby auch so benannt – daran, wie sich Kinder in der frühesten Phase ihres Lebens fühlen, wenn ihre Mutter die Zeichen, die sie auf ihrer jeweiligen Entwicklungsstufe aussenden, nicht zu deuten vermag. Geht es um Hunger, Durst, Angst, Schmerz, Verlassenheit, Neugier, mangelnde Anregung oder inneren Aufruhr? Versteht die Mutter instinktiv nonverbale Angebote und kann sie sich vorstellen, wie ihr Kind sich fühlt? Gelungenes »affect attunement«, also die präverbale affektive Einstimmung zwischen Mutter und Kind, wobei sich die kindliche Erlebenswelt schon im zweiten Lebenshalbjahr vom einfachen Kommunizieren der Affekte zum Austausch *über* Affekte weiterentwickelt, ist die Basis eines kohärenten Selbsterlebens (vgl. Dornes, 1994).

Was wir als Zuschauer in diesem Film erleben, die Qual über misslingende Kommunikation, die Angst angesichts gänzlich fehlender Einfühlung der Handelnden in ihr Gegenüber, bis hin zum Miterleben eines Todeskampfs gegen einen Gegner, der seine eigene Ohnmacht nur mit begraben kann, entspricht der vitalen Bedrohung, der ein Säugling ausgesetzt ist, wenn er nicht verstanden wird. André Green

(1993) sprach metaphorisch von einer »toten Mutter«, wenn eine Mutter im Extremfall nur in sich selbst sehen kann, z.B. wegen einer eigenen Depression, und deswegen unerreichbar für ihr verzweifelndes und resignierendes Kind ist. Der Film scheint dies zu illustrieren: Die Figuren sind »tot« füreinander, im barbarischen Akt des physischen Tötens werden dann die psychischen Repräsentanzen auch beim Tötenden selbst ausgelöscht. Die Abwesenheit jeglicher Empathie in einer menschenfeindlichen Umgebung ist das Thema des Films. Nicht erst durch die Symbolik eines Verbrennungsofens, in dem Mordopfer beseitigt werden können, und des Hineinwerfens halbtoter Menschen in Gruben begreifen wir intuitiv, welch ungeheuerliche Konsequenzen das hat.

Die etymologische Verwandtschaft des Begriffs »Sympathie« mit dem der »Empathie«, der Wahrnehmung des Fremdseelischen, macht klarer, warum hier die Protagonisten so wenig sympathisch konzeptualisiert sind. Ebenso, dass keiner von ihnen zur Identifikation einlädt, denn auch diese psychische Grundfunktion hat als Vorläufer mit der Entwicklung der Empathiefähigkeit zu tun. Diese entsteht aus der vermutlich angeborenen »Affektansteckung«, also der primärprozesshaften Fähigkeit von Menschen aber auch Tieren, Martys Schäferhund zeigt dies mehrfach deutlich, sich vom Affekt eines Anderen reflexhaft unmittelbar anstecken, mitreißen zu lassen, die dem »affect attunement« vorausgeht. Daraus entwickelt sich die Fähigkeit zur Perspektivenübernahme. Die Entdeckung der Spiegelneuronen, Gehirnzellen, deren physiologische Aktivität beim »Sich-Einfühlen« messbar ist, fügt diesen Erkenntnissen lediglich eine neurowissenschaftliche Evidenz hinzu. Jürgen Körner beschreibt es so:

> »Ein Patient kann erstens darin versagen, die Affekte eines anderen richtig zu erkennen, zu dekodieren, zweitens kann er sich – aufgrund einer misslungenen frühen Triangulierung oder aufgrund reiferer Abwehrformen – ›weigern‹, die Andersartigkeit des Anderen zu akzeptieren und daher auf seinem sozialen Egozentrismus beharren, und es kann ihm drittens an den notwendigen sozialen Erfahrungen fehlen, die er braucht, um das Wahrgenommene in seinen Kontext zu stellen und um es dann richtig zu verstehen.« (1998, S. 12)

Abb. 8–11

In der filmischen Welt der Coen Brüder in *Blood Simple* scheint menschlicher Umgang nur auf diese Weise, ohne jede Empathie, zu funktionieren, und unser Bestreben als Zuschauer geht unter reichlicher seelischer Anstrengung dahin, uns davon nicht allzu sehr anstecken zu lassen.

Literatur

Coen, E. & Coen, J. (2002). *Collected Screenplays*. New York: faber and faber.

Dornes, M. (1994). *Der kompetente Säugling*. Frankfurt a.M.: Fischer.

Grob, N. (2008). Einleitung. Kino der Verdammten. In Ders. (Hg.). *Filmgenres. Film noir* (S. 9–54). Stuttgart: Reclam.

Hamburger, A. (2014): Männersachen. Das Unsichtbare in *No Country for Old Men*. (dieser Band)

Hamburger, A. & Leube-Sonnleitner, K. (2014). Wie im Kino. Zur Filmanalyse in der Gruppe. In R. Zwiebel, & D. Blothner. (Hg.). *»Melancholia«. Wege zur psychoanalytischen Interpretation des Films* (S. 72–109). Göttingen: Vandenhoeck & Ruprecht.

Kilzer, A. & Rogoll, S. (1998). *Das filmische Universum von Joel und Ethan Coen*. Marburg: Schüren.

Körner, J. (1998). Einfühlung: Über Empathie. *Forum der Psychoanalyse, 14*, 1–17.

Seeßlen, G. (1998). Spiel, Regel, Verletzung. Auf Spurensuche in Coen Country. In P. Körte & G. Seeßlen. (Hg.). *Joel & Ethan Coen* (S. 209–274). Berlin: Bertz + Fischer.

Riepe, M. (2014). Der unglaubwürdige Vater. Zur Poesie der Verlierer in den Filmen von Joel und Ethan Coen. (dieser Band).

Stiglegger, M. (2014). Meta-Noir – Mit *Barton Fink* ins schwarze Herz von Hollywood. (dieser Band)

Zeul, M. (2014). Der Revolver. In S. Doering, & H. Möller. (Hg.). *Mon Amour trifft Pretty Woman. Liebespaare im Film* (S. 103–114). Berlin: Springer.

Meta-Noir

Mit *Barton Fink* ins schwarze Herz von Hollywood

Marcus Stiglegger

Die Coen-Brüder und der amerikanische Film noir

Das Werk der Coen-Brüder hat sich immer aus etablierten Traditionen gespeist und wird daher oft als Prototyp eines postmodernen oder postklassischen Kinos betrachtet. Doch die künstlerische Strategie erschöpft sich keineswegs in Zitation und Reproduktion, vielmehr entstehen aus Zitaten und Rekonstruktionen Vexierbilder, die selbst eine eigenständige künstlerische Vision vermitteln. Der Schlüssel dieses vorliegenden Beitrags ist der spezifische Bezug der Coen-Brüder zum amerikanischen Film noir, den sie in mehreren Filmen gleichsam neu erfanden: in *Blood Simple* (1984), *Miller's Crossing* (1990), *Barton Fink* (1991) und *The Man Who Wasn't There* (2001) (Abb. 1). Dabei rekonstruierten sie nicht die Ära der 1940er und 1950er Jahre, aus denen die klassischen Film noirs stammen (Retro-Noir), noch transponierten sie Versatzstücke und Stilismen dieser Ära in die Gegenwart (Neo-Noir), sondern sie schufen mit den Mitteln des Film noir in dessen Ära (zu Beginn der 1940er Jahre) eine modernistisch motivierte Introspektion, die man – so ist der Vorschlag dieses Beitrags – als *Meta-Noir* bezeichnen könnte.

Abb. 1: »The Man Who Was't There« von den Coen-Brüdern

Die Ära des klassischen Film noir

Film noir ist zunächst ein stilistisches Phänomen des amerikanischen Films der vierziger und fünfziger Jahre. Als Begriff wurde er 1946 durch die französische Rezeption der düsteren amerikanischen Kriminalfilme der vierziger Jahre nach dem Krieg in die Diskussion eingeführt. Der Begriff Film noir basiert auf der literarischen französischen Bezeichnung *roman noir* (Borde & Duhamel, 1955), die die frühen Romane der *hardboiled school of fiction* kennzeichnet, einer Reihe harter, desillusionierender Kriminalromane von Autoren wie Dashiell Hammett, Cornell Woolrich, James M. Cain,

Abb. 2: »The Maltese Falcon« von John Houston

ten den Begriff jedoch als genreübergreifendes Stilphänomen, das auch etwa einen Western wie *Red River* (1948) von Howard Hawks oder Melodramen und Period pictures wie Robert Siodmaks *Die Wendeltreppe* (1945) (Abb. 3) sowie die Horrorfilme von Jacques Tourneur (*Katzenmenschen*, 1942) umfassen kann. Man kann also den Film noir entweder als zeitlich begrenzte Bewegung begreifen – Paul Werner (2000) schlägt hierfür die Bezeichnung »Schwarze Serie« (*série noire*) vor –, oder man bezeichnet damit alle Filme, die sich der Stilmittel und Themen des Film noir bedienen, womit das Phänomen von den dreißiger Jahren bis in die Gegenwart ausgedehnt wäre.

David Goodis oder Raymond Chandler, die zum großen Teil schon in den dreißiger Jahren, der Ära der Unsicherheit und wirtschaftlichen Depression, entstanden sind. Die meisten der klassischen amerikanischen Film noirs – angefangen mit *Die Spur des Falken* (1941) von John Huston (Abb. 2) – sind Thriller oder Gangsterfilme; weiter gefasste Definitionen betrach-

Abb. 3: »The Spiral Staircase« von Robert Siodmak

Abb. 4: »Ministry of Fear« von Fritz Lang

Die frühen Film noirs sind Produkte einer Zeit der politischen Instabilität. Sie entstanden während des Zweiten Weltkrieges, der in die manifeste und latente Bedrohung des Kalten Krieges überging. Familienväter waren im Krieg gefallen und hinterließen ein Klima von Trauer, Wut und Zynismus. Die Frauen mussten ihre Männer an den Arbeitsplätzen ersetzen und ihr verbreitetes Hausfrauendasein aufgeben. Für die Kriegsheimkehrer war mit einem Mal die Lebensgrundlage infrage gestellt: Sie fühlten sich ersetzbar, geradezu bedroht in ihrer maskulinen Rolle. Viele der Figurentypen des klassischen Film noir scheinen diese persönliche und kollektive Identitätskrise zu verdichten: der desillusionierte Ermittler, dessen ruppige Methoden kaum von denen der Kriminellen zu unterscheiden sind, wenngleich er moralisch unantastbar bleibt, unkorrumpierbar; die Femme fatale, die ihm als schicksalhafte Bedrohung oder als ebenbürtige Kontrahentin an die Seite gestellt wird, oder der seinen Gefühlen in masochistischer Lust ausgelieferte schwache Mann und die oft kränkelnde Femme fragile, die zum prädestinierten Intrigen-Opfer wird (Kaplan, 1998).

Gleich, ob man den Film noir als Bewegung, Genre oder als Stil begreift, die Definition der verwendeten Stilmittel bleibt sehr ähnlich. Vorläufer des düsteren Phänomens sind im Poetischen Realismus Frankreichs – Marcel Carnés *Der Tag bricht an* (1939) oder Jean Renoirs Filme –, vielleicht auch in den expressionistisch beeinflussten deutschen Filmen – Friedrich Wilhelm Murnaus *Der letzte Mann* (1924) – oder dem englischen Kriminalfilm jener Zeit – z. B. Alfred Hitchcocks frühe Thriller – zu suchen. Auch der amerikanische Gangsterfilm der dreißiger Jahre (Howard Hawks' *Scarface,* 1930) wurde im Film noir weiter entwickelt. Zahlreiche Regisseure des amerikanischen Film noir sind tatsächlich deutsche und österreichische Emigranten, die vor oder während der Machtübernahme der Nazis 1933 Europa verlassen hatten: Fritz Lang, Robert Siodmak, Otto Preminger oder etwa Billy Wilder. Immer noch Außenseiter, war ihr Blick geschärft für die Anfälligkeit des amerikanischen Systems, so ließen sie auch eher einen un-amerikanischen Pessimismus in ihren Erzählungen zu. Ferner wurde häufig von einer komplexen Rückblendenstruktur und der ebenso kommentierenden wie subjektiven Voice over Gebrauch gemacht, um die Vergangenheit als einen »Fluch« zu klassifizieren, dem die Gegenwart nicht entkommen kann. So verwundert es nicht, dass Lang in seinem Spionage-Thriller *Ministerium der Angst* (1944) direkt Nazi-Spione als Gegenspieler entwirft (Abb. 4). Eine direkte Herleitung des Film noir aus dem »Caligarismus«, als »Caligaris Wiederkehr in Hollywood« wird jedoch heute als zu einseitig betrachtet (Koebner, Elsaesser, 1999)

Der Filmkritiker, Drehbuchautor und spätere Filmemacher Paul Schrader, dessen eigene Werke eine starke Affinität zum Film noir aufweisen (*Hardcore – Ein Vater sieht rot*, 1978; *Light Sleeper*, 1991; Drehbuch zu Martin Scorseses *Taxi Driver*, 1976), teilte Anfang der siebziger Jahre die Entwicklung in drei sich teilweise überschneidende Phasen ein (Schrader, 1972): (1.) 1941–1946 – romantisch konnotierte Einzelgänger (Gangster, Detektive, Polizisten) bewegen sich in meist artifizieller Studioumgebung; extreme Lowkey- und Chiaroscuro-Ausleuchtung ist noch nicht üblich (siehe *Die Spur des Falken*); (2.) 1945–1949: die Nachkriegszeit brachte eine realistische Phase, in denen der Schauplatz vom Studio auf die (Großstadt-)Straße bzw. deren Peripherie (Lagerhallen, ausgestorbene Fabrikgelände, Bars, Parkplätze usw.) verlegt wird; polizeiliche Recherche bzw. Planung und Durchführung von Verbrechen sowie das Milieu werden mitunter mit akribischer, fast dokumentarischer Genauigkeit geschildert (z. B. der Boxer/Gangsterfilm *Jagd nach Millionen*, 1947, von Robert Rossen); und (3.) 1949–1953: psychotische Einzelgänger werden im krassen Gegensatz zur Gesellschaft als unberechenbare Bedrohung geschildert; mit den aggressiven und obsessiven Protagonisten verändert sich schließlich der Stil zu dem extremen Ausdruck dessen, was heute als Film noir bekannt ist: Das Schattenspiel des Chiaroscuro dominiert, schafft extreme Kontraste, die Einstellungen sind verkantet oder durch Perspektive verfremdet (Abb. 5); ein brutaler Einzelgänger wie die von Mickey Spillane entwickelte Detektivfigur Mike Hammer taucht

Abb. 5: »The Killers« von Robert Siamak

Abb. 6: »Touch of Evil« von Orson Welles

hier prototypisch in *Der Richter bin ich* (1953) von Harry Essex auf. Mit der »neurotischen« Phase gegen Ende der fünfziger Jahre endete der klassische Film noir. In Filmen wie *The Hitch-Hiker* (1953) von Ida Lupino (der einzigen Regisseurin in diesem Kontext), *Rattennest* (1955) von Robert Aldrich oder *Im Zeichen des Bösen* (1957) von Orson Welles hat dieser Stil eine destruktive Eigendynamik entwickelt, die Handlung und Charaktere fast ad absurdum treibt. Im radikalsten Sinne sind diese Spätwerke selbst als »neurotisch« zu bezeichnen (Abb. 6). Analog zu dieser Tendenz ändert sich die amerikanische Filmproduktion allmählich, der Schwerpunkt liegt nun auf dem monumentalen und eskapistischen Unterhaltungsfilm.

Neo-Noir vs. Retro-Noir

In den folgenden Jahrzehnten hat sich jedoch der Noir-Stil als äußerst langlebig erwiesen (Martin, 1997; Werner, 2000), handelt es sich nun um eine jeweils zeitgemäße Adaption der klassischen Stilmittel (John Boormans *Point Blank*, 1968) oder um Retro-Noir-Kostümfilme, die die Atmosphäre der vierziger Jahre wieder beschwören (*Fahr zur Hölle, Liebling*, 1976, von Dick Richards oder in späteren Jahren *L.A. Confidential*, 1998, von Curtis Hanson). Roman Polanski nutzte in *Chinatown* (1973) die Standards des Film noir, um eine vielschichtige Politparabel auf die Entstehung der Stadt Los Angeles zu formulieren (Abb. 7). Martin Scorsese und Paul Schrader reagierten im sozial bewussten New Hollywood der siebziger Jahre auf den Vietnamkrieg, wie einst die Schwarze Serie auf den Zweiten Weltkrieg reagiert hatte. In ihrem Neo-Noir *Taxi Driver* (1976) entwickelt sich ein vereinsamter Veteran zum Amokläufer. Hier wurde die zynische Haltung des klassischen Noir in die Gegenwart übertragen (Abb. 8). 1984 gelang es Scorsese gar, mit *Die Zeit nach Mitternacht* eine Noir-Komödie zu inszenieren. Neben zahlreichen Neuverfilmungen der *hardboiled*-Romane, die stilistisch nicht immer dem Film noir verpflichtet waren (z.B. Bob Rafelsons *Wenn der Postmann zweimal klingelt*, 1980, und Taylor Hackfords *Gegen jede Chance*, 1984), haben sich einige Regisseure etabliert, die entweder experimentell (Lars von Trier in *Element of Crime*,

Abb. 7: »Chinatown« von Roman Polanski

Abb. 8: »Taxi Driver« von Martin Scorsese

Abb. 9: »The Element of Crime« von Lars von Trier

Abb. 10: »Thief« von Michael Mann

Abb. 11: »Bad Lieutenant« von Abel Ferrara

Abb. 12: »Blood Simple« von den Coen-Brüdern

1984) (Abb. 9) oder grundsätzlich neuartig mit den Noir-Elementen umgingen: Claude Miller schuf eine französische Variante des Film noir mit seinen bitteren und gelegentlich skurrilen Psychothrillern *Das Verhör* (1981) und *Das Auge* (1984), in denen er Michel Serrault als melancholischen Neurotiker auftreten ließ; in Japan orientierte sich Takeshi Kitano an den Filmen Jean-Pierre Melvilles wie auch des klassischen Film noir (u.a. *Violent Cop*, 1989), ebenso Takashi Ishiis neonschimmernde Gangsterballade *Gonin* (1996), in der Kitano einen nervösen Killer spielt; Nico Hofmann inszenierte mit der deutschen Produktion *Solo für Klarinette* (1998) einen düsteren Psychothriller in Noir-Tradition; Michael Mann verband seine Neonästhetik mit emotionalen Parabeln absoluter Einsamkeit in *Thief/Der Einzelgänger* (1981) (Abb. 10), *Manhunter* (1986) und *Heat* (1996); nicht zuletzt die Filme des New Yorkers Abel Ferrara sind in Stil und Struktur allesamt dem Film noir verpflichtet, was neben seinen »schwarzen« Psychodramen (*Bad Lieutenant*, 1992) (Abb. 11) sogar für einen futuristischen Stoff wie *New Rose*

Hotel (1999) gilt. Manns und Ferraras Werke können neben einigen anderen Spezialisten (wie z.B. John Dahl und William Friedkin) emblematisch für die ausgeprägte Präsenz eines Neo-Noir-Kinos stehen (Grob, 2008). Die Brüder Ethan und Joel Coen haben den Film noir bereits früh zu einem Fixpunkt in ihrem Werk erkoren: In *Blood Simple* (Abb. 12) schufen sie ihre eigene Variante des tödlichen Dreiecksverhältnisses aus *The Postman Always Rings Twice*, und in *Miller's Crossing* verbanden sie den klassischen Gangsterfilm mit Stilmitteln des Film noir. Doch erst in *Barton Fink* reflektierten sie die Hollywood Ära des Film noir selbst und kreierten aus diesen Elementen die Innensicht einer zutiefst gequälten Seele – nicht von Ungefähr ein Drehbuchautor von der Ostkünste, der sich von Hollywood terrorisiert sieht.

»Dieses spezielle Barton Fink-Feeling«

Der Broadwayautor Barton Fink (John Turturro) hat es sich zur Aufgabe gemacht, in seinem »Theater der Wahrheit« authentisch über den »kleinen Mann« zu schreiben. Dafür lässt er sich in New York von der Bildungselite feiern, die letztlich sein einziges Publikum darstellt, doch noch in Hollywood kultiviert er diese Illusion: Beauftragt, einen Catcherfilm für ein Massenpublikum zu schreiben, will er an seiner Realismus-Doktrin festhalten, doch der daraus entstehende Widerspruch zur Trivialität des Genres führt ihn in eine ausweglose Schreibblockade. Die erste Szene des Films zeigt Finks Triumph am Broadway, mit dem Wechsel nach Los Angeles wird aber schnell deutlich: Der sensible und letztlich egomanische Autor passt nicht in diese Welt des verrotteten schönen Scheins – obwohl er gerade hier Inspiration für seinen realistischen Ansatz finden könnte. Fink bleibt gefangen in seiner Egomanie und versteht viel zu spät, was um ihn herum vorgeht.

Der exaltierte Filmtycoon Jack Lipnick (Michael Lerner) engagiert Fink als Drehbuchautor, obwohl der Theaterautor offensichtlich selten ein Kino von innen gesehen hat. In seinen weitausholenden Gesten beschwört Lipnick die Geist von Studiobossen wie David O. Selznick und Louis B. Mayer, dem Chef der MGM-Studios. Zugleich trägt er Züge des Warner-Chefs Jack Warner, der sich wie Lipnick in einer späteren Sequenz in Reaktion auf Pearl Harbor offenbar selbst eine Uniform vom Kostümdepartment hatte schneidern lassen (Palmer, 2004, S. 174). Lipnick holt Fink vorgeblich ins System, um »dieses spezielle Barton Fink-Feeling« nach Hollywood zu bringen – doch letztlich ist der realistische Gestus das letzte, was im generischen Studiokino zählt. Zudem macht der Film bald deutlich, dass »dieses spezielle Barton Fink-Feeling« ganz anders geartet ist, als es der Autor selbst versteht, nämlich introspektiv, neurotisch und von extremen Ängsten geprägt.

Barton Fink spielt 1941, einem Schlüsseljahr für die USA, denn nicht nur waren die Hollywoodautoren Nathanael West und F. Scott Fitzgerald gerade verstorben, deren Romane *Day of the Locust* (1939) und *The Last Tycoon* (1941, unvollendet) die vielleicht bittersten Abrechnungen mit dem klassischen Studiosystem darstellen, es war zugleich das Jahr, in dem die USA in den Zweiten Weltkrieg eintraten. Und so streuen die Coens zahlreiche Verweise in ihrem Film, die vor dem Hintergrund des Krieges interpretiert werden können, allen voran die antisemitischen Bemerkungen der ermittelnden Detectives, von denen einer zudem Deutsch heißt. Hier wird zugleich mit dem Klischee eines jüdisch dominierten Hollywoodsystems gespielt, das von antisemitischen Ressentiments durchzogen ist. Das deutsche Element wird auch später noch eine wesentliche Rolle spielen.

Die Figur des Barton Fink ist von dem

Theaterautor Clifford Odets inspiriert, der im Kontext des Group Theatre im New York der 1930er Jahre ähnlich sozialrealistische Stücke verfasst hatte wie Fink im Film. Zur Vorbereitung hatte John Turturro Stücke von Odets gelesen, musste jedoch feststellen, dass der reale Autor ein anderer Charakter als der eher naive Fink war (Barton Palmer, 2004, S. 173).

Einprägsam ist auch Barton Finks erste Begegnung mit dem Kollegen William P. Mayhew (John Mahoney), den jener für den »besten lebenden Schriftsteller« hält. Zunächst hören wir nur, wie sich dieser auf der Toilette übergibt, bevor er sich vollendet höflich vorstellt. Der einst gefeierte Autor Mayhew ist ein selbstzerstörerischer Alkoholiker, der vom Hollywoodsystem zum Schreibsklaven degradiert wurde. Diese leben – so zeigt es eine folgende Szene – auf dem Studiogelände isoliert in Bungalows mit Namensschildchen an den Türen. Mayhews Assistentin Audrey Tayler (Judy Davis) stellt sich zugleich als die eigentliche Autorin seiner Drehbücher heraus. Auch Fink geht sie kreativ und sexuell zur Hand, bis er unvermittelt neben der Leiche der jungen Frau aufwachen wird. William P. Mayhew ist deutlich an dem historischen William Faulkner orientiert, was auch durch die äußere Ähnlichkeit des Darstellers mit Faulkner betont wird. Es ist jedoch anzumerken, dass der reale Faulkner ungeachtet seines Alkoholismus stets ein produktiver Autor geblieben ist und keineswegs die Schreibhemmung der Filmfigur teilte.

Barton Fink ist über lange Strecken als Kammerspiel angelegt und gewinnt vor allem dann an Intensität, wenn Fink mit seinem Zimmernachbarn Charlie Meadows (John Goodman) spricht. Umgeben sind sie dabei von einem fast organischen Innenraum mit schwitzenden Wänden, sich ablösenden Tapeten, vampirischen Mücken und pulsierende Rohren – manchmal inspiriert von den Räumen aus Edward Hoppers Gemälden. Meadows ist für Fink der »kleine Mann«, den er in seinen Stücken thematisieren und möglicherweise erreichen möchte – abgesehen von der Tatsache, dass bereits die gigantische Physis Charlies gegen diese Umschreibung spricht. Was dem letztlich überheblichen Autor abgeht, ist die Fähigkeit zuzuhören, denn Meadows betont mehrfach, er als Vertreter »könne da ein paar Dinge erzählen …« – doch Fink bleibt gefangen in seinen eigenen existenziellen Ängsten und Blockaden. Meadow bezeichnet sich als einen »Verkäufer von Seelenfrieden«, der die »kleinen Leute« tatsächlich kennt, und zwar so gut, dass er sie von ihrem traurigen Dasein erlöst, wie wir später begreifen. Denn erst nach dem Auftauchen einer Leiche und dem Verschwinden des Zimmernachbarn muss auch Fink verstehen, dass es sich bei dem gutmütigen Riesen um den gesuchten deutschen Serienmörder Karl Mundt handelt. Ebenso wie das Hollywoodsystem das künstlerische Potenzial eines Autors wie Fink verkennt und ignoriert, ist Fink lange unfähig, sich der Realität um sich herum zu stellen. Nach der Überwindung seiner Blockade feiert Fink den Abschluss seines Drehbuchs, nur um auf einer Tanzparty von einem Matrosen wegen dessen Tanzpartnerin niedergeschlagen zu werden. Seine Beteuerung »Auch ich bin ein Arbeiter, mein Werkzeug ist mein Verstand« verhallt im Lärm des Tumults. Die banalen Wahrheiten des Alltags »kleiner Leute« bleiben diesem Geistesarbeiter verschlossen.

Wie Lipnicks Phantasieuniform bleibt das »Hollywoodland«, wie es damals noch hieß, eine Welt der Pose und des Scheins – kulminierend in dem Bild des Studio-Tycoons in seiner Phantasieuniform, wie er heroisch aus dem Fenster blickt, das möglicherweise nicht einmal einen realen Blick nach draußen bietet. Er residiert über eine Welt des Scheins, die Fink nie begriffen hat. In einer früheren Szene hat er Fink bereits mit einem einzigen Satz vernichtet: »Glauben Sie, Sie sind der einzige Autor, der uns das Barton Fink-Gefühl geben kann?« Er verkündet hier die These vom »Tod des Autors«, die gerade in der postmodernen Ära des Kinos, in der *Barton Fink* entstand, als Schlüssel zur Literatur begriffen wurde. Es gibt keine originären Werke mehr, alles ist die Kopie einer Kopie. Selbst als Fink in der Bibel nach Inspiration sucht, wird er genau auf jenen Satz stoßen, mit dem er seine eigenen Stücke gerne beginnt (und beendet): den Ruf der Fischverkäufer.

Abb. 13

Für Fink muss Lipnick der größere Alptraum sein als sein mörderischer Freund Meadows, denn er besitzt eine Macht, die all seine Qualitäten infrage stellt und vernichtet. Lipnick stellt dem Autor zudem seinen opportunistischen Assistenten Lou Breeze (Jon Polito) zur Seite, der ihm allenfalls zeigt, wie man sich dem System beugt – doch auch hier versagt Fink. Die Coens erschaffen in der Figur von Barton Fink einen schwachen linksintellektuellen Autor jüdischer Herkunft, der glaubt, den »kleinen Mann« in seinen alltäglichen Nöten zu verstehen, während um ihn herum sich die Hölle wie ein Virus ausbreitet: Seine Geliebte liegt ermordet im Bett, die »kleinen Männer« um ihn herum entpuppen sich als antisemitische Tyrannen, Raubtierkapitalisten oder Serienmörder. Wie viele in seiner Position verschließt Fink die Augen vor der eigentlichen Hölle, die folglich zum Thema des Films selbst werden muss.

Barton Fink als Meta-Noir

Das Bild über Finks Schreibtisch mutet wie das Fenster in eine andere, bessere Welt an (Abb. 13). Es zeigt eine Frau am Strand sind, mit Blick aufs Meer. Früh hören wir dazu das Meeresrauschen, und am Ende des Films finden wir Fink in einer ähnlichen Situation wieder: am Strand, mit einer schönen Unbekannten sprechend, die Kiste mit dem Kopf der Ermordeten – so wird angedeutet – neben sich. Das Bild wird also zu einem Sehnsuchtsmotiv, vergleichbar den Fensterbildern der Romantik.

Das Hotel Earle, in dem Fink absteigt, um jenen »kleinen Leuten« nahe zu sein, denen er seine Kunst gewidmet hat, erscheint dagegen als ein Ort des Unheimlichen, ein buchstäblicher »Tat/Ort«, wie ihn Johannes Binotto (2013) in seinem gleichnamigen Buch bezeichnet. Was anmutet wie ein heruntergekommenes Art Deco-Gebäude der 1930er Jahre, mit langen Korridoren und mysteriösen Schattenzonen, lässt sich interpretieren als eine Pforte zur Hölle. Nicht nur stellt sich der einzige Zimmernachbar, den man hier außer dem Personal sieht, als Serienkiller heraus, er entfesselt zudem ein Inferno aus Flammen und Blut, das das Gebäude am Ende vernichtet wie das reinigende Feuer ein Spukschloss aus einer Geschichte von Edgar Allan Poe.

Das Motto des Hotel lautet »A day or a lifetime«, und der totenblasse Portier (Steve Buscemi), der aus der Unterwelt emporsteigt, um Fink zu empfangen, trägt ihn umgehend

Abb. 14

Abb. 15

Abb. 16

Ein maschinelles Dröhnen und Rauschen ist den Hotelszenen unterlegt. Als Fink die Glocke aktiviert, hallt diese so lange nach, bis der Portier endlich aus dem Boden steigt und sie verstummen lässt. Die Wände des Hotels sind durchzogen von Heißwasserrohren, die kondensieren und durch deren Feuchtigkeit sich die Tapete lösen (Abb. 15). Die Gänge sind von einem ewigen Wind durchzogen, der die Zimmer fast vakuumversiegelt, wenn die Tür geschlossen wird. Die Hinweise auf die Hölle werden vor allem deutlich, wenn Fink den Aufzug betritt und die 6 dreifach ausgesprochen wird (die Zahl des Antichristen), um den apathisch-zombiehaften Fahrstuhlführer zu aktivieren. In einer späteren Szene fragt Fink, ob der Fahrstuhlführer die Bibel gelesen habe. Dieser starrt abwesend vor sich hin und bemerkt: »Die Heilige Schrift? Ja, ich glaube. Zumindest habe ich davon gehört.« (Abb. 16) Mit einem Umschnitt endet dieser rätselhafte Dialog. Nur vier Minuten später wird Meadows Detective Deutsch mit den Worten »Heil Hitler!« in den Kopf schießen. »Die meisten Leute tun mir eigentlich nur leid«, beteuert er danach Fink gegenüber.

als »Dauergast« ein. Von den anderen Mietern sieht man allenfalls deren Schuhe, die vor den Türen zum Putzen platziert werden (Abb. 14), und auch von Meadows hört man zunächst nur ein unheimliches hysterisches Lachen aus dem Nebenzimmer. Meadows stellt sich als Vertreter für Brandversicherungen vor, der – wie er sagt – Menschen nur helfen will, und Feuer ist es, das er bringt, um die verlorenen Seelen endgültig zu erlösen.

Und dann beklagt er die Hitze, die ihn sich aus seiner Haut heraus wünschen lässt: »Mein Gott, ich tropfe schon wieder.« Dieser letzte Dialog zwischen Meadows und Fink mitten im flammenden Inferno gehört zu den unheimlichsten Szenen des Films und übersteigert das Geschehen bis zum Horrorszenario. Danach kehrt Meadows in sein brennendes Zimmer zurück (Abb. 17).

Das Ende des Films kehrt explizit zum Sehnsuchtsbild aus dem Hotelzimmer zurück. Die Frau am Strand blickt auf das Meer hinaus. Doch unvermittelt stürzt ein Vogel aus dem Himmel und taucht in die Brandung ein (Abb. 18). Hier schneidet der Film ins Schwarz. Ein ironischer Bruch, so könnte man meinen, der aus dem rahmenden Pathos dieser Einstellung die metaphysische Ernsthaftigkeit nimmt. Und zugleich mit einem Augenzwinkern den unvermeidlichen Tod auch in diesem Sehnsuchtsmoment unterstreicht.

Abb. 17

Abb. 18

Sehr ähnlich zu einem weiteren Meta-Noir, nämlich David Lynchs *Mulholland Drive* (2008), beschwören die Coens mit *Barton Fink* den Geist Hollywoods aus den Alpträumen des kannibalischen Systems heraus. In *Barton Fink* entsteht daraus ein ebenso amüsantes und satirisches wie beklemmendes Bild: Der Meta-Noir erfindet den Film noir neu als seinen eigenen Alptraum, angesiedelt an dem Ort, wo er einst entstand (den Hollywood-Studios), geträumt von den Menschen, die ihn einst erfanden (den Hollywood-Autoren) und geprägt von der Epoche, die ihn einst beeinflusste (der Zweite Weltkrieg). In der Logik der Filmemacher kann eine solche Selbstreflexion nur zu einem Schluss führen: Hollywoodland war die Hölle selbst.

Literatur

Barton Palmer, R. (2004). *Joel and Ethan Coen*. Urbana/Chicago: University of Illinois Press.«

Binotto, J. (2013). *Tat/Ort. Das Unheimliche und sein Raum in der Kultur*. Zürich/Berlin: Diaphanes.

Borde, R. & Duhamel, E. (1955). *Panorama du Film Noir Américain*. Paris: Éditions de Minuit.

Elsaesser, T. (1999). *Das Weimarer Kino – aufgeklärt und doppelbödig*. Berlin: Vorwerk 8.

Grob, N. (Hg.). (2008). *Filmgenres: Film noir*. Stuttgart: Reclam.

Kaplan, E. A. (Hg.). (1998 [1978]). *Women in Film Noir*. London: BFI Publishing.

Koebner, T. (1997). Caligaris Wiederkehr in Hollywood? In Ders. *Lehrjahre im Kino. Schriften zum Film* (S. 241–252). St. Augustin: Gardez!

Martin, R. (1997). *Mean Streets and Raging Bulls. The Legacy of Film Noir in Contemporary American Cinema*. London: Scarecrow Press.

Schrader, P. (1972). Notes on Film Noir. *Film Comment, 8 (1)*, 8–13.

Silver, A. & Ward, E. (Hg.). (1973). *Film Noir. An Encyclopedic Reference to the American Style*. New York: Overlook Duckworth.

Werner, P. (2000). *Film noir und Neo-Noir*. München: Vertigo.

Der Film *Barton Fink* als Kampf zwischen Form und Inhalt

Stefan Hinz

Vorspann

Während der Vorbereitungen auf meinen Vortrag blieb ich eines Abends noch vor dem Fernseher sitzen, um kurz in den als gut angekündigten Film *Forrester – Gefunden!* (Gus van Sant, 2000) hineinzuschauen. Es war spät, und so wollte ich mir rasch nur ein Bild machen, »nur den Anfang ansehen«. Es blieb nicht dabei: Die Geschichte eines Schriftstellers, den ein 16-jähriger Junge aus seiner Isolation ins Leben zurückführt, hielt mich gefangen. Noch beim Aufwachen am nächsten Morgen beschäftigten mich die Bilder des Films. Mir wurde klar, mit *Barton Fink* (1991) ging es mir beim ersten Ansehen ganz anders. *Barton Fink* ist Kopfkino. Ein interessanter, ideen- und facettenreicher Film, dessen Temperatur, er spielt im warmen Hollywood, im Hotel ist es heiß, die Tapeten lösen sich schon von den Wänden, mich dennoch vergleichsweise kalt lässt. Immer wieder kommt mir in den Sinn, es handle sich um einen Episodenfilm, was nicht stimmt. Erzählt wird eine durchgehende Geschichte, auch wenn unterschiedliche Interpretationen möglich sind. Wieso zerfällt sie also in meinem Kopf zu Episoden, warum macht es mir mehr Spaß, einzelnen Bildern nachzuhängen, als nach einer Gesamtaussage des Werks zu suchen? Weil sie mir trivial erscheint? »Hollywood kauft und verheizt talentierte Schriftsteller,« Oder: »Hollywood banalisiert das Leben.«

Viel mehr als die Erzählung des Filmes beschäftigt mich die Frage: »Was wollen die Regisseure erreichen?« In dieser Schachtel, um das Filmbild aus *Barton Fink* aufzunehmen, steckt *mein* Kopf.

Oder anders herum: Im Film steckt mehr, als in meinen Kopf passt, er bietet mehr Anregungen, als ich integrieren kann. Denn im Widerspruch zum Bild der verschlossenen Schachtel erzeugt der Film durch eine Ansammlung bekannter Filmzitate eine Durchlässigkeit, die Vergleiche mit anderen Regiearbeiten aufdrängt, mich als Zuschauer von der Erzählebene ablenkt und auf eine Metaebene befördert oder auch nur in einen anderen Film eintauchen lässt, was einer Konzentrationsstörung gleichkommt. Meine Versuche, darin eine weiter reichende Absicht der Coen-Brüder zu entdecken, schlagen fehl.

Figuren-Hintergrund

Mit Ausnahme des lange eingeblendeten Abflusses vom Waschbecken im Bad des Hotelzimmers, eine Verbeugung vor Alfred Hitchcocks *Psycho* (1960), nehme ich an, vermag ich die dramaturgische Bedeutung jener Zitate nicht zu entschlüsseln. Deswegen beschließe ich, es bei der Annahme zu belassen, es mit der Freude der Coen-Brüder am Verweis und Zitat zu tun zu haben.

Anders die Zeichnung der verschlüsselten Kulturgrößen, mit denen die Coens abrechnen: dem Filmmogul Jack Lipnick (Michael Lerner) als imposantem Mischfigur-Behälter für die Studiobosse David O. Selznick, Louis B. Mayer und Jack Warner. Von Mayer heißt es, er habe Drehbücher nie selbst gelesen, sondern sie sich von einer eigens dafür engagierten Frau erzählen lassen. Warner soll sich in den Filmwerkstätten tatsächlich eine Offiziersuniform haben anfertigen lassen (vgl. Karasek, 1991).

Oder auch William Faulkner, dem Nobelpreisträger für Literatur 1950, dessen filmischer Vertreter W. P. Mayhew (John Mahoney) eine verblüffende physiognomische Ähnlichkeit mit seinem Vorbild aufweist. Sein Alkoholismus wird hier in den Vordergrund gerückt. Und zuletzt: Der jüdische Dramatiker Clifford Odets soll mit seiner sozialkritischen Haltung das Vorbild für Barton Fink (John Turturro) abgegeben haben (vgl. Wikipedia, 2014). Sie werden alle in einer Weise vorgeführt, die mir die Reaktion der Filmkritik, es handle sich bei *Barton Fink* um eine der bösartigsten Abrechnungen mit Hollywood, näher rückt. Noch allgemeiner heißt es im Programm-Flyer der Tagung: »Eine der zynischsten Abrechnungen mit der Skrupellosigkeit der kommerzorientierten Filmbranche.«

Abb. 1

Der Protagonist

Aber ist das schon Barton Fink? Immerhin trägt der Film seinen Namen, und so erscheint es mir angebracht, mich auch da dieser Filmfigur zuzuwenden, wo sie nicht nur Träger einer Kritik an der »Maschine Hollywood« ist.

Wir begegnen Fink das erste Mal, als er hinter der Bühne stehend, fast unbeweglich, auf den Ausgang seines Stückes wartet. Ängstlich verfolgt er das Geschehen, was zunächst von seiner Erwartung der Publikumsreaktion bestimmt erscheint (Abb. 1). Ein Motivationspsychologe würde ihn vielleicht rasch einem Typus zuordnen, der von Angst vor Misserfolg bestimmt wird, was im weiteren Verhalten der Hauptfigur eine Bestätigung findet. Der Lobeshymne, die ihm aus dem *Herold* vorgelesen wird, begegnet er mit dem Satz: »Schon morgen wird man darin die Fische einwickeln, so war es keine Verschwendung.« Wir haben es mit einem in sich gekehrten, sozial ängstlichen Menschen zu tun, dem Geld ebenso wenig bedeutet wie die Gefühle und der Bauch einer Frau. Er kreist um den eigenen Bauch, die Gefühle anderer stecken ihn nicht an.

Schwer zu sagen, wie viel eigener Antrieb ihn nach Hollywood bringt, er wirkt vor allem von seinem Manager geschoben. Selbst ausgesucht hat er das Hotel, in dem er in Hollywood ein Zimmer bezieht. Ein heruntergekommenes, menschenleer wirkendes Gebäude, das seine besten Tage hinter sich hat. Barton Fink fin-

Abb. 2

Abb. 3

det es seiner Vorstellung von sich selbst angemessen. Es ist eine Welt bizarrer Begegnungen und menschlicher Abwesenheit. Ein eindrucksvoller Etagenflur kündet von anderen Hotelgästen, die sich aber nie direkt, nur in der Präsenz ihrer Schuhe zeigen.

Barton Fink bezieht ein Zimmer, das kaum eine Aussicht bietet. Die blinden Fensterscheiben lassen gerade noch einen verschwommenen Blick auf die Hausfassade gegenüber zu. Das Fenster klemmt, es lässt sich nur wenig öffnen. Bereits die Bettmatratze, die sich unter dem auf das Bett geworfenen Koffer aufbäumt, charakterisiert die Atmosphäre des Raumes, in dem Fink sich aufhalten wird. Er packt die Schreibmaschine aus, sein Blick fällt dabei auf das Briefpapier des Hotels und bleibt haften: »Ein Tag oder ein Leben«, die Unterzeile zum Hotelnamen klingt in dieser Umgebung wie eine Warnung.

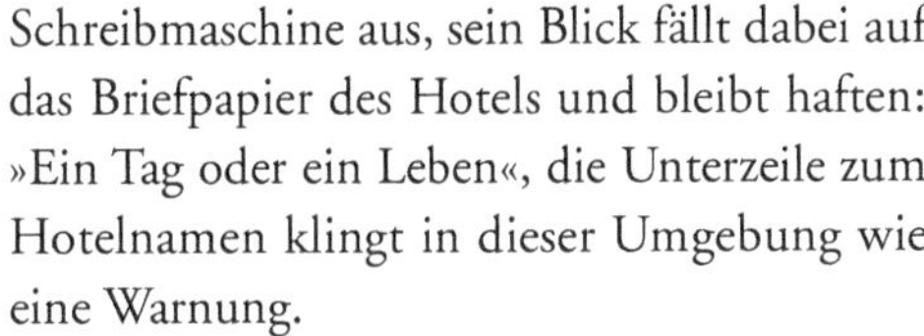

Metaphorik der Räume

Über dem Schreibtisch, seinem neuen Arbeitsplatz, hängt ein gerahmtes Bild, auf das er künftig schauen wird, wenn er den Blick von seiner Schreibmaschine hebt. Es zeigt eine Frau in Badekleidung, deren Blick auf die Weite des Meeres gerichtet ist – ein Sehnsuchtsbild, mit dem das Meeresrauschen hörbar wird, die Andeutung einer frischen Brise in stickiger Umgebung (Abb. 2). Fink will aber keinen frischen Wind in seinen vier Wänden, der sich mit Geräuschen aus einem Nebenraum ankündigt. Es sind beunruhigende Töne, zwischen Lachen und Weinen, die ihn beschäftigen und die er als Lärm abzustellen sucht.

Mit dem Wunsch, seine Ruhe zu bewahren, erreicht er das Gegenteil und lernt Charlie Meadows (John Goodman) kennen. Dabei ist »kennen lernen« ein unpassender Ausdruck für die Art der Kommunikation, mit der Fink den Anderen von sich weg hält, ihn bestenfalls als Stichwortgeber nutzt, wenn er über sich als Schriftsteller und seine Vision des Theaters für den kleinen Mann doziert (Abb. 3).

Mit dieser Leidenschaft begegnen wir ihm nur noch einmal, und zwar wenn wir ihn nach vollbrachter Tat, das Drehbuch ist schließlich trotz seiner anfänglichen Schreibhemmung doch noch fertig geworden, ekstatisch tanzen sehen. Barton – darauf hat man sich schon geeinigt – glaubt zu wissen, wen er mit Charlie vor sich hat, den kleinen Mann, dem seine Leidenschaft gilt. Nun ist Charlie Meadows nicht gerade klein, eher ein Brocken von einem Mann, der selbstsicher vom Raum seines Gegenübers Besitz ergreifen kann. Aber Barton interessiert sich nicht für ihn und das, was er ihm über sich erzählen könnte.

In einer vorangehenden Szene erleben wir die Begegnung des jungen, naiven Schriftstellers mit seinem mächtigen Auftraggeber Jack Lipnick und dabei die Umkehrung der Verhältnisse. Ein Koloss von einem Mann schwadroniert besitzergreifend über seinen Neuling, der nicht zu Wort kommt. Die ihm gereichte Tasse Kaffee nimmt Fink, ohne sie anzurühren, mit aus dem Zimmer – wie Meadows seine Ankündigung, er könne Geschichten erzählen (Abb. 4). Barton Fink ist jetzt der kleine Mann, verschüchtert und sprachlos wird er aus der imponierenden Büro-Kulisse des Filmmoguls geschoben. Wie es einem in Hollywood ergehen kann, wie tief der Fall sein kann, wurde ihm am Beispiel von Lou Breeze (Jon Polito), der ihn hinaus expediert, soeben vor Augen geführt. Und er, Barton, ist gerade ganz oben, folgt man den Worten Lipnicks, der »Großes« von ihm erwartet.

Abb. 4

Diese Erwartungsspannung auf der einen und die Kränkung durch das ihm vorgegebene Sujet, einen Catcher-Film, auf der anderen Seite, führen bei Barton Fink zu einer Arbeitsstörung. Seine wiederholten Anläufe, die anhaltende Schreibblockade zu überwinden, leiten uns durch den Film, und zwar in einem fortlaufenden Wechsel zwischen Innen- und Außenperspektive, zunächst konkret zwischen Hotelzimmer und anderen Spielorten. Mit zunehmender Verzweiflung des Autors und im Fortgang der Ereignisse verschwimmen die Grenzen zwischen Phantasie und Realität. Wie die Tapeten von den Wänden lösen sich bei Fink immer wieder die Realitätsbezüge. »Ich habe das Gefühl, dass ich allmählich die Nerven verliere, ich werde verrückt«, wird er sich irgendwann flehend an seinen Zimmernachbarn wenden. Der weiß, »wie das ist, wenn in der Zentrale etwas daneben geht«.

Deutungsansätze

Als Zuschauer erleben wir mit Barton Fink die wachsende Unsicherheit zu entscheiden, auf welcher Ebene wir uns gerade bewegen:

Was ist Traum, was Wirklichkeit? Welcher Art ist die Beziehung zwischen Charlie Meadows und Barton Fink? (Abb. 5)

So ließe sich zum Beispiel die Einbestellung Finks auf das Anwesen Lipnicks als träumerische Wunscherfüllung des verängstigten Autors verstehen. Der befürchtete Rauswurf trifft stellvertretend einen anderen, den Adlatus des Meisters (Lou Breeze). In einer Verkehrung ins Gegenteil küsst der Mogul seinem Schützling obendrein die Füße: Der groß tönende Lipnick geht vor dem kleinlauten Fink in die Knie (Abb. 6).

Abb. 5

Abb. 6

Abb. 7

Spätestens mit den vertauschten Schuhen Bartons und Charlies wissen wir, dass Barton auch in den Schuhen von Charlie stecken kann. Jener wusste das, er nennt ihn »Bruder«. Allerdings fällt es schwer, das offensichtlich ungleiche Paar als Brüder im Geiste zu sehen. Angemessener erscheint mir, Charlie als Repräsentanz eines Persönlichkeitsanteils von Barton zu verstehen, zu dem dieser keinen Zugang hat, auf den er nicht hören will.

»Herrgott, Du willst einfach nicht zuhören«, brüllt dieser eine seiner letzten Botschaften an Barton. Auch wird er ihm noch mitteilen, dass das rätselhafte Paket nicht ihm gehöre, wie er zunächst gesagt hatte, »das war eine Lüge« (Abb. 7). Die Figur Charlie Meadows verschwindet, nachdem die Verleugnung einer immer wieder projizierten mörderischen Wut in Barton Fink ausgesprochen ist. Dieses Paket hat er allein mit sich herumzutragen, wovon er allerdings bis zum Schluss – wir sehen ihn am Strand, es kommt zur Begegnung mit einer Frau wie der auf dem Bild in seinem Zimmer – nichts wissen will.

Was steckt in dem Paket, das Fink kurz schüttelt, in das er hineinzuhorchen versucht?

Filmreal gesehen vermutlich der Kopf einer von ihm begehrten Frau, der der ermordeten Judy Davis (Audrey Taylor). Und psychisch wahrscheinlich die Summe angehäufter Kränkungen seines Selbstwertgefühls, Überschneidungen liegen nahe. Überwiegend Frauenmorde werden »Mörder-Mundt«, dem gesuchten unbekannten Serienmörder, angelastet, und die beiden Detectives Deutsch und Mastrionotti weisen auf ein gemeinsames Handeln von Charlie und Barton hin. Mit den Detectives füllt sich das Paket langsam zum Bersten. »Fink, das ist doch ein jüdischer Name, nicht wahr?« – »Ja« – »Ja, ich dachte mir schon, dass diese Absteige nicht gesperrt ist« (Abb. 8).

Abb. 8

Abb. 9

Was sich hier andeutet, übertrifft alles: die Herabwürdigung, die er durch die beleidigenden, von sexuellen Anspielungen gespickten Vernehmungen der Polizisten erfährt, die Behandlung als Naivling durch den arroganten Produzenten Ben Geisler (Tony Shalhoub), wie auch die Einschüchterung durch den gönnerhaften Jack Lipnick.

Was daran anknüpfen wird, sprengt auch mein Paket, das ich deutend zu schnüren versucht habe, es passt einfach nicht mehr alles herein.

In einer hoch verdichteten Szene, erwarten die Detectives Deutsch und Mastrionotti auf dem Hotelflur die von Fink angekündigte Ankunft Charlie Meadows alias Carl Mundt. Noch bevor dieser aus dem Fahrstuhl tritt, lodern Flammen aus dem Schacht, als müsse man mit dem Leibhaftigen rechnen, der direkten Wegs aus der Hölle aufsteigt. Bald greift das Feuer auf den Flur über, alles droht in Flammen aufzugehen (Abb. 9).

Vor dieser Kulisse stürzt Charlie Meadows/Carl Mundt mit empor gerissenem Gewehr auf die beiden zu, tötet zunächst Deutsch und erschießt mit einem fast leise ausgesprochenem »Heil Hitler!« den rücklings am Boden liegenden Mastrionotti. Das Startsignal für diesen Lauf ist sein Ausruf: »Jetzt zeig ich euch, was Kreativität ist.« »Seht mich an, ich zeig euch den kreativen Geist«, wird er noch mit den ersten Schüssen dreimal wiederholen. Die Botschaft soll nicht überhört werden. In dieser einzigen offen gewalttätigen Szene des Films – sieht man von der Massenprügelei zwischen Angehörigen der Marine und des Heers im Tanzsaal ab – realisiert sich der Affektsturm eines Autors, der sich verkannt fühlt (Abb. 10). Soweit trägt eine Deutung der Figur des Charlie Meadows als Alter ego, als abgespaltener psychischer Selbstanteil von Barton Fink noch, zumal er sich im Tanzsaal mit den gleichen Worten präsentierte: »Ich bin Schriftsteller, ihr Monster, ich bin kreativ. Mein Beruf ist es, kreativ zu sein.«

Die Monster sind für ihn die anderen. »Ich bin ein Schöpfer, ich bin Schöpfer«, deklamiert

Abb. 10

er dort als sein Selbstbild. Es ist der andere, Charlie, der tötet.

Zeitgeschichtlicher Rekurs

Unüberhörbar sind in die zuletzt erwähnten Sequenzen Töne aus einem Raum eingedrungen, der weit jenseits von Hollywood liegt: geographisch gesehen, solche aus dem europäischen und dem asiatischen Raum. Im Hollywood des Jahres 1941, in dem der Film angesiedelt ist, kündigt sich ein weitaus schlimmeres, unvorstellbares Töten an, das sich über individuelle Schicksale, wie das von Barton Fink, erbarmungslos hinwegsetzen wird, sich nicht einmal dafür interessiert.

Am 7. Dezember 1941 erfolgt der japanische Überfall auf Pearl Harbor, der den Eintritt der USA in den Zweiten Weltkrieg auslöst. In der letzten Begegnung zwischen Fink und Lipnick spielt der Film offen darauf an. Wir sehen den Boss von Capital Picture in einer Phantasieuniform. »Jetzt geht's gegen die Japsen, die kleinen gelben Monster«, schallt es aus seinem Mund, bevor er die beginnende Karriere von Fink zerstört (Abb. 11).

Wenige Tage später, am 11. Dezember 1941, erklären Deutschland und Italien den USA den Krieg, und am gleichen Tag folgt die Kriegserklärung durch Roosevelt. Es ist nicht schwer zu erkennen, dass die beiden Detectives als Stellvertreter beider Länder fungieren. Ihnen gedenken die Coen-Brüder ein anderes Schicksal zu, sie sind bereits erledigt, durch einen einzigartigen Ausbruch entfesselter Zerstörungswut beseitigt.

In ihrer Dramaturgie kehren sie den historischen Ablauf der Kämpfe im Zweiten Weltkrieg um, berücksichtigt man die Reihenfolge: Zuerst wird Deutsch und anschließend der Detective italienischer Abstammung niedergestreckt, während der Angriff auf Japan noch aussteht. Lohnt es sich, diesem Umstand nachzugehen, nach einem möglichen Motiv der Filmemacher zu fragen? Oder ist eine solche Betrachtung zu spitzfindig?

Abb. 11

Zum Verrücktwerden

So wie im Film die Angaben im Vorspann wie auch im Abspann auf die gleiche Tapete projiziert erscheinen, bin ich mit dieser Frage wieder am Beginn meiner Überlegungen angekommen. Was teilen die Autoren den Zuschauern mit? Welche Rätsel geben sie dabei auf? Wann lohnt es sich, nach verschlüsselten Botschaften zu forschen und wann führt eine solche Suche in die Irre? Der Film spielt mit Zitaten: Ich entdecke Verweise auf Roman Polanskis *Ekel* (1965), Alfred Hitchcocks *Psycho* (1960), Stanley Kubricks *Shining* (1980) und Verfilmungen von Chandler-Romanen mit Humphrey Bogart und Lauren Bacall. Es werden Spuren gelegt, die sich verlaufen, Handlungsstränge eröffnet, die nicht aufgehen.

Mein Versuch, eine Deutungslinie herauszufiltern, einen Code zu finden, ist wider besseren Wissens erfolgt. Bei einer früheren Besprechung von *Blue Velvet* (1986), einer spannenden Arbeit von David Lynch, habe ich mich ähnlich gefühlt und mir vorgenommen, nicht mehr gegen den Willen eines Autors zu handeln, der Interpretationen seiner Filme ablehnt. *Barton Fink* wird von Filmkritikern mit Werken von David Lynch verglichen. Insoweit kann ich bestätigen, wie es sich anfühlt, innere Widersprüche und Dissoziationen unter Druck integrieren zu wollen: Es macht verrückt. Im Fall von *Barton Fink* resultiert daraus eine parallele affektive Begleitung des Protagonisten, der in seiner Not sogar zur Bibel greift und dort seinen eigenen Text findet: »Genesis 1: Aufblende. Eine Absteige in Manhattans Lower Eastside. In der Ferne hört man Verkehrslärm. Und die Fischhändler.«

Auch das ist eines der Bilder des Films, die in ihrer Überdeterminiertheit faszinieren und gleichzeitig Kopfschmerzen verursachen. Das ist, von außen handfest psychopathologisch betrachtet, als Halluzination einzuordnen, und es spiegeln sich darin sowohl die omnipotente Selbstüberschätzung als auch das Leiden am Selbst-Ideal des Autors, das aus der Konfrontation mit seiner in der Realität erlebten Schreibunfähigkeit entsteht. Zum wiederholten Male findet er auch diesmal nur die erbärmlichen drei Sätze, die er seit Tagen mit jedem neuen Anlauf in seine Schreibmaschine tippt.

Und wo will er sich zitiert sehen? Wir hören ihn im Tanzsaal dazu.

Abspann

Dass mich dieser Film während meiner Beschäftigung mit ihm nicht kalt gelassen hat, wird der Leser bemerkt haben. Dennoch möchte ich darauf noch einmal in meinem Abspann zurückkommen. Mit Blick auf die Kommunikationsstrukturen zwischen allen Beteiligten, die uns vorgeführt werden, erscheinen die Beziehungen der Akteure fast ausschließlich durch deren Eigeninteressen bestimmt. Nicht nur Fink hört niemandem zu, eigentlich hört keiner dem anderen zu, am ehesten noch Judy, die Begleiterin W. P. Mayhews', vielleicht auch Charlie, der aber ein ganz besonderes Ohr für das Leid seiner Mitmenschen hat. Im Kreisen um sich selbst ist es nicht möglich, sich für den anderen zu öffnen, sich auch nur probeweise dessen Position zu eigen zu machen und zu antworten. So bleiben Beziehungen unfruchtbar, ein kreatives Drittes kann nicht entstehen. In einer perversen Umkehr wird stattdessen die Zerstörung als kreativer Akt deklariert.

Der Mangel an Sinnlichkeit in diesem Film wundert nicht. Vielleicht existiert Erotik als ein fernes Wünschen. Sexualität wird ausgespart, wenn sie auftaucht, wird sie in herabsetzender Weise thematisiert, ähnlich wie auf einem Schulhof.

Wie schwer es ist, sich in dieser Umgebung zurechtzufinden, in einen fruchtbaren Dialog mit dem Gegenüber zu kommen, zeigt der Film und hat es mich auch spüren lassen. Wieso sollte ich darauf nicht mit Ablehnung regieren?

Literatur

Karasek, H. (1991). Kafka in Hollywood. *DER SPIEGEL, 42*, 14. Oktober.

Programm des 12. Mannheimer Filmseminars vom 21. – 23. März 2014 im CINEMA QUADRAT: Im Dialog: Psychoanalyse und Filmtheorie. Ethan & Joel Coen.

Wikipedia (2014): URL: http://de.wikipedia.org/w/index.php (Stand 05.05.2014).

Fargo

Oder: Wie man die eigene Frau ermordet, ohne zu wollen[1]

Mechthild Zeul

There was a young man from Riga,
Who smiled as he rode on a tiger.
They returned from the ride
With the man inside
And the smile on the face of the tiger.

Von mir leicht abgewandeltes
Limerick-Gedicht von Edward Lear
(in: *The Book of Nonsense*. London, 1846)

Einleitung

Fargo, der sechste Film der Coen-Brüder, wurde am 8. März 1996 in den USA uraufgeführt. Er gewann im selben Jahr in Cannes den Preis für die beste Regie. 1997 erhielt er den Oscar für das Drehbuch der Brüder, Frances McDormand wurde mit dem Oscar für ihre Darstellung der schwangeren Polizeichefin Marge Gunderson von Brainard County (Minnesota) ausgezeichnet. 2006 wurde der Film aufgrund seiner kulturellen, historischen und ästhetischen Relevanz in das *National Film Registry of Preservation* der amerikanischen Nationalbibliothek (Library of Congress) aufgenommen. Die Bibliothek, die 1800 gegründet wurde, enthält inzwischen 625 ausschließlich amerikanische Filme. Die von der *National Film Registry* verwalteten Filme müssen mindestens zehn Jahre alt sein. Sie sollen durch ihre Aufnahme in das *Film Registry* der Nachwelt erhalten bleiben. (In Deutschland werden deutsche Filme im Bundesarchiv aufbewahrt.)

Hintergrund

Fargo erzählt großartig von den verbrecherischen Taten seines männlichen Protagonisten, der davon besessen ist, ein besseres Leben zu führen, das eng mit Geldverdienen verknüpft ist. Mit seinen Handlungen verursacht er selbst sein eigenes Scheitern und den Tod seiner Frau. Vor der Darstellung der psychologischen Konstellationen und Konflikte möchte ich *Fargo* zunächst kurz in einen sozialen Kontext einbetten. Der amerikanische Kampf um die Unabhängigkeit von England Ende des 18. Jahrhunderts liegt noch nicht lange zurück, das heutige Amerika ist historisch gesehen ein junges Land. In Europa haben wir unsere sozialen, politischen und die Kämpfe um Unabhängigkeit vergleichsweise in grauer Vorzeit, z. B. im *Dreißigjährigen Krieg* »erledigt«. Der Kampf ums Überleben, die Besiedlung eines Kon-

1 Der vorliegende Text erscheint demnächst in meinem Buch über die Coen Brüder im Transcript Verlag unter dem Titel »Joel und Ethan Coen die Meister der Überraschung und die vielfältigen Gesichter ihres Humors«.

tinents von endloser Weite, dessen unfruchtbares Ackerland der Bearbeitung harrte, in dem noch heute insbesondere in New Mexico aber auch in Arizona Zehntausende wilder Pferde leben, ist in der kollektiven Wahrnehmung amerikanischer Bürger durchaus präsent. Der grausame Kampf gegen die indianischen Ureinwohner und gefährliche Konfrontationen mit ihnen, die Segregationsfrage, die das Land in einen furchtbaren Bürgerkrieg verwickelte, liegen nur etwas mehr als 100 Jahre zurück. Die Benachteiligung der Afroamerikaner ist auch heute nicht überwunden. Die Gewährung von Rechten, die in der US-Verfassung festgelegt sind, beschäftigt immer wieder die Gerichte. Obgleich die Todesstrafe durch das achte Amendment der Verfassung teilweise eingeschränkt ist, wird diese Strafe in 32 der insgesamt 50 US-amerikanischen Bundesstaaten verhängt. Zugleich haben die USA den Ruf des Landes der unbegrenzten Möglichkeiten.

Diese Widersprüche haben ein sehr spezifisches Land geprägt, das mit europäischen Augen bewundernd, aber auch kritisch zweifelnd angeschaut wird. Auf kreative Art und Weise haben die Coen-Brüder die hier nur kurz gestreiften sozialen Widersprüche in der amerikanischen Geschichte und Gegenwart über die Inszenierung psychologischer Gestaltung vom vergeblichen Kampf und der vorhersehbaren Niederlage des Protagonisten in *Fargo* filmisch Ausdruck verliehen, wobei der Humor eine wichtige Rolle spielt.

Inhalt

Im Winter 1987 befindet sich der Verkaufsleiter Jerry Lundegaard (William H. Macy), der in einem Autohaus seines Schwiegervaters (Harve Presnell) angestellt ist, in finanzieller Not. (Abb. 1) Durch die Vermittlung von Shep Proudfoot (Steve Reevis), der ebenfalls im Geschäft von Jerrys Schwiegervater arbeitet, trifft er die beiden Ganoven Carl Showalter (Steve Buscemi) und Gaear Grimsrud (Peter Stormare) in einem Lokal in Fargo. Das Gespräch zwischen Jerry und den beiden Ganoven entbehrt nicht der Komik (Abb. 2). Nach einem Hin und Her über die Uhrzeit des verabredeten Treffens teilt Jerry den Ganoven auf Carls Frage hin mit, dass er sie bitte, seine Frau Jean zu entführen, um Lösegeld von seinem Schwiegervater Wade zu erpressen. Auf die Frage der Ganoven, warum er in seinen Plan die Entführung seiner Frau mit einbeziehe, erfahren diese nur, dass alles gut ausgedacht sei und dass es sich um persönliche Dinge handle. Als Anzahlung übergibt Jerry den Beiden ein aus dem Autohaus des Schwiegervaters entwendetes Auto. Er will ihnen später die Hälfte des vom Schwiegervater für die Freilassung der Tochter erpressten Lösegelds geben, angeblich 80.000 Dollar.

Abb. 1

Abb. 2

Carl und Gaear entführen Jean (Kristin Rudrüd), werden aber auf dem Weg durch Brainard

County von einem Verkehrspolizisten gestoppt, weil sie mit Händler-Nummernschildern fahren. Carl, der versucht, sich mit dem Polizisten zu verständigen, wird davon überrascht, dass Gaear diesen erschießt. Als Carl versucht, den toten Polizisten beiseite zu schaffen, nähert sich ein Auto mit zwei Frauen. Um keine Zeugen zu haben, erschießt Gaear auch diese Beiden.

Die Morde werden von der Polizeichefin Marge Gunderson (Abb. 3) aus Brainard County untersucht. Beim Interview mit zwei Prostituierten in der Absteige »Blauer Ochs«, in der die beiden Verbrecher eingekehrt waren, erfährt sie, dass die Ganoven mit Shep Proudfoot in Minneapolis telefonierten. Das Gespräch mit ihm führt Marge aber nicht weiter. Jerry teilt seinem Schwiegervater mit, dass die Entführer nur mit ihm Kontakt aufnehmen wollen, um die Geldübergabe und die Freilassung von Jean einzuleiten.

Abb. 3

Dem Schwiegervater werden die Ausreden Jerrys zu viel. Er begibt sich mit einem Koffer mit 1.000.000 $ zu einem Treffen mit Carl. Dieser aber verliert die Nerven, als er mit einem neuen Verhandlungspartner konfrontiert wird, und erschießt ihn. Der Schwiegervater wiederum schießt, schon tödlich getroffen, Carl ins Gesicht. Als Carl das Geld zählt und feststellt, dass es sich um 1.000.000 $ handelt, nimmt er 80.000 $ an sich, um die Hälfte seinem Partner zu übergeben. Den Rest vergräbt er im Schnee und markiert die Stelle mit einem roten Eiskratzer.

Als Carl zurück in das Versteck kommt, findet er Jean tot auf dem Boden liegend. Gaear erschlägt ihn in einem Streit darüber mit einer Axt und versucht den Toten in einer Häckselmaschine zu »entsorgen«. Er wird dabei von Marge überrascht und versucht zu fliehen. Sie schießt ihm ins Bein, kurz darauf nimmt sie ihn fest. Jerry wird später in der Nähe von Bismarck (North Dakota) festgenommen.

In der letzten Szene tröstet Marge ihren Mann Norm (John Carroll Lynch), der beim Wettbewerb um die Gestaltung von Briefmarken nur mit einem Preis für die Gestaltung einer 3-Cent-Briefmarke ausgezeichnet worden ist.

Erwartungsverletzungen – zwischen Komik und Perversion

Frank Lachmann (2008) hat die Entstehung von Humor auf Erwartungsverletzungen zurückgeführt. Der Begriff der *Erwartungsverletzung* stammt aus der Säuglingsforschung und -beobachtung, die zeigen, dass eine Mutter mit einer Geste oder einer Handlung die Erwartungen ihres Kindes erfüllen, sie aber auch verletzen kann. Ob ein Kind mit den Erwartungsverletzungen positiv umgehen kann oder mit Weinen und Rückzug reagiert, geht auf die Interaktion zwischen Mutter und Kind zurück. Bedeutsam ist das *Timing* der Erwartungsverletzungen: Stimmt dieses Timing, kann die Mutter mit kleinen Überraschungen, die sie für das Kind bereit hält, Lust und Freude in ihm erzeugen; im anderen Fall kann sich das Kind zurückziehen, nicht mehr reagieren oder auch in Tränen ausbrechen. Es scheint mir bedeutsam, dass Lachmann betont, dass durch die Verletzung von Erwartungen *starke* Affekte ausgelöst werden, beispielsweise Wut, Hass, Verzweiflung, Traurigkeit, aber auch Lust und Freude (Lachmann, 2010, S. 175).

Lachmann hat den Begriff der Erwartungsverletzung auf das künstlerische Schaffen angewendet (S. 201), wobei auch hier von einer Interaktion zwischen den Rezipienten und dem künstlerisch Geschaffenen auszugehen ist. Mir scheint dieser Ansatz fruchtbar zu sein, die künstlerische Gestaltung der Coen-Brüder in vielen ihrer Filme zu beschreiben. Dementsprechend soll hier also die Inszenierung von *Fargo* unter dem Aspekt der Verwendung von Erwartungsverletzungen untersucht werden.

Der filmische Einsatz von Erwartungsverletzungen kann Hinweise darauf geben, warum grausame und erschreckende Szenen des Films beim Publikum Lachen auslösen. Lachmann spricht in diesem Zusammenhang von einer »provokative[n] Beziehung des Künstlers zu seinem Publikum, dessen Erwartungen er gezielt verletzt. Wenn liebgewonnene Maßstäbe und Erwartungen missachtet werden, kann das Publikum entweder feindselig reagieren oder aber alle Bedenken in den Wind schlagen und den Überraschungseffekt genießen.« (S. 199) Nun siedelt Lachmann das kreative Schaffen auch in der Nähe der Perversion an, wobei er sich natürlich darüber im Klaren ist, dass für die Perversion noch andere Mechanismen verantwortlich sind. Er kann diesen Schritt tun, indem er davon ausgeht, dass es darauf ankommt, wie weit entfernt von herrschenden Normen und Verhaltensweisen Erwartungsverletzungen stattfinden. Die Abweichungen von individuell und kollektiv verankerten Werten und Verhaltensweisen können spielerischen Charakters sein, können aus »erregende[n], mitreißende[n] Überraschungen« bestehen, können aber auch »angsterregende, schockierende und traumatisierende Angriffe« darstellen, die im »Extremfall Todesfolge« zur Konsequenz haben (S. 175).

Die filmische Gestaltung der Coen-Brüder – wie hier in *Fargo* – verdankt sich ihrer Fähigkeit, mit Erwartungsverletzungen das Publikum zu schockieren. Sie tun dies jedoch, ohne ihre Protagonisten und Protagonistinnen der Lächerlichkeit preiszugeben. Warren Poland (1990) hat darauf aufmerksam gemacht, dass der Humor verbunden ist mit der Wertschätzung der Person, über die gelacht wird. Was Poland weiter ausführt, gilt in hohem Maße für die filmische Arbeit der Coen-Brüder: dass Humor sich auszeichnet durch Verzicht auf Eitelkeit und auf narzisstische Befriedigung.

Fargo ist ein gelungener Thriller, der zugleich ein Psychogramm der Protagonisten entwirft. Dies geschieht nicht über die Darstellung ihrer Wünsche, Gefühle und Motivationen über mehrere »point-of-view shots« (Bordwell & Thompson, 2001, S. 73), sondern vor allem über die Kontrastierung zwischen Musik und Bild und über Inszenierungen unverhoffter, plötzlicher Ereignisse, die die Erwartungen der Zuschauer auf lustvolle oder schockierende Weise verletzen. Meines Erachtens ist *Fargo* nicht nur der ästhetisch gelungenste Film der Brüder Coen; mit der Inszenierung einer gelungenen Mischung von Gewalt, Humor und Komik steht er auch stellvertretend für die meisten Coen-Filme. Filmtechnisch erreichen die Brüder diesen eigentümlich anmutenden Widerspruch über die konsequente Verwendung von Erwartungsverletzungen der Zuschauer. Diese Mischung verleiht *Fargo* – und auch anderen Filmen von ihnen – die Qualität einer Tragikomödie. Obwohl *Fargo* viele gewaltsame Szenen enthält, reagiert das Publikum doch an vielen Stellen amüsiert, insbesondere, wenn Marge in das Geschehen eingreift, an manchen auch überwältigt durch die Plötzlichkeit, in der sich die ständig wandelnden Ereignisse zutragen. Die Handlung des Films kommt in Gang über Erwartungsverletzungen und führt darüber auch zu seinem tragikomischen Ende.

Selbst eine der letzten Szenensequenzen des

Films entbehrt trotz der gezeigten Grausamkeit nicht der Komik. Zurückgekehrt in das gemeinsame Versteck stellt Carl fest, das sein Partner Gaear Jean, Jerrys Frau, erschossen hat. Als ein Streit um den Besitz des Autos zwischen den beiden Ganoven entbrennt, erschlägt Gaear Carl mit einer Axt und versucht ihn später mit einer Häckselmaschine verschwinden zu lassen. Aufgrund des ohrenbetäubenden Lärms der Maschine, in der er bereits Leichenteile seines ehemaligen Partners zerkleinert – der Teil eines Beines mit einem Strumpf am Fuß wird sichtbar (Abb. 4) – überhört er den Ruf der Polizistin Marge Gunderson, die mehrmals ruft: »Polizei!« Nicht Entsetzen, sondern Belustigung macht sich bei mir als Interpretin breit, und zwar aufgrund des Zusammentreffens zwischen dem grausigen Verbrechen und dem komisch wirkenden Anschleichen der hoch schwangeren Marge in Polizeiuniform, die auch noch, als Gaear nicht reagiert, an ihre Polizeimütze greift, um auf ihr Näherkommen aufmerksam zu machen.

Abb. 4

Die unvorhersehbaren, plötzlich sich einstellenden Konstellationen, die sich aus Jerry Lundegaards verrücktem Plan ergeben, seine Frau von zwei Ganoven entführen zu lassen, um von seinem Schwiegervater das Lösegeld zu erpressen, stellen Erwartungsverletzungen der Zuschauer dar. Jerry scheitert bei seinem verzweifelten Versuch, über diesen Plan zu Geld und Einfluss zu gelangen. Die filmische Inszenierung der Entführung Jeans, seiner Frau, stellt eine Erwartungsverletzung dar. Jean wird, bekleidet mit einem rosa Schlafanzug und einer rosafarbenen Strickjacke, strickend vor dem Fernseher sichtbar. Zwei Fernsehköche, eine Frau und ein Mann, erzählen zunächst von ihrer Nilreise, um später ein Kochrezept vorzutragen. Zwei Männer mit schwarzen Kapuzen auf dem Kopf, Carl und Gaear, schleichen die Balkontreppe mit Knüppeln in der Hand herauf. Jean reagiert erst entsetzt, als die beiden die Balkonfenster einschlagen.

Der Ritt auf dem Tiger – Jerry

In einer einförmigen Schneelandschaft, in der sich der Himmel nicht von der Erde unterscheidet, bewegt sich ein Auto auf die Zuschauer zu, das ein zweites mitschleppt. Der Fahrer des Autos ist nur in Umrissen erkennbar. Begleitet wird die düstere Autofahrt von einer Komposition von Carter Burwell, der als Vorlage das norwegische Volkslied *The Lost Sheep* benutzte. Wenn das Auto sich dem Zuschauer nähert, schwillt die bisher getragene, melancholische Musik an – überwiegend gespielt mit Hardangerfiedeln, den Geigen ähnlichen Instrumenten aus Südnorwegen –, wird heftiger, ohne allerdings die Grundmelodie zu verlassen (vgl. Dieter Stern, in diesem Band). Das Anschwellen der Musik lässt für den Verlauf der Geschehnisse im Film nichts Gutes ahnen, drohendes Unheil wird bereits durch den Wechsel von Getragenheit und Heftigkeit der Musik spürbar. Der Fahrer des Autos, das ein anderes im Schlepptau hat, entpuppt sich als Jerry Lundegaard, so stellt er sich in einem Hillbilly-Gasthaus den dort auf ihn wartenden Ganoven Carl und Gaear vor. Jerry Lundegaard, den der Film immer wieder als Verlierer präsentiert, sei es im Gespräch mit dem schwerreichen Schwiegervater, der ihn entwertet und der Lächerlichkeit preisgibt, mit Kunden im Autohaus, aber auch als kleiner Gauner, der Gelder unterschlägt, hat den verrückten Plan, mithilfe zweier ihm unbekannter Ganoven seine Frau entführen zu lassen, um Geld vom Schwiegervater zu erpressen.

Ich bezeichne diesen Plan metaphorisch als einen *Ritt auf dem Tiger*. Nur ein realitätsferner, größenwahnsinniger Mensch kann mit einem Lächeln auf dem Gesicht glauben, auf einem Tiger reiten zu können. Aufgrund Jerrys Gier nach Geld ist er außerstande, rationale Überlegungen anzustellen, sich mit den Gefahren auseinanderzusetzen, die die Entführung seiner Frau mit sich bringen kann. Er ist von seinem Plan so besessen, dass er nicht in der Lage ist, mögliche negative Konsequenzen, die sein Handeln nach sich ziehen können, zu imaginieren. Sein Vorgehen lässt sich auch als Parodie auf die in den Vereinigten Staaten herrschende klischeehafte Vorstellung verstehen, dass es sich um das Land der unbegrenzten Möglichkeiten handelt. Das Treffen Jerrys in Fargo mit den beiden Gaunern ist durch die Vermittlung eines Mechanikers im Geschäft des Schwiegervaters, Shep Proudfoot, zustande gekommen. Obwohl Jerry gewarnt sein sollte, sich in die Hände zweier unbekannter Ganoven zu begeben, kommen ihm solche Gedanken nicht. Als seinen Tiger hat er sich Carl und Gaear ausgesucht, von denen er fälschlicherweise glaubt, sie handelten in seinem Sinne, wenn er ihnen für die Entführung seiner Frau ein nagelneues, aus dem Autohaus des Schwiegervater entwendetes Auto übergibt und ihnen als Lösegeld 40.000 $ verspricht – während das von ihm geforderte Lösegeld eine Million Dollar beträgt. Die getragene, melancholische Musik, die Jerrys Autofahrt nach Fargo begleitet, passt nicht zu den Ereignissen, die sich unmittelbar an die Fahrt anschließen, und verweist das Treffen mit den zwei Ganoven, die seine Frau entführen sollen, in das Reich der Ironie und der Komik. Ich habe oben dafür die Metapher vom Ritt auf dem Tiger benutzt. Carter Burwell (2007, S. 206) hat zur Nichtübereinstimmung von Musik und Bild ausgeführt: »Eines der Dinge, die die Ironie in ihren Filmen [denen der Coens; M.Z.] ausmacht, ist der Umstand, dass die Musik etwas anderes spielt als das, was man auf der Leinwand sieht. Dies impliziert, dass es noch etwas anderes in der Welt [die zu sehen ist; M.Z.] gibt.« (Übers. M.Z.)

Die gesamte Geschichte, die der Film erzählt, spielt mit Ausnahme der ersten Szenen, der Fahrt Jerrys nach Fargo und sein Treffen mit den Gaunern, in Minnesota und in Brainard County (Abb. 5.). Ich gehe deshalb davon aus, dass mit Fargo zwar konkret die Stadt »Fargo« in North Dakota gemeint ist, dass aber Fargo hauptsächlich eine Metapher für Jerrys halsbrecherischen Ritt auf dem Tiger ist, dessen Eigenarten er offenbar nicht einschätzte, als er sich auf diese gefährliche Reise begab. Die Ironie, die sich bereits durch das Auseinanderklaffen von Musik und Bild ergeben hat, setzt sich jetzt in der Fehlhandlung Jerrys fort, der nicht bedacht hat, dass er das Auto hätte anmelden müssen, um dessen Händler-Nummernschilder zu ersetzen. Eben dieser Fehler führt dann zum Misslingen von Jerrys Plan, als die Ganoven auf ihrer Fahrt in ihr Versteck im Wald mit der entführten Frau Jerrys auf dem Rücksitz von einem

Verkehrspolizisten angehalten werden, dem die Händler-Nummernschilder am Auto aufgefallen sind. Sie töten ihn und zwei Frauen, die auf der nächtlichen Straße Zeuginnen werden, als Carl versucht, den getöteten Polizisten in den Straßengraben zu zerren.

Die Verhaftung Jerrys am Ende des Films ist zwar gewaltsam, zugleich aber auch komisch. Als die Polizisten an seine Hoteltür klopfen und ihn bitten, die Tür zu öffnen, versucht Jerry, im Unterhemd und in Unterhosen, durch das Fenster zu fliehen. Die Polizisten ziehen ihn jedoch an den Beinen aus der Fensteröffnung zurück und stoßen ihn bäuchlings auf ein Bett. Unter lautem Schreien und heftigem Wehren werden ihm Handschellen angelegt. Er scheitert an seinem eigenen Entführungsplan und zahlt ihn mit dem Verlust seiner Freiheit. Aber nicht nur dies: Er hat auch den Tod des Streifenpolizisten, der unschuldigen Frauen, die zufällig Zeuginnen des Verbrechens der beiden Ganoven wurden, insbesondere aber den Tod seiner Frau und seines Schwiegervaters verursacht, ohne es zu wollen. Um noch einmal die Metapher vom Ritt auf dem Tiger zu bemühen, ließe sich sagen, dass der halb bekleidete, bäuchlings auf dem Bett liegende Jerry, dem die Polizisten Handschellen anlegen, dem Mann im Bauch des Tigers des Limericks von Edward Lear gleicht. Sollten die Polizisten schmunzeln wie der Tiger, der den Mann in seinem Bauch hat?

Abb. 5

The Lost Sheep – Carl und Gaear

Die beiden Ganoven Carl und Gaear sind eher Possenreißer als professionelle Verbrecher, die den Plan Jerrys nicht zu einem gelungenen Ende führen können. Sie begehen den gleichen Fehler wie Jerry, denn sie haben das entwendete Auto nicht ordnungsgemäß angemeldet. Es ist voraussehbar, dass sie in eine Polizeikontrolle kommen und keine plausible Erklärung für ihre Unterlassung finden werden. So als ob sie sich auf einer Fahrt in den Urlaub nach Minneapolis befänden und nicht auf dem Weg seien, ein Verbrechen zu begehen, kehren die Beiden in der Absteige zum »Blauen Ochsen« ein, dort gibt es Pancakes und Sex mit zwei Mädchen. Unterwegs im Auto nach Minneapolis hatte Gaear dringend Pancakes essen wollen. Sein etwas vernünftigerer Partner Carl meint, die habe es doch schon am Morgen gegeben und schlägt die Einkehr in den »Blauen Ochsen« vor. Später wird die Befragung der beiden Prostituierten, mit denen sie sich vergnügt haben, durch Marge Gunderson ergeben, dass die Verbrecher vom »Blauen Ochsen« aus Shep Proudfoot angerufen haben, der das Treffen Jerrys mit ihnen vermittelt hatte. Damit haben sie eine erste Spur gelegt, die letztlich zur Aufklärung des Verbrechens durch Marge Gunderson führen wird.

Verfolgt man die Bewegungen der Entführer, dann wird deutlich, dass sie eine Spur nach der anderen hinterlassen, denen die aufmerksame Polizeichefin nur noch folgen muss, um über den Mord an dem Streifenbeamten, an den beiden Frauen, die Zeuginnen von Carls und Gaears Verbrechen wurden, der Ermordung von Jerrys Schwiegervater und der Entführung Jeans Aufschluss zu bekommen. Die beiden Gauner und Jerry werden bei ihrem verbrecherischen Vorgehen von eigenen Wünschen geleitet. Sie sind ihren Wünschen und Sehnsüchten hilflos ausgeliefert, Moral und Ethik sind ihnen fremd.

Um das Eingangslied *Das verlorene Schaf* zur Interpretation heranzuziehen, lässt sich sagen, dass sie als männliche Akteure verlorene Schafe sind, die, wenn ihre Wünsche nicht sofort in Erfüllung gehen, zur Pistole greifen.

Das Realitätsprinzip – Marge

Anders als der Protagonist, der getrieben ist von der Ausführung seines Plans, der, so die Ironie der Brüder Coen, von allem Anfang an undurchdacht ist und dem Ritt auf dem Tiger gleicht, repräsentiert die kluge, hoch schwangere Polizeichefin von Brainard County, Marge Gunderson, das Realitätsprinzip. Anders als die Protagonistin Abby in *Blood Simple* (1984), die einen wesentlichen inneren Anteil an den Verbrechen der Männer hatte, die alle zu Tode kommen, während sie selbst überlebt, ist Marge nicht Teil des Verbrechens der Männer, die zu Tode kommen. Sie verfolgt aufmerksam das Treiben Jerrys, der überall seine Spuren hinterlässt. Angekommen am Tatort der Morde an dem Streifenbeamten und den beiden Frauen formuliert sie sehr schnell die These, dass es sich bei dem Auto, in dem Carl und Gaear die entführte Jean zu ihrem Versteck im Wald bringen wollten, um ein gestohlenes Auto handeln muss, dass seine Händler-Nummernschilder nicht mit Überführungsschildern ausgetauscht wurden.

Auch Marge verletzt Erwartungen, die nämlich, die die Zuschauer an eine polizeiliche Autorität haben mögen. Ihr ungewöhnliches Outfit, ihre Uniform und die Polizeimütze mit dem Sheriffstern, die nicht zu ihrem hoch schwangeren Äußeren passen, vermitteln Humor. Anders als Jerry, der mithilfe seines verbrecherischen Plans seinem kleinbürgerlichen Leben entkommen will, stellt Marge über den Humor eben dieses Kleinbürgertum Minnesotas infrage. Bereits ihr erster Auftritt im Film, nachdem die Verbrechen, von denen ich weiter oben gesprochen habe, bereits begangen wurden, findet in einem kleinbürgerlich eingerichteten Zimmer statt. Während erneut die Titelmusik vom Beginn des Films, die Variation vom *Verlorenen Schaf* zu hören ist, wird das Innere eines Zimmers sichtbar, das mit der Musik wenig zu tun hat, wodurch Ironie und Komik unterstrichen wird, die sich diesmal um sie und ihren Mann Norm rankt. Zu sehen sind die Zeichnung eines Enterichs, Farbtöpfe mit Pinseln, aufgestapelte Bücher, auf Sockeln werden weitere Entenfiguren sichtbar. Jetzt erscheinen Norm, der Hobby-Maler, wie wir später erfahren, und Marge schlafend im Bett liegend. Als das Telefon klingelt, wird Marge vom Mord am Streifenpolizisten und den beiden Frauen unterrichtet. Dieses Wissen haben die Zuschauer bereits, die ja vorher zu Zeugen der Verbrechen in Form von »uneingeschränkter Narration« (Bordwell & Thompson, 2001, S. 71), wie die Filmtheorie es nennt, geworden sind.

In der letzten Szenensequenz des Films ist Marge Gundersons Humor besonders mitreißend gestaltet. Sie hat alle Morde aufgeklärt und auch Jerrys verbrecherischen Plan entschlüsselt. Zuletzt hat sie Gaear, der dabei war, Carl in der Häckselmaschine zu zerschreddern, verhaftet und ihn in einem vergitterten Polizeiwagen zum Gefängnis gebracht, nicht ohne sich darüber zu wundern, dass so viel Blutvergießen notwendig war, nur um zu Geld zu gelangen. Der Konvoi wird wie in der ersten Szene auf einer verschneiten Straße sichtbar, während erneut wie dort die Komposition Carter Burwells vom *Verlorenen Schaf* zu hören ist.

In der letzten Szene liegt Norm zunächst allein im Bett (Abb. 6). An ihrem Platz ist als Rückenkissen ein buntes gehäkeltes Kissen zu sehen. Als Marge neben ihm liegt, trägt sie eine Strickjacke über ihrem Nachthemd. Norm hat die Nachrichten im Fernsehen gehört und kommentiert nun seine Neuigkeiten. »Sie haben es gebracht«, sagt er zu Marge gewandt. Wer nun glaubt, dass er sich damit auf die erfolgreiche Arbeit Marges bezieht, wird in seinen Erwartungen verletzt: Norm teilt ihr sichtlich frustriert mit, dass sein Entenentwurf nur für die Drei-Cent-Briefmarke gewählt worden ist. Sein Rivale habe mit seinem Entwurf für die wichtige 29-Cent-Briefmarke gewonnen. Marge tröstet ihn, dass bei jeder Erhöhung, die die Post vornehme, man 3-Cent-Briefmarken brauche. Er reagiert darauf zufrieden, umso mehr als Marge ihm sagt, dass sie ihn bewundere.

Diese letzte Szene, die nicht zu Marges Einsatz bei der Aufklärung der Morde passt, verbannt auf eine ironische Weise die Verbrechen in das Reich der Fiktion. Dass die Fahrt Marge Gundersons mit ihrem Gefangenen Gaear im Bild und mit der Musik aber exakt die erste Szene wiederholt, lässt die Vermutung zu, dass es immer wieder ein neues Fargo geben wird.

Literatur

Bordwell, D. & Thompson, K. (2001). *Film Art. An Introduction.* New York: Mac Graw-Hill.

Burwell, C. (2007 [2003]). Composing for the Coen Brothers. In Sider, L., Freeman, Q. & Sider, J. (Hg.). *Soundscape* (S. 195–208). London: Wallflower.

Edward, L. (1846). *The Book of Nonsense.* London.

Lachmann, F. (2010 [2008]). *Narzissmus verstehen und verändern.* Frankfurt: Brandes & Apsel.

Poland, W. (1990). The gift of laughter. *Psa Quart, 59,* 197–225.

Abb. 6

O Brother, Where Art Thou?

Spielen mit der literarischen Vorlage

Peter Bär

Der achte Film der Coen-Brüder *O Brother, Where Art Thou?*[1] (2000), im deutschen Untertitel auch als *Eine Mississippi-Odyssee* bezeichnet, folgt seinen Protagonisten Ulysses (George Clooney) und dessen beide Gefährten Pete (John Turturro) und Delmare (Tim Blake Nelson) als Kettensträflinge auf der Flucht aus einer Chain Gang in die Heimat und zu einem angeblich dort vergrabenen, tatsächlich aber nicht existenten Schatz.

Die Parallelen zur *Odyssee* Homers sind unverkennbar und werden auch durch das Zitat der ersten Zeilen der *Odyssee*[2] am Anfang des Films bewusst angesprochen.

Die folgende Spurensuche nach den einzelnen Episoden des Epos im Film stellt keine Analyse und erst recht keine psychoanalytische Interpretation des Filmes dar, sondern will deskriptiv die konstruktive und originelle Arbeitsweise der Coens beim Drehbuchschreiben verdeutlichen. Die Kenntnis einer komplexen und bewussten Konstruktion der Filme, die man zwar ahnt, in ihrer Tiefe aber auch bei wiederholtem Sehen nicht vollständig erfasst, muss Grundlage einer jeden Interpretation und Analyse sein.

Die Coens wählen sich in der Regel ein Thema (z.B. *Fargo:* die Kälte und Spießigkeit Ihres Heimatstaates, *Barton Fink:* Hollywood und Film

1 Der Titel des Films stammt aus dem Film *Sullivans Travel* von Preston Sturges aus dem Jahre 1941. Er erzählt die Geschichte eines Hollywood-Regisseurs (Joel McCrea), der als Nächstes, statt wie bisher erfolgreiche Musical-Komödien, ein Sozialdrama inszenieren will. Als Tramp verkleidet reist er zu Recherchezwecken durch die Lande und erlebt das Elend der Landarbeiter und einfachen Leute in Folge der großen Depression in den 30er Jahren. Er wird niedergeschlagen und verliert sein Gedächtnis, gerät in einen Streit und wird zu langjähriger Haft und Zwangsarbeit in einer Chain Gang verurteilt. Durch glückliche Umstände erlangt er sein Gedächtnis wieder und wird rehabilitiert, hat aber durch das Erlebnis einer Filmveranstaltung in einer Kirche, die die Häftlinge besuchen durften, die Erkenntnis gewonnen, dass den Armen und Elenden mehr mit einer Komödie, die ihnen hilft, ihren Alltag zu vergessen, geholfen werden kann als mit der naturalistischen Darstellung ihrer Situation. Der Film, den er ursprünglich hat drehen wollen, nun aber doch nicht realisiert, sollte *O Brother, Where Art Thou?* heißen. Darin spielt die Frage »Where art Thou?« – in altem Englisch, wie es zu Zeiten Shakespeares gesprochen wurde – auf Zitate aus der Bibel an, als Gott nach dem Sündenfall Adam sucht (1 Moses 3,9), und etwas später nach dem Brudermord, als er Kain nach seinem Bruder fragt: »*Where is Abel thy brother?*« (1 Moses 4,19).

2 Die ersten Zeilen der Homer'schen Odyssee: »*Sage mir, Muse, die Taten des vielgewanderten Mannes, welcher so weit geirrt...*«.

noir, *The Man Who Wasn't There:* der Existentialismus, *Inside Llewyn Davis:* die Folkmusik vor Dylan, *O Brother, Where Art Thou?:* die Musik der Südstaaten der 30er Jahre), wählen hierzu passend immer einen anderen US-Staat (Wisconsin, Kalifornien, Texas, Mississippi …) und plündern Literatur-, Philosophie-, Musik- und Filmgeschichte, um ihre Filme gezielt zu konstruieren. Sie stricken Episoden ihrer Protagonisten entlang einem eher dünnen roten Faden, wobei diese Episoden genial konstruiert, humorvoll gestaltet und meist originell ausgestaltet sind. D. h. die als wahre Autoren anzusehenden Brüder sammeln Material, das sie für ihre Geschichten nutzen können und dafür so kunstvoll variieren, dass sie im Vorspann nur noch darauf hinweisen müssen oder können, dass das Drehbuch »auf Motiven von …« basiert.

Bei *O Brother, Where Art Thou?* ist der Umgang mit dem Epos besonders einfallsreich, bleibt es nicht bei einem oberflächlichen Bezug. Vielmehr hat das Brüderpaar sich die gesamte *Odyssee* vorgenommen und diese ebenso respektlos wie originell für ihre Geschichte umgearbeitet. Es ist geradezu spannend, wenn man nachvollzieht und analysiert, wie die Coen-Brüder mit dem mythischen Stoff umgehen, wie sie die gesamte *Odyssee* bearbeiten, Personen und Episoden zitieren, dabei verändern, umkehren oder bis zur Persiflage ironisieren und so ein neues Narrativ entwickeln, das gleichermaßen originell ist, wie es auch dem Epos entspricht und sämtliche Abenteuer des mythischen Odysseus zitiert, diese dabei aber teilweise bis zur Unerkennbarkeit verfremdet.

Ulysses ist wie sein über 2500 Jahre altes Vorbild ein Abenteurer, ein Herumtreiber und ein geborener Anführer, der sagt, wo es langgeht. Er ist aber auch ein Großmaul, ein selbstverliebter Blender, der sich viel auf seinen Einfallsreichtum einbildet – eine wenig respektvolle, aber durchaus nicht abwegige Interpretation, die bei einem weniger heroisierenden Chronisten als Homer auch auf den historischen Odysseus passen würde, denn wer – außer dem Abenteurer selbst, der alles erlebt haben will, aber keine Gefährten als Zeugen mehr mit nach Hause gebracht hat – verbürgt uns eigentlich, dass er nicht ein Vorfahre von Baron von Münchhausen ist?

Während die Figur des Odysseus in eine vorgegebene Richtung etwas verschoben fortgeschrieben wird, kehren die Coen-Brüder die Figur der Penelope in ihr Gegenteil um. Penny (Holly Hunter) ist nicht nur die amerikanische Kurzform des Namens der Gattin des Helden, sondern bezieht sich zugleich auf das amerikanische Geld und gibt damit das neue Rollenverständnis vor: Penny ist gerade nicht die treue Penelope, die sich der Freier erwehrt, indem sie einen Teppich webt und nächtens das Gewebte wieder aufknüpft, um nicht fertig zu werden und damit einen der Freier nehmen zu müssen. Penny hat sich pragmatisch von Ulysses scheiden lassen, um eine »gute Partie« zu heiraten. Sie muss aber auch nicht nur einen erwachsenen Sohn, sondern gleich sieben kleine Mädchen durchbringen, was im Staate Mississippi in den 30er Jahres des 20. Jahrhunderts nicht einfach ist, wenn der Vater im Gefängnis sitzt. Der Umkehrung der Rolle von Penelope und ihres Kindersegens entspricht, dass Ulysses im Faustkampf gegen den neuen Freier von Penny eine herbe Niederlage einstecken muss und nur mit Glück, List und gesellschaftlicher Rehabilitierung zum Schluss seine Penny wider in seine Arme schließen darf.

Aber verfolgen wir die Abenteuer des Ulysses auf seiner Mississippi-Odyssee der Reihe nach und vergleichen sie mit den Abenteuern des Odysseus, von denen wir alle zwölf in willkürlicher Reihenfolge wiederfinden.

Zu Beginn unmittelbar nach der Flucht stehlen die Flüchtigen auf einer Farm Hühner (Abb. 1), so wie Odysseus' Gefährten das Volk der Kikonen ausplünderten.

Dann versuchen die drei Häftlinge, noch mit Ketten aneinander gebunden, einen Güterzug zu entern, um möglichst schnell von den Aufsehern wegzukommen. Dabei schafft es Pete nicht, auf den langsam fahrenden Zug zu klettern, stolpert und reißt die an ihn geketteten Gefährten wieder zurück (Abb. 2), so wie Odysseus immer wieder vom Sturmgott Äolus, dem Schwager des Meeresgottes Poseidon, den er in seiner Anmaßung beleidigt hatte, mit neuen Winden von Ithaka weggetrieben wurde.

Entlang den Gleisen gehend begegnen Ulysses und seine Gefährten einem blinden Draisinenfahrer (Abb. 3), der ihnen – wie der blinde Seher Teiresias Odysseus und seinen Gefährten – die abenteuerliche Zukunft voraussagt.

Abb. 1

Abb. 2

Abb. 3

Ihrer Ketten entledigen können sich die Helden bei Petes Vetter Walsh Hogwallop, Eigentümer einer durch die Wirtschaftskrise und Dürre völlig heruntergekommenen Farm (Abb. 4). Er entspricht Alkinoos, dem König der Phäaken, nach Homer einem glücklich und sorglos lebenden Seefahrervolk. Wie Alkinoos bewirtet Walsh seine Gäste, nur dass das Mahl aus den Resten des vor Wochen geschlachteten letzten Pferdes stammt. Er hat auch keine Tochter Nausikaa, sondern einen etwa achtjährigen Sohn, der aber wie Nausikaa die Reisenden als Erster empfängt und dann zum Hof bringt, wo die Flüchtigen – wie Odysseus am Hof der Phäaken – beim Mahl ihre Geschichten erzählen müssen.

In der Nacht werden sie unsanft geweckt, weil Vetter Walsh (anders als Alkinoos) sie an Sheriff Cooley (Daniel von Bargen) (Abb. 5) verraten hat. Mit seiner Sonnenbrille, in der sich das Feuer spiegelt, entspricht der Sheriff Hades, dem unerbittlichen Gott der Unterwelt. Er führt einen Bluthund mit sich, der unschwer als Cerberus zu identifizieren ist. Zusammen mit einer Polizeitruppe hat er die Scheune, in der die drei Flüchtigen schlafen, umstellt und stellt sie vor die Wahl, sich zu ergeben oder ausgeräuchert und erschossen zu werden, die typische Wahl zwischen zwei gleichwertigen Übeln, bei Homer die zwischen dem mehrköpfigen Ungeheuer Skylla und dem alles verschlingenden Schlund Charybdis, zwei Todesgefahren, zwischen denen Odysseus sein Schiff hindurch steuern musste. Die Flucht gelingt mithilfe von Walshs Sohn, den die Gefährten dann aber (wie Odysseus Nausikaa) zurücklassen.

Während eines Streits darüber, wie es weitergehen soll und dass der Listenreiche eine Uhr bei Vetter Walsh gestohlen hat, hören die drei Freunde den Gesang einer Gruppe von Baptisten (Abb. 6), die sich in einem Fluss taufen lassen, womit ihnen alle Sünden vergeben werden. Sie entsprechen dem Volk der Lotopha-

Abb. 4

Abb. 5

Heimat und den Zweck ihrer Landung auf der Insel vergaßen.

Kurz nach diesem Rauscherlebnis, das vor allem Delmare genossen hat, treffen sie an einer Kreuzung den schwarzen Gitarristen Tommy Johnson (Chris Thomas King). Mit ihm kommt ein ganz anderer, ein amerikanischer Mythos ins Spiel, der des legendären Bluesmusikers Robert Johnson (1911–1938): Er spielte den Blues so gut, dass die Legende aufkam, er habe an einem Kreuzweg seine unsterbliche Seele dem Teufel verkauft.[3] Tommy erweitert das Trio zu einem Quartett, das die Reise fortsetzt.

Tommy will zu einer Radiostation, wo man Geld dafür bekommt, »dass man in eine Dose singt«. Die vier Freunde finden die Station, behaupten spontan, eine Folkband, die »Soggy Bottom Boys« zu sein und nehmen einen Folksong *A Man of Constant Sorrow*[4] auf (Abb. 7).

Abb. 6

gen, der Lotosesser. Der Lotos ist nach Herodot eine dattelartige Frucht mit berauschender Wirkung. Diese Wirkung entspricht – zumindest nach Karl Marx – der »Betäubung« durch die Religion. Und die Vergebung der Sünden entspricht dem Vergessen der Gefährten von Odysseus, die nach dem Konsum des Lotos ihre

3 Walter Hill hat diesen Mythos in seinem Film *Crossroads* (1986) angesprochen und aktualisiert. Die Coen-Brüder zitieren den Film im Narrativ wie im Bild der Kreuzung zweier Landstraßen.

4 Der Song spielt auf das Homer-Zitat zu Beginn des Films an (Fn. 2), in dem im weiteren Verlauf Odysseus als der Mann »unendlichen Leidens« besungen wird.

Der blinde (!) Toningenieur (Abb. 8) ist begeistert und sorgt – wie der blinde Homer für den Ruhm seines Helden – für den Ruhm der Sänger, indem er den Song auf Schallplatte und im Radio veröffentlicht, ohne dass die Vier dies zunächst mitbekommen. Vor der Radiostation begegnen die Helden erstmals Menelaos (!) Pappy O'Daniel (Charles Durning) (Abb. 9), dem Gouverneur von Mississippi, der sich zur Wiederwahl stellt und über Rundfunk seine Anhänger mobilisieren will.[5] geblich von Ulysses vergrabenen Schatz, den sie ausgraben und teilen wollen, als der Sheriff sie aufstöbert. Tommy macht sich aus dem Staub, die anderen drei können auch wieder einmal entkommen, verlieren aber den Wagen, den sie mit dem Geld für die gestohlene Uhr gekauft hatten. Am nächsten Tag wieder zu Fuß unterwegs werden sie von George Nelson (Michael Badalucco)[6] (Abb. 10) mitgenommen, der ebenfalls auf der Flucht ist. Der neue Gefährte ist etwas durchgeknallt. Er

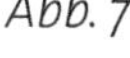

Abb. 7

Abb. 9

Abb. 8

Abb. 10

Später am nächtlichen Lagerfeuer – auf einer waagrecht liegenden griechischen Säule sitzend – träumen die Flüchtlinge von dem an- raubt »zum Spaß« Banken aus und schüttelt die verfolgende Polizei ab, indem er Rinder

5 Lee Pappy O'Daniel (1890–1969) war Gouverneur (1938–1942) und Senator (1942–1948) nicht in Mississippi, sondern in Texas und wie die Figur im Film ein reicher Mehlfabrikant, der schon in den 30er Jahren mit der »Pappy O'Daniel-Show« das Radio gleichermaßen für Werbung und politische Popularität nutzte. Er trat u. a. mit einer Folkgruppe »Hillybilly Boys« auf.

6 George »Baby Face« Nelson, eigentlich Lester Joseph Gillis (1908–1934), war ein berühmter Bankräuber, allerdings nicht in Mississippi, sondern in Chicago. Er endete aber nicht auf dem elektrischen Stuhl, sondern im Kugelhagel der Polizei und erscheint in einigen Filmen als quasi-mythischer Gangster, so in *Dillinger* (1945) von Max Nosseck, in *Baby Face Nelson* (1957) von Don Siegel und in *Public Enemies* (2009) von Michael Mann.

Abb. 11

erschießt und damit die Straßen blockiert. Dies spielt auf die Episode an, in der Odysseus' Gefährten entgegen seinem Gebot die Rinder des Sonnengottes Helios töten und damit einmal mehr den Zorn der Götter auf sich ziehen. Einige Abenteuer später in der Stadt begegnen unsere Freunde George Nelson wieder. Er wurde verhaftet und wird von den Bürgern im Triumph durch die Stadt geführt. Dem Zug folgt ein Rind. Auf Nelson wartet der elektrische Stuhl, eine angemessene Strafe für den Mörder der Rinder des Sonnengottes!

Auf ihrer weiteren Fahrt – wieder in einem gestohlenen Auto – begegnen die drei Flüchtlinge drei Sirenen (Abb. 11), die mit ihrem Gesang, einem Schlaflied (!), und weiblichem Charme bei den drei Helden erotische Gelüste wecken. Sie entsprechen zugleich der Königin Circe, denn wie diese betäuben sie die Gefährten mit einem Getränk. Am folgenden Morgen ist Pete verschwunden, und aus seinen abgelegten Kleidern hüpft ein Frosch, was Delmare sofort auf den Gedanken bringt, die Circen/Sirenen hätten Pete in dieses Tier verwandelt, wie Circe es mit Odysseus' Gefährten getan hat.

Delmare nimmt Frosch »Pete« in einer Schuhschachtel mit in ein Lokal, in dem eine Büste von Homer eine Ecke dekoriert und Menelaos »Pappy« O'Daniel speist. Von George Nelson haben sie noch etwas Geld aus einem Bankraub bei sich und geben damit an, was Big Dan Teague (John Goodman) (Abb. 12) veranlasst, sie anzusprechen. Aufgrund der Größe und Körpermasse des Schauspielers John Goodman und seiner Augenklappe ist er unschwer als einäugiger Riese Polyphem zu identifizieren. Er lädt die beiden verbliebenen Flüchtlinge zu einem Picknick ins Grüne ein, in dessen Verlauf er den vermeintlich in einen Frosch verwandelten Pete zerquetscht und die anderen beiden niederschlägt und beraubt.

Etwas später begegnen die Helden Polyphem erneut, diesmal als Ku-Klux-Klan-Führer, wobei dieser Geheimbund wohl dem gewalttätigen Volk der Riesen entspricht. Odysseus schleudert

Abb. 12

eine Fahnenstange nach ihm. Entgegen allen Erwartungen wird Polyphem aber nicht durch die Stangenspitze in seinem einzigen Auge geblendet. Es gelingt ihm vielmehr, die Stange Zentimeter vor sich abzufangen, (Abb. 13) um dann aber von einem brennenden Kreuz erschlagen zu werden – ein typischer Gag der Coen-Brüder: Primäre Erwartungen werden unterlaufen, mit Verzögerungen wird Spannung aufgebaut, um dann doch die Erwartungen des Zuschauers zu bedienen, allerdings nicht, wie zunächst gedacht, sondern in einer Variation.

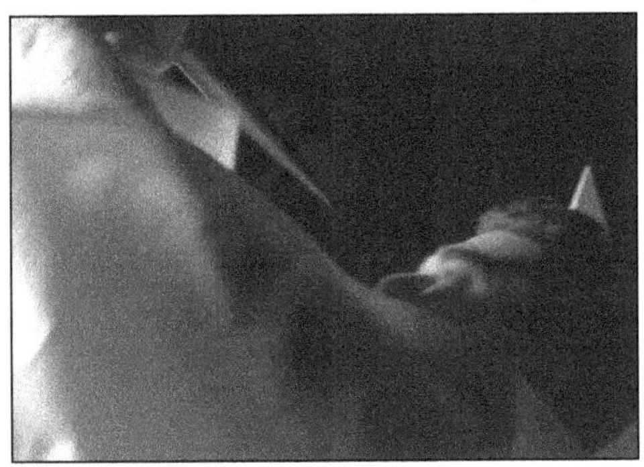

Abb. 13

Pete wurde, wie wir vor der Ku-Klux-Klan-Episode erfahren, keineswegs in einen Frosch verwandelt, sondern ist in die Hände des Sheriffs (Hades) geraten und findet sich in einer Chain Gang wieder. Die Gefangenen besuchen in Ketten eine Kinovorstellung – wie in dem Film *Sullivan Travels* –, in der auch Ulysses und Delmare sind und damit Pete wiedersehen. Das Kino ist hier die Welt der Schatten (Abb. 14), der Unterwelt vergleichbar, in die Odysseus hinabgestiegen ist. Ulysses und Delmare befreien Pete und stoßen mit ihm auf das Treffen des Ku-Klux-Klan, der den farbigen Tommy gefangen genommen hat und lynchen will, was die Freunde veranlasst, auch ihn zu befreien.

Abb. 14

So kommen alle vier wieder vereint in die Stadt, die Heimat von Ulysses. Dort trifft der Vater zunächst seine sieben Töchter (wie Odysseus zunächst Telemachos trifft). Bei Woolworth trifft er dann auch Penny und deren Verlobten, den »Freier« Vernon T. Waldrip, dem er aber im Faustkampf schmählich unterliegt (Abb. 15).

Abb. 15

Aber der Listenreiche lässt sich nicht einfach beiseite drängen. Mit seinen Freunden schleicht er sich – wie Odysseus – verkleidet in eine Wahlveranstaltung. Hier treten sie wieder als »Soggy Bottom Boys« auf und singen ihren inzwischen zum Hit avancierten Song *A Man of*

Constant Sorrow (Abb. 16). Das Publikum ist begeistert. Der Oppositionskandidat im Wahlkampf Homer Stokes, u. a. auch Ku-Klux-Klan-Mitglied, wie wir gesehen haben, begeht den Fehler, sich gegen die populäre Folkgruppe zu stellen, weil ein Schwarzer dazugehört. Er wird sofort von den Zuschauern abgestraft und mit ihm sein Wahlkampfmanager Vernon T. Waldrip (Pennys Freier). Demgegenüber hat der alte Gouverneur »Pappy« O'Daniel den richtigen Riecher, setzt auf die Gruppe um den listenreichen Ulysses und macht diesen zu seinem Berater. Damit ist Ulysses wieder eine »gute Partie« und gewinnt Penny zurück.

Abb. 16

Neben der verballhornten Rückkehr von Odysseus zeigen uns die Coen-Brüder in ironischer Form eine frühe Form des amerikanischen Wahlkampfs, in dem mittels der Medien und medial populärer Figuren weitaus mehr Stimmen zu gewinnen waren als mit politischen Positionen und Wahlkampfstrategien.

Zu guter Letzt geraten die Freunde nochmals in die Hände von Sheriff Cooley (Hades), der nicht glauben will, dass die Straftäter vom Gouverneur begnadigt wurden, und der sie aufknüpfen will. Da kommt ihnen die Flut eines geöffneten Stauwehrs zu Hilfe. Diese Flut spült alles hinweg und zeigt die Helden erstmals – wie Odysseus mit seinen Gefährten nach einem Schiffbruch – in einer unendlichen Wasserwüste schwimmend (Abb. 17). In dieser erscheint auch – wie vom Draisinenfahrer vorhergesagt – eine Kuh auf einem Hausdach. Wie die vier Freunde diese Sintflut überleben, verschweigt uns allerdings das Brüderpaar.

Abb. 17

Im Schlussbild sehen wir nur noch Ulysses mit Penny und den Kindern. Die Überflutung des Tals zu einem Stausee diente der Elektrifizierung, wodurch sich Ulysses den Anbruch einer neuen Zeit verspricht. Der »alte Süden«, den wir gesehen und dessen Lieder wir gehört haben, wird sich ändern. Auf einem einzelnen Gleis, das die Familie überquert, sehen wir Teiresias, den Draisinenfahrer, in die Tiefe des Bildes verschwinden.

Es bleibt darauf hinzuweisen, dass mit der Analyse der Adaptation der *Odyssee* keineswegs der gesamte Gehalt des Films ausgeschöpft ist. Sein eigentliches Hauptthema ist die Kultur und insbesondere die Musik des amerikanischen Südens. Dies zusätzlich darzustellen, hätte den Rahmen des Aufsatzes gesprengt. Ansonsten ist der Film – wie ansatzweise in den Fußnoten gezeigt – gespickt mit historischen und politischen Anspielungen und solchen aus der Literatur und Filmgeschichte. Insgesamt haben die Coen-Brüder in *O Brother, Where Art Thou?* ihr Sampeln und Spielen mit Zitaten und Episoden, dem Auftritt von historischen Figuren wie auch mit phantastischen Wendungen zu einem ersten Höhepunkt getrieben. Einen weiteren Höhepunkt haben sie mit ihrem 16. Film *Inside Llewyn Davis* (2013) geliefert, wieder einem Musikfilm, diesmal um die Folkszene der späten 50er und frühen 60er Jahre in New York.

Mann ohne Eigenschaften

Das Subjekt als Leerstelle in *The Man Who Wasn't There*

Christiane Mathes

Being the barber

Wie so oft in den Filmen von Joel und Ethan Coen beginnt auch *The Man Who Wasn't There* (2001) mit einer Voice-Over-Erzählung. Von Anfang an lässt die Art, wie sich die Hauptfigur Ed Crane, zu dem diese Stimme aus dem Off gehört, selbst vorstellt, keinen Zweifel an dem, was bereits der Titel suggeriert – Ed Crane ist in seinem eigenen Leben seltsam abwesend. Ja, er arbeite in einem Friseurladen, erzählt er, aber er habe sich nie wirklich als Friseur gesehen. Er sei da reingestolpert, habe reingeheiratet, um genau zu sein. Sein Monolog endet mit: »Me, I don't talk much. I just cut the hair.« Jetzt erst erhaschen wir einen ersten kurzen Blick auf Ed Crane, verkörpert von Billy Bob Thornton, der schweigsam und gleichmütig seiner Arbeit nachgeht, eine brennende Zigarette im Mundwinkel hängend. Zugleich werden wir in dieser Sequenz mit der Einförmigkeit seiner Arbeit vertraut gemacht, den standardisierten Haarschnitten, den sich unablässig wiederholenden Handgriffen.

Ed identifiziert sich nicht mit seinem Beruf, empfindet keine Begeisterung für seine Tätigkeit, und doch ist seine Profession das Einzige, was ihn auszumachen scheint. Sein häusliches Leben beschreibt Ed so nüchtern, als würde er aus einem Katalog für modernes Wohnen vorlesen, und seine Frau Doris (Frances McDormand) fügt sich in diese Aufzählung so unaufgeregt ein wie ein weiteres Haushaltsgerät. Für jeden ihrer Filme erschaffen die Coens eine ganz eigene, skurrile Welt, und *The Man Who Wasn't There* ist einerseits eine tiefe Verbeugung vor dem Film noir, aber genauso sehr eine liebevolle Hommage an das Kleinstadt-Amerika der Vierziger, das geordnete Leben mit technischen Annehmlichkeiten, die bedächtige Normalität der kleinen Leute, und ist damit auch wieder eines der *Period Pieces* der Brüder. Auf einer weiteren Ebene referiert diese Kleinstadt-Idylle auf Alfred Hitchcocks *Shadow of a Doubt* (1943), für den ebenfalls das beschauliche Städtchen Santa Rosa in Californien als »nostalgic small town fantasy« (Ebert, 2011) inszeniert wurde.

In seine Ehe ist Ed hineingeschlittert, weil Doris es ganz pragmatisch beschlossen hat, nachdem sie sich nur kurze Zeit kannten. Ihr habe es gefallen, dass er nicht viel rede, erläutert Ed, und was gebe es schon mehr zu wissen. Es wird bereits in diesen ersten Minuten deutlich, dass Ed andere sein Leben steuern lässt, andere für ihn die Entscheidungen treffen und er sich passiv allem fügt. Doch der eintönige Alltag dieses Lebens, das er nicht gewählt hat, wird für Ed zur Falle. Ein subtiler Kameraschwenk noch im Friseurladen stellt einen Ausweg in Aussicht, ein neben dem Spiegel hängender Zeitungsausschnitt verspricht die Möglichkeit, ein neuer Mann zu werden. Bevor Ed jedoch überhaupt ein neuer Mann werden kann, stellt sich zunächst die Frage nach seinem aktuellen Status als Person und handelndem Subjekt der filmischen Diegese.

Eine der Grundthesen des Existentialismus Sartre'scher Prägung ist, dass die Existenz der Essenz vorausgeht, d.h. der Mensch existiert zuerst und wählt daraufhin sein Wesen (Sartre, 1973, S. 9). An diese These knüpft das Konzept des Entwurfs an: Die Existenz des Menschen ist an gewisse materiell-reale Bedingungen, seine objektive Ausgangssituation gebunden. Dieses Möglichkeitsfeld determiniert das Individuum jedoch nicht vollständig, es steht vor der Wahl, sich als der zu bestimmen, der es sein will, und dadurch sein Möglichkeitsfeld zu überschreiten (Sartre, 1964, S. 74–79). Der Mensch entwirft sich somit auch auf eine intendierte Identität hin und wird erst durch die Realisierung seines Entwurfs zur Person: »Der Mensch ist nichts anderes als sein Entwurf, er existiert nur in dem Maße, in welchem er sich verwirklicht [...]« (Sartre, 1964, S. 75). Personale Identität ist für Sartre demnach etwas, das durch Handlung geschaffen wird, sich durch Wählen und Verwerfen von Möglichkeiten konkretisiert und bedarf der stetigen Aktualisierung mit jeder Handlung. Sie ist somit nichts Festgesetztes, sondern kontinuierlich im Werden.

Zu Beginn des Films verharrt Ed Crane im Stadium der reinen Existenz – er hat es versäumt, sein Wesen selbst zu wählen, stagniert innerhalb seines Möglichkeitsfeldes, das ihm von außen übergestülpt wurde, und unternimmt zunächst keinerlei Handlungen, um dieses Feld, den Friseurladen, zu überschreiten. Seine fremdbestimmte Existenz ist allein durch seinen Beruf definiert, überall wird er nur als der Friseur identifiziert. Und außer seiner Profession und schweigsamem Kettenrauchen gibt es auch nicht viel mehr Anhaltspunkte, um Ed zu beschreiben – er ist ein Mann ohne Eigenschaften, ohne Interessen oder Leidenschaften. Er ist der Inbegriff stoischer Teilnahmslosigkeit, ein Platzhalter für ungelebtes Leben.

Auf eine Zigarette mit Ed Crane

Nicht einmal leibliche Bedürfnisse, geschweige denn Begierden, scheint Ed zu haben, er wirkt fast entkörperlicht. Man sieht ihn nie essen, er trinkt höchstens bescheiden einen Kaffee, weder für seine Frau noch für die klavierspielende Lolita Birdy (Scarlett Johansson) empfindet er Attraktion, und die Avancen des homosexuellen Creighton Tolliver (John Polito), der sich ihm in einem Hotelzimmer offeriert, rufen bei Ed nicht einmal Irritation hervor. Doch gibt es durchaus Momente asexueller Zärtlichkeit zwischen Ed und Doris, wenn er ihr in der Badewanne die Beine rasiert und sie an seiner Zigarette ziehen lässt. Die Zigarette in Eds Mundwinkel ist allgegenwärtig, und das Rauchen passt als Tätigkeit vollends zu Ed, für den alles Körperliche befremdlich zu sein scheint, ist es doch von gänzlich ätherischer Nicht-Körperlichkeit und Ed als Person etwa so greifbar wie Rauch.

Aber natürlich ist *The Man Who Wasn't There* auch ein genüsslicher Rückbezug auf eine Zeit, in der es nichts Ungewöhnliches war, dass in Filmen exzessiv gequalmt wurde. Filmkritiker Roger Ebert (2001) beschrieb Billy Bob Thorntons Darstellung des Ed Crane als »a study in sad-eyed, mournful chain-smoking, the portrait of a man so trapped by life he wants to scream«. So wird die unerträgliche Monotonie von Eds Dasein einzig durch die Kippe, an der er sich beständig festhält, gemildert, fast schon ist das Rauchen Eds einziger Ausdruck von In-der-

Welt-Sein. Die Verschmelzung von Ed und seiner Zigarette zu einer Einheit, das Rauchen als sein charakteristisches Merkmal, erinnert an Sartres Bild aus *Das Sein und das Nichts* (1943) des lesenden Menschen, der sich im Blick des Anderen mit seinem Buch zu einem Objekt verbindet:

> »Zwischen seinem Buch und ihm erfasse ich eine unleugbar distanzlose Beziehung […]. Aber diesmal hat sich die Gestalt über sich selbst geschlossen: ich habe einen vollen Gegenstand zu erfassen. Mitten in der Welt kann ich sagen ›lesender Mensch‹, wie ich sagen würde ›kalter Stein‹, ›Nieselregen‹: ich erfasse eine geschlossene ›Gestalt‹, deren wesentliche Eigenschaft das Lesen bildet und die […] mit dem Rest der Welt in einer bloßen Beziehung indifferenter Exteriorität zu sein scheint.« (1993, S. 462f.)

Ebenso bildet Ed mit seiner Zigarette eine geschlossene Gestalt und gerät immer etwas aus der Fassung, wirkt noch verlorener als üblicherweise, wenn sein Feuerzeug den Dienst versagt oder er darauf hingewiesen wird, dass das Rauchen nicht erlaubt ist, was oft einhergeht mit der Frage, wer Ed denn sei, also der Thematisierung seiner Identität. Bildet einerseits das Rauchen Eds wesentliche Eigenschaft, so ist er andererseits für die ihn Wahrnehmenden untrennbar mit seinem Friseurkittel verbunden, wird er im und durch den Blick der Anderen zum Objekt »Friseur«. Solange Ed sich nicht durch einen eigenen Entwurf als Subjekt verwirklicht, bleibt er auf diese Objektposition reduziert und ist als Subjekt der Filmhandlung abwesend, eine Leerstelle.

Becoming a new man

Die Chance, aus seinem Möglichkeitsrahmen des Friseurladens auszubrechen, bietet sich Ed, als eines Tages der windige Geschäftsmann Creighton Tolliver herein kommt und von der Idee berichtet, eine chemische Reinigung zu eröffnen. Tolliver sucht einen stillen Partner, und wer wäre dafür besser geeignet als Ed Crane. Von Billy Bob Thornton zu seiner Rolle befragt, antwortete Joel Coen nur ganz trocken: »It's about a barber who wants to be a dry cleaner.« (Gaughran, 2012, S. 236) Sogar Eds Träume sind bescheiden, um nicht zu sagen einfallslos, ist es doch nicht sein eigener Traum, den er verwirklichen möchte, sondern der eines anderen, und nur der erstbeste Ausweg für ihn. Diesen Ausweg sucht Ed anscheinend so dringend, dass er nicht einmal argwöhnisch reagiert, obwohl er schon durch das unechte Haarteil wittern müsste, dass Tolliver ein Blender und Betrüger ist. Zwar hat Ed kurz Zweifel, aber die Zeit scheint reif, etwas zu riskieren: »My first instinct was – no, no, the whole idea was nuts. But maybe that was the instinct that kept me locked up in the barbershop, nose against the exit, afraid to try turning the knob.« Hier wird erstmals deutlich, dass sich unter Eds phlegmatischer Oberfläche nicht Gleichgültigkeit, sondern still schwelende Verzweiflung und das Gefühl des Gefangenseins verbergen. Sich für die Teilhaberschaft an der Reinigung zu entscheiden und diesen Plan mit allen Mitteln zu verfolgen, ist das Erste, was Ed selbst bewusst für sich wählt.

Ed Crane ist einer der typischen Anti-Helden der Coen-Brüder, ein gutmütiger Verlierer, ein menschlicher Fußabtreter, der keinem etwas Böses will, dem aber übel mitgespielt wird. Einer, der übergangen und ignoriert wird, was immer er tut, wie auch »Donny« (Steve Buscemi) in *The Big Lebowski* (1998), der förmlich bei jedem Satz, den er äußert, von Walter (John Goodman) nur angebrüllt wird, er solle gefälligst den Mund halten. So weiß Ed um die Affäre seiner Frau Doris mit ihrem Chef im Kaufhaus Nirdlinger, Big Dave Brewster (James

Gandolfini), macht aber nicht viel Aufhebens darum. Dass ihn dieses Verhältnis doch nicht so kalt lässt, muss er sich lakonisch eingestehen, als er sich entschließt, seinen Anteil für die Reinigung von Big Dave mit der Drohung zu erpressen, die Liebschaft publik zu machen. Ed hat also sehr wohl Gefühle, nur hat er Schwierigkeiten, Zugang zu diesen zu finden; seine vermeintliche Emotionslosigkeit resultiert letztlich aus einem fehlenden Bewusstsein für sich selbst.

Auch Ed ereilt das gnadenlose Schicksal jener fatalistischen Coen-Helden, die sich aus ihrer beengten Situation befreien wollen, wie Jerry Lundegaard (William H. Macy) in *Fargo* (1996), dabei aber die Konsequenzen nicht durchdenken und von diesen unerbittlich eingeholt und überrollt werden. Die Coens hegen in all ihren Filmen eine tiefe Zuneigung für den *kleinen Mann* der durch eine verhängnisvolle Kombination aus äußeren Umständen und falschen Entscheidungen zum Verbrecher wird, sind jedoch auch in keiner Weise geneigt, ihm das Schlimmste zu ersparen. Eds nächste selbstbestimmte Handlung, das Schreiben des Erpresserbriefs, setzt eine unheilvolle Kettenreaktion in Gang, und nun läuft alles seelenruhig auf die unvermeidliche Katastrophe zu. Die Erpressung legt den Grundstein für einen Noir Plot, der von nun an die Erzählung unmerklich durchsetzt.

Mit dem Versuch durch bewusstes Handeln seinen Möglichkeitsrahmen zu überschreiten, verändert sich Ed, man erkennt erste Anzeichen von Selbst-Bewusstsein, plötzlich hinterfragt er seine Tätigkeit, sinniert über das Wachsen der Haare: »I mean, it's growing, it's part of us. And we cut it off. And throw it away.« Ed wird plötzlich die Sinnlosigkeit des Kreislaufs vom Wachsen und Schneiden der Haare gewahr. Dies erinnert an die mythologische Figur des Sisyphos, am trefflichsten wohl von Albert Camus in *Der Mythos von Sisyphos* (1943) auf den modernen Menschen übertragen: »Die Götter hatten *Sisyphos* dazu verurteilt, unablässig einen Felsblock einen Berg hinaufzuwälzen, von dessen Gipfel der Stein von selbst wieder herunterrollte. Sie hatten mit einiger Berechtigung bedacht, dass es keine fürchterlichere Strafe gibt als eine unnütze und aussichtslose Arbeit.« (1989, S. 98; Hervorh. im Orig.)

Wie Sisyphos seinen Fels rollt, so schneidet Ed Crane tagein tagaus Haare, die immer und immer wieder nachwachsen, eine nötige, aber auch vollkommen absurde Tätigkeit. Quälend wird dieser Zustand für Ed erst, als er ein Bewusstsein für sich und sein Leben entwickelt:

> »Dieser Mythos ist tragisch, weil sein Held bewußt ist. Worin bestünde tatsächlich seine Strafe, wenn ihm bei jedem Schritt die Hoffnung auf Erfolg neue Kraft gäbe? Heutzutage arbeitet der Werktätige sein Leben lang unter den gleichen Bedingungen, und sein Schicksal ist genauso absurd. Tragisch ist es aber nur in den wenigen Augenblicken, in denen der Arbeiter bewußt wird. *Sisyphos*, der ohnmächtige und rebellische Prolet der Götter, kennt das ganze Ausmaß seiner unseligen Lage: über sie denkt er während des Abstiegs nach.« (1989, S. 99)

Eds Streben nach mehr reißt ihn aus seinem Dasein ohne Bedürfnisse heraus, konfrontiert ihn mit der unbequemen Freiheit zu wählen.

Der Erpresserbrief ist erst der Anfang auf Eds Reise die Abwärtsspirale hinunter: Wie unschwer zu ahnen war, verschwindet Tolliver mit dem Geld, und Big Dave entlarvt Ed schnell als den Erpresser. In der folgenden Szene im Büro des Kaufhauses Nirdlinger kommt es zur Konfrontation, und Big Dave stellt hier eine entscheidende Frage, die später im Film wiederkehren wird: »What kind of man are you?«

War Ed zu Beginn noch als Subjekt ein leerer Platzhalter, war er der Friseur, ohne es selbst gewählt zu haben, wählt er mit dem Plan, zum

(Mit-)Besitzer einer Reinigung zu werden, die Überschreitung seines Möglichkeitsrahmens, entwirft er sich als neuen Mann, wird aber durch seine Handlungen, durch die Möglichkeiten, die er realisiert, zum Erpresser und dadurch letztlich zum Mörder, wenn auch in Notwehr. Big Dave würgt und drückt ihn an die Glasscheibe des Büros, das Glas bricht, und in diesem Moment zerbricht auch etwas in Ed (Abb. 1). Ein kurzer Stich nur, mit dem Zigarrenmesser, das zuvor auffällig unschuldig auf dem Schreibtisch lag, dann bricht Big Dave röchelnd zusammen, windet sich in entwürdigender Haltung im Todeskampf, zuckend den Hintern in die Kamera gereckt. Das Sterben ist bei den Coens oft absichtlich lächerlich und in die Länge gezogen, grotesk und ohne Würde. Ed blickt bestürzt auf seine Hände, als hätten sie ohne sein Wissen gehandelt, noch vor einer Minute war ihr einziger friedfertiger Zweck das Haareschneiden, nun sind sie zu tödlichen Instrumenten geworden, hat Ed sich schuldig gemacht und dadurch sein Wesen weiter verfestigt.

Abb. 1

Film noir

In dieser Sequenz kippt die gesamte Stimmung des Films, schlägt nun auch die Handlung einen Haken zu einem waschechten Noir-Plot. Die typische Dreieckskonstellation wird invertiert, sind es doch nicht wie so oft Ehefrau und Liebhaber, die ein Mordkomplott gegen den unliebsamen Ehemann schmieden, sondern es ist der trottelige Ehemann, der versehentlich den Liebhaber umbringt und zusieht, wie seine Frau für das Verbrechen büßt. Wie schon für *Blood Simple* (1984) ließen sich die Coens wieder von der Hard Boiled-Literatur von James M. Cain inspirieren, in vielen Details verstecken sich Verweise auf dessen Romane (vgl. Palmer, 2012, S. 267f.). Zwar sucht man vergeblich die verführerische Femme fatale, findet aber die auch in Cains *Double Indemnity* (1943) vorkommende Zweiteilung von Frauencharakteren in eine moralisch Zweifelhafte, hier die untreue Ehefrau, und eine lieblich Unschuldige, hier Birdy (auch wenn diese letztlich nicht ganz so unschuldig daherkommt).

Die Neo-Noirs durchziehen von Anfang an das Œuvre der Coens, doch sticht *The Man Who Wasn't There*, der sich ganz in die Zeit und Atmosphäre der klassischen Phase des Film noir zurückversetzt, aus diesen Werken heraus. Ganz gleich aber, mit welchen Mitteln sie erzählen, mit welchem Stil sie spielen, die Brüder finden ihren speziellen, verschrobenen Zugang: Wie schon in *Fargo* sind es die kleinen Leute, die die Coens faszinieren, die ihrem eigenen betulichen Tempo gemäß ihrem Alltag nachgehen, doch kleiden sie diese unspektakuläre Geschichte in ein Schwarz-Weiß-Gewand von formvollendeter Eleganz.

Für *The Man Who Wasn't There* wurde Joel Coen unter anderem in Cannes für die beste Regie geehrt; mehrfach honoriert wurden außerdem Kameramann Roger Deakins für seine virtuose Kinematographie und Billy Bob

Abb. 2

Abb. 3

Thornton als bester Hauptdarsteller. Mit der visuellen Gestaltung zelebrieren die Coens einen herrlich altmodischen Stil, der bestimmt ist von ruhigen Kamerafahrten und langen Einstellungen. Die perfekt durchkomponierten Bilder werden von getragener Klaviermusik von Beethoven und Mozart unterstrichen, wie in den vorangehenden Filmen arrangiert von Carter Burwell. Die Coens eignen sich die klassischen Film noir-Stilmittel, wie die charakteristische Chiaroscuro-Beleuchtung mit harten Kontrasten von Licht und Schatten (Abb. 2), halb ausgeleuchteten oder ganz im Dunkeln liegenden Gesichtern (Abb. 3), extremen Vogel- oder Froschperspektiven (Abb. 4) souverän an und verbinden sie mit ihren eigenen Manierismen.

Die im Repertoire des Film noir zur ironischen Distanzierung genutzte Voice-Over-Narration fungiert überdies als

Abb. 4

Abb. 5

kluger Kunstgriff, um Eds Innenleben zu zeigen, das über Dialoge kaum zugänglich gemacht werden könnte. Dies hat außerdem den Effekt, dass Ed als Erzähler aus dem Off wesentlich präsenter ist als innerhalb der Diegese als Figur. Als handelnde Person der Filmnarration ist er unsichtbar. Die Coens und ihr Kameramann Roger Deakins nutzen die Low-Key-Lichtsetzung geschickt aus, um Ed auch visuell verschwinden zu lassen. Sehr oft ist er von hinten angeleuchtet und sein Gesicht komplett im Dunkel, er hebt sich von seinem Umfeld meist nur als schwarze Silhouette ab, manchmal sieht man eine glimmende Zigarette, er ist wie aus dem Film ausgeschnitten (Abb. 5) Optisch wird hierdurch seine Position als abwesendes Subjekt noch zusätzlich betont.

What kind of man are you?

In seinem Kern ist *The Man Who Wasn't There* ein zutiefst existentialistischer Film über einen Mann, der ins Leben geworfen wurde und mit seiner Freiheit zu wählen nichts anzufangen weiß. Die Coens vermögen es, den düsteren Ton und die fatalistische Stimmung des Film noir als Folie für ein philosophisches Drama über die Absurdität des Daseins zu nutzen. Eine enge geistige Verwandtschaft besteht zu Albert Camus' *Der Fremde* (1942). Nicht nur ist dessen Protagonist Meursault ebenfalls passionierter Raucher, weitere auffällige gemeinsame Wesenszüge von Ed Crane und Meursault sind Introvertiertheit und beharrliche Schweigsamkeit. Wie Ed im Intro des Films, konstatiert auch Meursault wiederholt: »Ich habe nie viel zu sagen. Da halte ich eben den Mund.« (Camus, 1980, S. 62) Durch die kommunikative Verweigerung werden beide Figuren zu negativen Projektionsflächen, wird ihnen Gefühllosigkeit zum Vorwurf gemacht. Oft scheint es in *Der Fremde* so, dass nicht Meursaults Verbrechen zur Disposition steht, sondern sein Charakter, wie auch in Ed Cranes Gerichtsverhandlung, die letztlich dadurch zu seinen Ungunsten ausgeht, dass sein Schwager Frank (Michael Badalucco) ihn dort niederschlägt und ihn völlig entrüstet erneut mit der Frage konfrontiert »What kind of man are you?«

Wie Ed fehlt auch Meursault in seinem Beruf jeder Ehrgeiz, und bezüglich der Frage seiner Geliebten Maria, ob er sie liebe und heiraten wolle, zeigt er sich völlig willenlos, auf ihre Bestürzung über seine Leidenschaftslosigkeit reagiert er, wie auch Ed es tun würde: »Ich schwieg, weil ich nichts zu sagen hatte.« (Camus, 1980, S. 41f.)

Auch R. Barton Palmer entdeckt Gemeinsamkeiten mit *Der Fremde*, sieht aber eine noch stärkere Beziehung zu Jean-Paul Sartres *Der Ekel* (1938):

> »Like Roquentin, *Nausea's* antiheroic protagonist, the Coens' Ed Crane is distressed by a spiritual malaise, in his case an obsession with the human abject, the hair that, neither dead or alive, is his job as a barber to cut and then discard. The desire to escape from the

messiness of human physicality leads him to formulate a scheme for self-improvement.« (Barton Palmer, 2012, S. 269)

Diese augenfälligen Parallelen und der Umstand, dass Ethan Coen Philosophie studiert hat, legen nahe, dass die Charakterzeichnung von Ed Crane tatsächlich von diesen beiden wichtigsten Romanfiguren des Existentialismus inspiriert wurde. In Ed vereint sich die existentialistische Zufälligkeit und Sinnlosigkeit des Daseins mit dem gebrochenen, lakonischen Habitus des Anti-Helden im Film noir.

The more you look ...

Oft geht es in *The Man Who Wasn't There* um das Sehen und Gesehenwerden, genauer gesagt um ein Sehen, das ein Nicht-Wahrnehmen und Nicht-Begreifen ist. Zentral hierfür ist die im Film angeführte Heisenberg'sche Unschärferelation: Der für Doris' Verteidigung engagierte Star-Anwalt Freddy Riedenschneider (Tony Shaloub), ein Meister der Manipulation von Wahrheit und Wahrnehmung, legt dar, dass nach dieser Theorie der Gegenstand, den man betrachtet, durch das Angesehenwerden beeinflusst wird und sich verändert. Die Wahrheit wird damit bedeutungslos. Der Satz »The more you look, the less you really know« ist von nun an wie ein inneres Mantra des Films. Bei Sartre wird der Mensch durch das Angeblicktwerden als Objekt definiert, ohne dass man unter dieser auferlegten Objektstruktur einen wahren Subjekt-Kern erkennen könnte. Gleiches gilt für Ed – er wird angesehen, aber nicht wahrgenommen, er kommt in der Wahrnehmung der Anderen nicht über das Objekt »Friseur« hinaus. Dadurch bemerkt oder glaubt niemand, dass er in dem Mordfall das fehlende Puzzleteil ist. Nach dem Suizid von Doris wird Ed gänzlich unsichtbar, ist für seine Umgebung nur noch eine Art Geist.

The Man Who Wasn't There ist auch eine Hymne auf die Langsamkeit. Die Gestaltung des Films spiegelt auf vielen Ebenen dieses Prinzip wieder, die Erzählung hat ihr ganz eigenes, extrem verlangsamtes Tempo. Ein schönes Beispiel ist der Autounfall von Ed und Birdy: Der Wagen fliegt für endlos scheinende Sekunden in Zeitlupe durch die Luft, und während Ed darüber philosophiert, dass Haare noch nach dem Tod weiterwachsen, rollt eine Radkappe bedächtig durchs Gebüsch.

Ed hat große Ähnlichkeit mit John Franklin, der Hauptfigur in Sten Nadolnys Roman *Die Entdeckung der Langsamkeit* (1983): John leidet an einer krankhaften Verlangsamung der Wahrnehmung, kann Eindrücke nur schwerfällig verarbeiten und realisieren, selbst für die alltäglichsten Dinge ist er nicht schnell genug. Diese Eigenart macht ihn unfähig, im Hier und Jetzt zu handeln, seine einzigartige Sehweise erweist sich jedoch schließlich als eklatanter Vorteil. Auch an Ed ziehen die Geschehnisse immer viel zu schnell vorbei, häufig hat man den Eindruck, dass er zu lange braucht, um das, was um ihn und in ihm vorgeht, zu verarbeiten, und dass daraus teilweise seine Unfähigkeit zu handeln entspringt.

Am Ende offenbart sich, dass Eds Voice-Over wie bei Meursault im Rückblick aus dem Gefängnis erzählt wird, wo er vor seiner Hinrichtung für ein dubioses Männermagazin alles niederschreibt. Das wahrhaft Tragische ist, dass Ed erst jetzt, kurz vor seinem Tod, sich wirklich als Subjekt erschafft. Dies wird verständlich anhand Sartres Konzept des *präreflexiven Cogito*: Für Sartre ist das Ich eine reine Konstruktion des reflexiven Bewusstseins; auf der unreflektierten, nicht positionalen Bewusstseinsebene, welche dem reflexiven Bewusstsein ontologisch vorgängig ist, gibt es noch kein Ich (Sartre, 1982,

S. 46). Der Mensch ist sich im Vollzug einer Handlung unmittelbar seiner selbst ohne explizite Vergewisserung als Handelnder bewusst. Diese Form des Wissens um sich versteht Sartre als präreflexives Cogito. Erst wenn der Mensch sein Handeln reflektiert, betrachtet er sich selbst von außen und rechnet diese Handlungen einem identischen Ich zu, welches sein Bewusstsein setzt und das die Einheit seines Bewusstseins künstlich als Subjekt, als Zentrum der Wahrnehmung, stiftet. Dieses Ich fasst Sartre auch als »virtuellen Einheitskern« (S. 74) auf, er definiert das Subjekt als eine »ideale Einheit aller Zustände und Handlungen« (S. 78). Das Subjekt kann nach Sartre lediglich das Resultat einer Reflexion sein.

Abb. 6

Erst im Gefängnis erlangt Ed ein volles Bewusstsein seiner selbst, er sieht die Geschehnisse klarer und erkennt seine Rolle darin, er rechnet sich erst im Rückblick seine Handlungen zu; in der Endgültigkeit des nahenden Todes ergeben die Dinge für ihn Sinn, liegt eine vorher nicht gekannte Klarheit und Akzeptanz. In der Reflexion des Voice-Over, dem Schreiben, ist Ed der Mann, der wirklich da ist. Dass Ed sich hier als Subjekt, als Fiktion seiner selbst, rückwirkend erschafft, stellt jedoch alles, was wir bisher über die Voice-Over-Narration erfahren haben, infrage.

Die Inszenierung von Ed ändert sich in diesen letzten Sequenzen vollkommen, er ist nun vielfach in gleißendes weißes Licht getaucht (Abb. 6). In der Nacht vor seiner Exekution erscheint Ed ein Ufo, als Symbol seines Wunsches, der lästigen Körperlichkeit zu entfliehen, doch steht es auch, indem es ihn mit einem Scheinwerfer hell erleuchtet, für eine selbstreflexive Bewegung seines Bewusstseins.

Bei Camus heißt es:

> »Die Rückkehr zum Bewußtsein, die Flucht aus dem täglichen Schlaf stellen die ersten Schritte der absurden Freiheit dar. [...] Die göttliche Verfügungsmacht des zum Tode Verurteilten, vor dem sich einmal im frühesten Morgenlicht die Gefängnistore öffnen, diese unglaubliche Interesselosigkeit allem gegenüber, außer der reinen Flamme des Lebens – man spürt es genau: Der Tod und das Absurde sind hier die Prinzipien der einzig vernünftigen Freiheit [...].« (1989, S. 53)

Wirkliche Freiheit kann demnach nur im Tode erlangt werden.

Ed Crane, der unsichtbare Mann, wird erst bei seiner Hinrichtung durch die hinter Glas aufgereihten Zeugen wahrhaft sichtbar, sein Tod ist so absurd und willkürlich wie der von Meursault. Zwar endet für Ed die Reise auf dem elektrischen Stuhl, doch ist er von Frieden erfüllt und hofft, was immer ihn nach dem Tod erwartet, dass es ein Ort ist, an dem er Doris wiedersieht und wo er endlich keine Worte braucht, um sich auszudrücken: »Maybe there I can tell her all the things they don't have words for here ...« (Abb. 7). Als Ed auf dem elektrischen Stuhl der finale Stromstoß ereilt, gehen die Konturen seines Gesichts über in eine allerletzte Weißblende, und er wird auch visuell endgültig zur Leerstelle, zum leeren Bild.

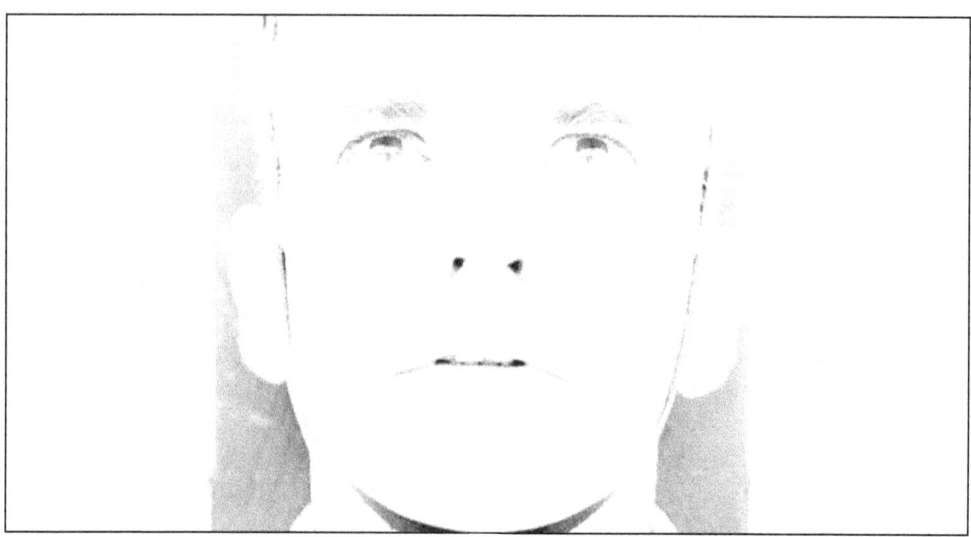

Abb. 7

Literatur

Barton Palmer, R. (2012). Thinking beyond the failed community. In M. T. Conard. (Hg.). *The Philosophy of the Coen Brothers* (S. 267–286). Lexington: University Press of Kentucky.

Camus, A. (1980 [1942]). *Der Fremde*. Frankfurt am Main: Fischer.

Camus, A. (1989 [1943]). *Der Mythos von Sisyphos. Ein Versuch über das Absurde*. Reinbek bei Hamburg: Rowohlt.

Ebert, R. (2001). The Man who wasn't there. URL: http://www.rogerebert.com/reviews/the-man-who-wasnt-there-2001 (Stand 24.05.2014)

Ebert, R. (2011). Shadow of a doubt. URL: http://www.rogerebert.com/reviews/great-movie-shadow-of-a-doubt-1943 (Stand 24.05.2014)

Gaughran, R. (2012). What kind of man are you? The Coen Brothers and existenzialist role playing. In M. T. Conard. (Hg.). *The Philosophy of the Coen Brothers* (S. 227–241). Lexington: University Press of Kentucky.

Sartre, J.-P. (1993 [1943]). *Das Sein und das Nichts*. Reinbek bei Hamburg: Rowohlt.

Sartre, J.-P. (1981 [1938]). *Der Ekel*. Reinbek bei Hamburg: Rowohlt.

Sartre, J.-P. (1982 [1970]). *Die Transzendenz des Ego. Philosophische Essays 1931–39*. Reinbek bei Hamburg: Rowohlt.

Sartre, J.-P. (1973 [1946]). Ist der Existentialismus ein Humanismus? In Ders. *Drei Essays* (S. 7–51). Frankfurt/Berlin/Wien: Ullstein.

Sartre, J.-P. (1964 [1957]). *Marxismus und Existentialismus. Versuch einer Methodik*. Reinbek bei Hamburg: Rowohlt.

Das Unsichtbare in *No Country for Old Men*

Andreas Hamburger

Wirkung

Der zwölfte Film der Coen-Brüder ist, wie schon die früheren, ein Spiel mit Genre- und Stilkonventionen (vgl. Marcus Stiglegger, in diesem Band). Im Publikum löst er, wie die Filme davor, meist Abscheu, ungläubiges Staunen und das Gefühl aus, das sei doch irgendwie kein richtiger Film (King, 2009, Landrum, 2009). Dirk Blothner (2010) fand anhand von qualitativen Interviews mit Zuschauern, dass diese überwiegend geschockt, aber auch gefesselt dem Fortgang der Handlung folgen. Sie fühlen sich überwältigt durch die Grausamkeit, identifizieren sich mit einem Automatismus von »Bedrohung und Kampf«, werden aber schließlich durch eine Ästhetisierung des Blicks zusammen mit der abschließenden Traumerzählung beruhigt entlassen. Eine andere Art der Wirkungsanalyse eines Coen-Films berichtet Thomas Ogden (2007) aus einer Psychoanalyse: Hier hatte der Analysand das abscheuliche Sujet der Entführung eines Babys in *Raising Arizona* (1987) erwähnt und den Analytiker gefragt, ob er den Film gesehen habe. Spontan antwortete Ogden, er habe ihn mehrmals gesehen. Aus dieser für einen Psychoanalytiker ungewöhnlichen direkten Reaktion entspann sich ein Dialog über den Film, in dem es weniger um den Inhalt als um die Veränderung des Tonfalls ging – implizit auch um die Erfahrung von »träumerischem Sprechen« in der Analyse.

Meine eigene Reaktion auf *No Country for Old Men* (2007) war ähnlich: Ich war nach der ersten Sichtung wie in eine Art Trance versetzt und fühlte mich seltsam berührt.[1] Das eigene Alter vor Augen fand ich mich in einem Gefühl von Verlorenheit in der Welt, weil das, was ich als »Verstehen« bezeichne, auf Vieles nicht mehr zu passen scheint; eine Gemütsverfassung, die mit »No Country for Old Men« ganz gut umschrieben ist. Ich hatte, worauf ich zurückkommen werde, danach auch eine wichtige falsche Erinnerung, die sich erst in einer gemeinsamen filmpsychoanalytischen Sichtung[2] auflöste. Auch hier bemerkten wir Gefühle von Zeitlosigkeit und Trance. Der Film wirkte wie eine Jagd aus stehenden Bildern, ein lauerndes Warten wie in *High Noon* (1952), und Chigurh (Javier Bardem) erschien uns wie eine Allegorie des Todes oder ein Android, der sich selbst repariert wie in *Terminator* (1984). Emotional

1 »Ein unbrauchbares Gefühl von Zärtlichkeit« ist der Begriff, den Seeßlen (1998, S. 209) für diese Zuschauerreaktion auf Coen-Filme findet.

2 Mit Vivian Pramataroff-Hamburger

schien es uns um das Sterben zu gehen, das man immer als sinnlose Gewalt erfährt.

Die folgende Analyse folgt den von Alfred Lorenzer (1970) formulierten drei Stufen des psychoanalytischen Verstehens: dem Begreifen oder logischen Verstehen der manifesten Handlung, dem Nacherleben oder psychologischen Verstehen der Intention, und dem szenischen oder psychoanalytischen Verstehen, das die unbewusste Teilhabe des Zuschauers an der dargebotenen Interaktionsform reflektiert (Lorenzer, 1986; vgl. Hamburger, 2013, Hamburger & Leube-Sonnleitner, 2014; vgl. auch Stiglegger, 2003, 2006). Dabei behalten wir im Auge, dass Film ein kulturelles Artefakt ist, und wir im Kino als Analytiker unser selbst sitzen. Ähnlich wie Freud in der *Gradiva* den Dichter, betrachten wir den Film als Kollegen, dessen szenischer Deutung wir uns im Kino aussetzen (Freud, 1907a; vgl. Hamburger, 2001, Rutschky, 1981, Hamburger & Leube-Sonnleitner, 2014). Unsere Erfahrung vermitteln wir zurück an die systematische Untersuchung seiner Gestalt einschließlich seiner Bezüge auf die Film- und Literaturgeschichte. Das ist hier umso wichtiger, als es sich um ein Werk der Coen-Brüder handelt, voller falscher Fährten für Zuschauer und Interpreten – auch psychoanalytische – und voller Querverweise und intertextuelle Bezüge.[3]

No Country for Old Men: Das Sichtbare und das Hörbare

Der Film beginnt mit Westernlandschaften, die Morgendämmerung kommt in stufenweise überblendeten Einstellungen. Aus dem Off spricht der alte Sheriff Bell (Tommy Lee Jones) von der alten Zeit, als Sheriffs nicht mal eine Waffe trugen. Dann kommt er auf die Gegenwart. Er hat kürzlich einen Jungen auf den elektrischen Stuhl[4] geschickt, der ein 14-jähriges Mädchen getötet hat, einfach weil er es wollte – und sagt, er würde es wieder tun. Ein Verbrechen ohne Leidenschaft, ohne Sinn, ohne Zukunft. Und genau während Bell sagt: »The crime you see now, it's hard to even take its measure« (00:02:05), kommt mit einem Schwenk, der ersten Kamerabewegung des Films, ein Polizeiwagen in das mittlerweile erhellte Bild (Abb. 1). Wir sehen einen Deputy einen Häftling ins Polizeiauto verfrachten, sowie ein seltsames Gerät, das aus einer Gasflasche und einem langen Schlauch daran zu bestehen scheint. »The crime you see now«: Bell meint die Gegenwart ganz allgemein – aber zu seinen Worten sehen wir die Verhaftung. Ist sie das Verbrechen, das wir jetzt sehen?

Abb. 1

Die folgenden Einstellungen zeigen, wie Chigurh, der Verhaftete, nach einer lautlosen, akrobatischen Selbstbefreiung den Deputy grausam erdrosselt. Wir sehen dabei seinen verzückt

3 Hilfreich ist, dass die Filme der Coen-Brüder (vgl. z.B. Seeßlen, 1998) ebenso wie das Œuvre des wichtigen US-amerikanischen Schriftstellers Cormack McCarthy gut untersucht sind – auch das vorliegende Werk (viele Texte sind versammelt in King et. al., 2009).

4 In der Skriptfassung war es noch, wie im Roman, die Gaskammer (*No Country for Old Men*, Skript (o.J.), S. 1). McCarthy hat diese historisch unrichtige Angabe in einem seiner seltenen Interviews als Test für die Aufmerksamkeit seiner Leser bezeichnet (vgl. Ellis, 2009, S. 236). Die Coens wollten diesen »Test« wohl doch nicht übernehmen.

zum Himmel gerichteten Blick, sehen, wie er mit dem Polizeiwagen ein Fahrzeug stoppt, im formellen Tonfall des Polizisten bei einer Verkehrskontrolle, und mit seinem Bolzenschussapparat den unbeteiligten Fahrer erschießt. Wieder die seltsame Überlappung: Das sinnlose Verbrechen, inszeniert als polizeiliche Maßnahme. Der letzte Satz, den Chigurh zu seinem Opfer sagt, ist die nüchterne Anweisung des Gesetzeshüters: Chigurh: »Would you hold still please, Sir.« (00:04:51) (Abb. 2)

Abb. 2

Nun schneidet die Kamera in langer Optik auf eine Wüste. Eine grasende Antilopenherde. Ein Jäger sucht sein Ziel suchen, justiert seine Optik. Wir sehen im Zielfernrohr eine Antilope und hören Moss (Josh Brolin), den Jäger, wie ein Echo sagen: »You hold still!« (00:05:21) (Abb. 3) Sheriff und Jäger, die beiden Eroberer des Westens, sind optisch und akustisch mit dem sinnlosen Verbrechen verschränkt.

Nach dieser Exposition entfaltet sich die Filmhandlung als gespenstische, von Lauern und Warten geprägte Jagd zwischen vier Männern. Moss entdeckt auf der Suche nach der angeschossenen Antilope den Schauplatz eines Drogenverbrechens. Der einzige Überlebende ist ein fast verdursteter Gangster. Er findet Drogen und einen Koffer mit Geld, den er mit nach Hause nimmt. Dort aber bekommt er Mitleid mit dem Verdurstenden und fährt noch einmal los, um ihm Wasser zu bringen. Das ist sein Fehler. Denn die mexikanischen Drogenverkäufer sind ihm nun auf den Fersen, und auch Chigurh, der Killer, wird von der anderen Seite auf ihn angesetzt. Moss kann seinen Verfolgern zunächst entkommen, denn auch die Mexikaner werden von Chigurh getötet. An dieser Stelle kommt der dritte Verfolger ins Spiel: Wells (Woody Harrelson), ebenfalls Auftragskiller, aber im Gegensatz zum finsteren Psychopathen Chigurh ein eher sonniges Gemüt. Die nun folgende Jagd, in der Chigurh Moss, Wells alle beide, und Bell alle drei verfolgt, endet mit Totalverlust. Übrig bleiben

Abb. 3

nur Chigurh und Bell, die sich nicht mehr begegnen werden – denn Bell, wie wir wissen, gibt auf. Am Ende sehen wir den Helden, der keiner mehr ist, kraftlos in der Küche seiner Frau sitzen. Brauchen kann sie ihn nicht. Immerhin ist sie bereit, wie eine Analytikerin seinen Traum anzuhören: »I'll be polite.« (01:50:13) Der Traum, den der pensionierte Sheriff nun erzählt, die letzten Worte des Films, präsentiert ganz im Gegensatz zur lakonischen Actionsprache der Haupthandlung ein mythisch verklärtes Bild des Vaters, der ihm voran in die dunkle Zukunft des Todes reitet: »...and I knew that whenever I got there he would be there. Out there up ahead.« (ebd., 01:51:26ff.)

Werden wir beruhigt entlassen, wenn dieser verklärende Traum unserem Helden Trost und Sicherheit vermittelt? – Wir sehen nichts als einen müden alten Mann. Oder besser: Wir sehen etwas Unsichtbares. Aber davon später.

Die Botschaft

Das über die Morgendämmerung in der Wüste gelegte Voice over vermittelt die Botschaft: Dieses Land – gemeint ist der amerikanische Westen – ist nicht mehr, was es einst war. Die öde Schönheit der klassischen Western-Landschaft und Tommy Lee Jones' knarrender texanischer Singsang entwerfen einen Western-Auftakt vom Typ »Lone Ranger« (Saxton & Cole, 2012). Rasch aber wird der Entwurf gestört durch das Auftreten eines untypischen Verbrechers. Das Western-Genre wird schon in den ersten Minuten mit dem Genre des Serial Killer-Movies amalgamiert.[5] Das verrät sich schon in dem seltsamen Mordinstrument, einem Bolzenschussapparat – Handwerkszeug des Farmers, das zugleich wie in vielen Serienmörderfilmen als Chiffre, als Markenzeichen des Psychopathen dient, ein überdeterminierter, mechanischer Penetrator.

How the West was lost

No Country for Old Men zitiert »Relikte [...] vertrauter Westernfiguren« (Tyrer & Nickell, 2009, S. 86) wie den Lawman, den Cowboy und den Hitman, und dekonstruiert sie zugleich. Sheriff Bell, der positive Held des Films, ist schon durch die Besetzung mit Tommy Lee Jones klar gekennzeichnet. Zugleich wird die Rolle ironisiert. Bell versagt nicht nur kläglich und kommt ständig zu spät, sondern er gibt endgültig auf. Auch beim Auftritt des kleinen Mannes, Llewelyn Moss, zeigt sich eine Anomalie. Er entdeckt in der ariden Landschaft, eingestreut zwischen Kakteen, einen Pulk von Autoleichen. Mit seinem Blick zoomen wir auf die Spur des Verbrechens. Die Anomalie setzt sich fort, wenn Moss sich daran beteiligt. Er trägt zwar das Kostüm des Spätwestern-Cowboys, weißen Hut und Stiefel, entspricht aber nicht dessen Rollenerwartungen (Peebles, 2009, Topolnisky, 2009). Als er auf den Verdurstenden trifft, bestiehlt er ihn sofort (Abb. 4, 00:09:24) und verweigert ihm kalt seine letzte Bitte, doch die Autotür zu schließen, damit keine »Lobos« kommen, Wölfe (00:10:12).[6] Moss im Film ist grausamer als in der Romanvorlage: Hier schließt er die Autotür (McCarthy, 2005, S. 8).

Die bestürzendste Figur ist Chigurh. Er ist es, der den meisten Zuschauern in den Kno-

5 Dieses Genre-Crossing zeichnet bereits die Romanvorlage aus (vgl. Jarrett, 2009). Auch der Film kann weitgehend als gezielter Bruch mit dem Western-Genre und seinen Seherwartungen verstanden werden (vgl. dazu zahlreiche Beiträge in King et. al., 2009).

6 Diese »Wölfe« spielen eine Rolle; gemeint sind die Kojoten, und auf deren Fehlen weist auch Bell bei seiner Untersuchung des Tatortes ausdrücklich hin: »Supposedly they won't eat a Mexican.« (a.a.O., S. 31)

chen sitzt, der entschiedenste Fremdkörper im Western-Milieu des Films. Seine Kostümausstattung weist nur wenige Zitate mit Westernbezug auf, etwa die Stiefel (Topolnisky, 2009) und verbindet ansonsten städtisch-zeitlose und antimodische Elemente, insbesondere in seiner vieldiskutierten Frisur (vgl. Covell, 2009, Woodson 2009). Seine Handlungslogik ist fatalistisch – er sieht sich als Vollstrecker eines unabänderlichen Schicksals. In seiner Welt gibt es keine Willensentscheidung, keine persönlichen Interessen und erst recht kein Gesetz außer dem des Zufalls, das für ihn gleichbedeutend ist mit

Abb. 4

der vollständigen Determiniertheit des Lebens. Damit unterläuft der Film die klassische Western-Tradition, die sich ja immer auf einen hintergründigen Moraldiskurs bezieht. Hintergrund ist die Westexpansion der USA 1803–1898, der Genozid an den nordamerikanischen Indianern und die Konstitution der Siedlergesellschaft (vgl. Hembus, 1979); es treten Böse, Gute und Lehrer auf, und das Gute siegt. Die Dekonstruktion der klassischen Westernmoral ist freilich nicht neu. Das Genre hat sich seit John Fords *The Searchers* (1956) und *The Man Who Shot Liberty Valance* (1962) sowie den Filmen von Sam Peckinpah zum dystopischen Western transformiert (vgl. Devlin, 2010). Neuere Western zeigen den Zerfall der klassischen Siedlermoral und im Gefolge des Vietnamkriegs den Übergang zur Dekonstruktion der Heldenfigur, wie in Arthur Penns *Little Big Man* (1970).

How the World was lost

Auch das mit der Westernmoral verbundene Männlichkeitskonstrukt wird in der Szene mit dem Verdurstenden infrage gestellt. Moss' Grausamkeit gegenüber dem Sterbenden, ein Verstoß gegen die Konvention des positiven Cowboys, wirft im Zuschauer Fragen auf. Sie wird später im Film motiviert durch zahlreiche Anspielungen auf seine Kriegserfahrungen. Ein erster Hinweis auf diese Backstory wird sogleich gesetzt. Nachdem Moss den Mann bestohlen hat, fragt er ihn nach »Last man standing« (00:09:54). Vordergründig ist das die vom Hollywood-Schema der Heldenreise erwartete Frage nach dem Gegner (mit einer hörbaren phallischen Anspielung). »Last man standing« ist aber ein Ausdruck aus dem Militärjargon, der den Letzten aus einer aufgeriebenen Einheit bezeichnet.[7] Später, als Moss von Wells, dem zweiten Killer, im Krankenhaus gefunden wird, wird dieser Bezug auf die Soldatensprache entziffert: »Were you in Nam?« (01:13:10) Die-

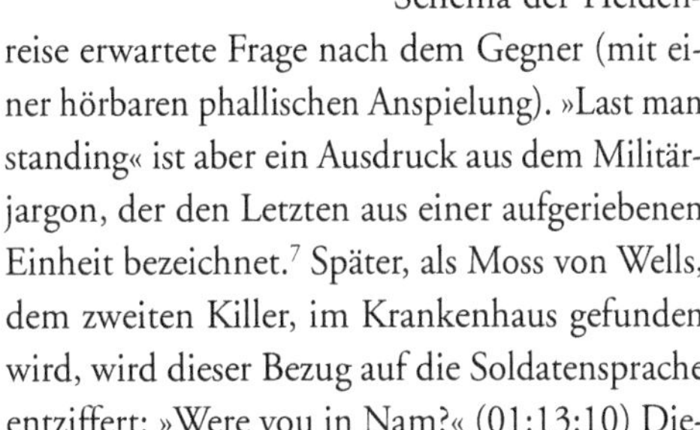

7 Und natürlich ein Filmzitat: *Last Man Standing* (Walter Hill, 1996) hieß das eher misslungene amerikanische Remake von Akiro Kurosawas *Yojimbo* (*Der Leibwächter*, 1961), obwohl Kurosawa selbst das Drehbuch geschrieben hatte. Das frühe italienische Remake von *Yojimbo*, Sergio Leones *Per un pugno die dollari* (*Für eine Handvoll Dollar*, 1964) hatte den Italo-Western begründet.

ser Verweis auf die gemeinsame Kriegsvergangenheit wiederholt sich in der Begegnung mit dem Zollbeamten (01:24:23). Es ist aber nicht wie im klassischen Western die gemeinsame Aufgabe, sondern das gemeinsamen Trauma, das sie verbindet. In der klassischen Westernmoral folgt das Männlichkeitsideal der Bereitschaft, das eigene Überlebensinteresse der zivilisatorischen Aufgabe unterzuordnen. Die vom Film gezeigte Kameraderie der Vietnam-Veteranen dagegen ist nicht vom Bezug auf eine Aufgabe oder ein Opfer getragen, sondern erscheint nur als leerer Korpsgeist. Im Vietnamkrieg konnte die militärische Disziplin (die ja die Bereitschaft zur Selbstaufgabe letztlich einschließt) weder aus einer Zivilisierungsaufgabe noch aus einem Verteidigungsinteresse begründet werden. Damit verliert die soldatische Identität aber ihre gesellschaftliche Legitimationsbasis, begründet sich nur noch als Inklusionsmuster. Man gehört eben dazu. Dies zeigt sich mit besonderer Deutlichkeit in der Grenzposten-Szene, wo Moss im Nachthemd Einlass in die USA begehrt und belehrt wird, dass der Eingang zum Gesetz (in die USA) lediglich von einem Willkürakt des Grenzers abhängt. War im klassischen Western das Gesetz, die Kavallerie, noch eindeutig auf der Seite des Helden, so wird sie hier selbst zur korrupten Instanz, zum Klüngel. Die Männlichkeitsdefinition durch das Gesetz erweist sich in der Dekonstruktion als fadenscheinig. Es zählt allein die Bataillonsnummer, nicht der Krieg, in dem man verheizt worden ist.

Als Drehpunkte der verlorenen Männlichkeit treten im Film zwei verlorene Kriege hervor, einer offen, einer verdeckt. Zum einen, wie erwähnt, der Vietnamkrieg als roter Faden und Schibboleth der Zugehörigkeit zur traumatisierten Männergruppe, zum anderen aber auch das Pearl Harbor des 21. Jahrhunderts, 9/11 (vgl. King, 2009, S. Vi, de Boever, 2009). Diese negativen amerikanischen Kriegserfahrungen stehen in innerem Zusammenhang mit dem zweiten Genre, das der Film inkorporiert: das Serienkiller-Genre als Gegenentwurf zum Western. Obwohl auch hier in der Regel das Gute siegt, ist doch das Böse und der aus sich selbst getriebene Drang zum Töten ungleich interessanter und faszinierender dargestellt, und die unterschwellige Botschaft ist immer, dass es unter der dünnen Schicht der Zivilisation unausrottbar sei. Das Böse ist in diesen Filmen auch nicht als Gesetzesübertretung definiert wie im Kriminalfilm, sondern als Abscheuliches; es ist vorrangig mit dem Affekt des Ekels und der Dimension des Dämonischen verknüpft.

Viele Filme des Genres zwingen dem Zuschauer die Perspektive des Täters auf (z. B. John McNaughton *Henry: Portrait of a Serial Killer*, 1986) oder verleihen ihm charismatische Züge (z. B. Jonathan Demme *Silence of the Lambs*, 1991). *No Country for Old Men* verzichtet auf solche Verlötungen und präsentiert den Killer vielmehr als eine Gestalt von engelhafter Ruhe und Gelassenheit. Chigurhs Psyche wird nicht abgeleitet, sondern als etwas schlechthin Fremdes, Unverstehbares gesetzt. Viele Autoren haben die Auffassung vertreten, er sei als Filmfigur gar nicht mimetisch zu lesen, sondern allegorisch: Chigurh ist der Engel des Todes (Cant, 2009, Vanderheide, 2009). Das Rätsel um seinen exotischen Namen ist ungelöst. McCarthy selbst soll gesagt haben, er habe den Namen wegen seiner Unentzifferbarkeit ersonnen (Brettd, 2010). Eine Aussage, zudem von einem Autor, der sein Werk höchst ungern kommentiert, die zum Weiterdenken einlädt. Gerade in der Unentzifferbarkeit liegt etwas, das Freud (1900a, S. 530) den »Nabel des Traums« genannt hat, ein unauflösbares, von vorsprachlichen Bildern durchsetztes Knäuel, das gleichwohl zu endlosen Interpretationen auffordert.[8]

8 Ein Beispiel: Chi und Rho, also das Christusmonogramm ☧, dazwischen die Silbe Gur, die im Hebräischen etwa »Welpe« bedeutet. Gottes Sohn als Killerwelpe?

Beide Genres, der Spätwestern und der Serial Killer-Film, bilden Aspekte von Männlichkeit ab. Die Handlung von *No Country for Old Men* entfaltet sich weitgehend unter Männern. Alle Protagonisten des Films zitieren Westernhelden (Peebles, 2009) und verstoßen zugleich gegen das Männlichkeitsideal des Western.

Männlichkeit als Leerstelle

Die Leerstelle, die der Film durch seine Dekonstruktion von Männlichkeitsentwürfen erzeugt, eröffnet die Frage, ob Männlichkeit denn auch anders erfahren und konstruiert werden könnte denn als Verzicht und Verschwörung. Etwa die Frage, ob der Unterschied zu und der Kontakt mit Frauen etwas sein könnte, das Männer ausmacht. Der Film liefert nicht gerade viele Hinweise darauf ... Frauen in *No Country for Old Men* vertreten gütige, solidarische, empathische, aber machtlose Rollen in der Dramaturgie der Filmhandlung. Das ist Teil der Botschaft: Denn es ist genau die männliche Welt, deren Krise der Film zeigt (Johns, 2009).

Wie im traditionellen Western wird auch in *No Country for Old Men* Sexualität indirekt thematisiert. Das am ehesten sexuell konnotierte Paar sind Carla Jean (Kelly Macdonald) und Llewelyn; kennzeichnend hierfür sind Llewelyns fast gemütliche Sex-Ankündigung, als seine Frau ihn mit Fragen löchert, und ihre amüsierte Antwort: »Big talk« (00:14:20–00:14:25) – und schon die nächste Einstellung meldet Vollzug. An diesem Plotpoint trifft Moss die von Mitgefühl getragene Entscheidung, an den Tatort zurückzukehren, »dumber than hell« nach seiner eignen Einschätzung (00:15:13): Mitgefühl als direkte Konsequenz aus sexueller Begegnung.

Eine ganz andere Paarbeziehung entwirft der Film zwischen Sheriff Bell und seiner Frau Loretta (Tess Harper). Sie ist filmisch nicht von Sexualität, sondern von Treue, Humor und Mütterlichkeit geprägt, mit einem deutlichen Hinweis auf ein Autoritätsgefälle zugunsten der Frau. Diese beiden Beziehungsentwürfe sind zwar jeweils in einem »Zuhause« angesiedelt (Haus/Wohnwagen). Beide Frauen ertragen souverän, gelegentlich auch mit feinem Spott das männliche Agieren ihrer Partner, wobei sie sich ihnen gegenüber unbedingt solidarisch verhalten. Die Motive dafür wirken wiederum unterschiedlich: Bei Carla Jean überwiegt die naive Bewunderung, während Loretta abgeklärter, auch distanzierter erscheint. Beide Bindungsmotive, sexuelle Attraktion und Solidarität, werden in der Schlüsselszene um Moss' Tod herum verhandelt. In dem erotischen Intermezzo (auf das ich noch zurückkomme) mit der Frau am Pool, die Moss zu einem Bier auffordert, und nicht nur zu einem Bier, bleibt Moss standhaft und zeigt ihr seinen Ehering. Selbst als sie insistiert, bleibt er vorsichtig: »Ma'am I know what beer leads to.« (01:31:29)

Als Gegenmodell zu diesen Beziehungen wird Chigurh, der absolut Einsame und Heimatlose, präsentiert. Sein Attribut von Sexualität ist pervertiert: Sein Bolzenschussapparat repräsentiert ein beziehungsloses, kaltes und tödliches Rein-Raus, eine mechanische Penetration. Dass Chigurhs Einsamkeit tatsächlich in der Opposition zur Paarbeziehung definiert ist, zeigt die Mikroanalyse einer weiteren Schlüsselszene des Films. In der Tankstellen-Szene wird das tödliche Spiel initiiert in dem Moment der Erwähnung einer Paarbeziehung: Als Chigurh hört, dass die Tankstelle den Eltern der Frau des alten Mannes gehört hatte, verschluckt er sich, hustet und beharrt dann auf seiner Formulierung »You married into it.« Danach beginnt er das Münzspiel über Leben und Tod. Die Frau, in die (in deren Tankstelle) »hineingeheiratet« wurde, bleibt dabei vollkommen unsichtbar. Chigurh legt ein zusammengeknülltes Stück der Stannioltüte auf den Ladentisch, das sich dort langsam ausdehnt (Abb. 5), und fragt:

»What's the most you ever lost in a coin toss?« (00:22:40) Gelesen als Folge von Textsignalen löst die Erwähnung der Frau das Bild des Hineinheiratens aus, gefolgt vom Insistieren auf diesem Wortlaut; dazu zeigt die Kamera die Erektion der Tüte und der Mord wird geplant. Dass die Münze, Chigurhs Zufallsgenerator, den er ja nur als Vollender des ohnehin festgelegten Schicksals versteht, nun auch in ihrer Eigengeschichtlichkeit thematisiert wird, weist voraus auf das Thema der Geburt. Aber davon weiter unten.

Abb. 5

Die vorbewusste Botschaft des Films, eingeführt im Voice over des Erzählers, durchgearbeitet im Aufrufen und Zersetzen konventioneller Western-Männlichkeit, im Einweben des roten Fadens der Kriegserfahrung und der Entgegensetzung von Paarbeziehung und Einsamkeit ist also: Männer sind nicht mehr so definiert, wie sie es waren – und sie waren definiert durch das, was sie kollektiv geschaffen haben, »das Land«. »Country« als Inbegriff der sozialen Ordnung, für die man als Sheriff, als Soldat kämpft, eine höhere Einheit, die einem dafür identitäre Zugehörigkeit zuweist – dieses Country ist nicht mehr da, es hat sich aufgelöst. Aufgelöst hat es sich, so die Lesart auf der Ebene der Botschaft, weil »da draußen« mittlerweile so schlechte und haltlose Männer sind, Mörder aus Neugier oder aus perversem System, eine Art Springflut der Schlechtigkeit, der die Dämme der Zivilisation nicht mehr standhalten, die der Kulturleistung der kooperativen Disziplinierung nicht mehr zugänglich sind. Auf dieser Ebene wäre *No Country for Old Men* dann ein wenn auch dekonstruktivistisches, so doch strukturell ödipales Drama (eine Lesart, zu der auch Georg Seeßlens Analyse des Coen-Oeuvres tendiert; vgl. Seeßlen, 1998). Dieser ödipalen Interpretation soll hier aber widersprochen werden.

Denn da sind noch die Frauen. Erin K. Johns (2009, S. 139) weist ihnen in ihrer lacanianisch-feministischen Analyse die Rolle zu, in einer abgewirtschafteten Männerwelt der einzige Ort des Widerstands gegen dieses in seinem Kern tödliche System zu sein. Ob die Funktion des Weiblichen in *No Country for Old Men* wirklich so affirmativ zu sehen ist? Zunächst fällt auf, dass Frauen hier auf besondere Weise keine Rolle spielen. Die älteren Frauen bleiben intakt: die Managerin des Trailerparks, Loretta, die Hotelportiersfrau. Sterben müssen nur die jungen Frauen, Carla Jean und die Frau am Pool. Wir werden eine Analysestufe tiefer gehen müssen um verstehen zu können, wo der Ort der Weiblichkeit in dieser Ortlosigkeit der Männer ist.

Das Unsichtbare

Lorenzers dritte Ebene, die eigentlich psychoanalytische, bezieht sich darauf, was sich in der Teilhabe an der Szene entfaltet. Auch diese Szene ist sorgfältig vom Film gesteuert, insbesondere durch die genuinen Mittel der Blicksteuerung und Zeitregie (vgl. Hamburger, 2012, 2013). Im Kino ist der Zuschauer in der Zeit gefangen. Er kann nicht aus der Sequenz der Bilder fliehen, und auch nicht aus den Lücken, die diese Sequenz eröffnet. In dieser strukturierten Abwesenheit liegt mehr von der unbewussten Sinnebene des Films als in der Anwesenheit der Diegese (vgl. Hamburger, 2013, im Druck, Reiche, 2011, Soldt & Nitzschmann, 2009). Teilweise kompatibel mit dieser Auffassung ist die Annahme der an Lacan orientierten Filmanalyse, der Zuschauerblick sei als Verkörperung des Objet petit a in den Film eingeschrieben, als das Abwesende, die Lücke, die der Zuschauer phantasierend füllt (Manon, 2010).[9]

9 Diese präzise Analyse des Dispositivs (vgl. Baudry, 1975, Metz, 1975, 1977) ist die Stärke dieses Ansatzes; seine Schwäche ist, dass sie sich von der empirischen Untersuchung von Zuschauerreaktionen dispensiert und vermeint, dem Werk durch eine direkte Analyse beizukommen. Das führt nicht immer zu gehaltvollen Analysen. Jason Landrum (2009) sieht in *No Country for Old Men* überall den Todestrieb am Werk, den er bei allen Beteiligten in deren selbstschädigenden, dem Prinzip der jouissance folgenden Handlungen verortet. Die Belege für diese These sind freilich ebenso lückenhaft wie die Schussfolgerung schlicht (»a film that forces spectators to consider how much time we spend fending off thoughts about death«; Landrum, 2009, S. 214).

Eine solche auf die autonome Bildebene bezogene Betrachtung ist für die Filme der Coen-Brüder unausweichlich (vgl. Seeßlen, 1998, S. 244). In einer psychoanalytischen Lektüre müssen wir die Intensität der eigenen Seherfahrung reflektieren, um die verborgene Szene des Films zu entschlüsseln. Da war von Leere und Trance die Rede, von dem Gefühl, aus dem Sinnzusammenhang der Welt ausgeschlossen zu sein, von stehen gebliebener Zeit und Sterben. Suchen wir also nach diesen negativen Apperzeptionen, dem Unsichtbaren in *No Country for Old Men.*

No country

Wir hatten vorhin von der Rolle der Landschaft für die denotative Ebene des Films gesprochen. Nun spricht der Filmtitel aber von »No Country«, indiziert also eine Lücke, ein Fehlen. Der Zuschauer sieht ein Nicht-Land. Was noch sieht er nicht? Von welchen Nicht-Wesen ist dieses Nicht-Land bevölkert?

Der Raum, in dem sich die Handlung entfaltet, ist ein negativ definierter Ort, eine Wüste. »Desert« ist wörtlich (von Lateinisch »desertum«) das (von Menschen) Verlassene – ein Gebiet mit arider Vegetation, in dem wasserbedürftige Wesen wenig Chancen auf Überleben haben. »Agua!« ist das Grundbedürfnis, dessen Geltendmachung durch den verletzten Banditen Moss nicht widerstehen kann – und dies ist sein erster Fehler. Die lebensfeindliche Dürre der Landschaft löst im Zuschauer ohne weitere Vertiefung in die Dramaturgie das Gefühl des Verlorenseins, des Verdurstens aus. Angst vor Verdursten ist ein Gefühl aus dem Register der primären Kindheitskatastrophen – der Hungertod, dem jedes gesunde Baby alle paar Stunden ausgeliefert zu sein glaubt, bis es lernt, dass man die Quelle anrufen kann, ist eigentlich ein Dursttod.

Dieser Flüssigkeitsentzug wird auf der Ebene der Handlung in mehreren Neben- und Hauptsträngen gespiegelt. Schon in der Figurenkonstellation fällt auf, dass Frauen nicht eigentlich in die Handlung eingreifen. Sie sind zwar da, und begleiten (oder erdulden) empathisch die erratischen Bewegungen ihrer Partner, aber sie können sie nicht beeinflussen. Auch wenn es um Getränke geht, bleibt der Film – vor allem im Rahmen des Westerngenres – sparsam bis ironisch: Das Bier taucht entweder als untaugliches Verführungsmittel (am Pool) oder als Maskerade auf, nämlich wenn Moss sich damit einreibt, um unerkannt als Säufer über die mexikanische Grenze zu kommen. Die Situation, in die der Film den Zuschauer versetzt, ist also die Verlassenheit des Säuglings, der sich der Dürre ausgeliefert wähnt und keine Beziehung zu einer lebens- und sinnspendenden Brust aufnehmen kann.

No words

No Country for Old Men ist die Verfilmung von Cormack McCarthys gleichnamigem Roman von 2005. Er bildet die Fortsetzung seiner moralkritischen Borderland-Trilogie, bricht jedoch auch entscheidend mit ihr. Im Gegensatz zur meisterlichen, von William Faulkner inspirierten Prosa der drei Vorläuferromane ist *No Country for Old Men* in an Ernest Hemingway erinnernde, schlichte, fast abgehackte Sätze gepackt (Jarrett, 2009) und von knapper, filmischer Redeführung geprägt. Einige Kritiker warfen ihm seine Preisgabe der Meisterprosa sogar als Altersschwäche vor (Frye, 2009). Alter ist sicher ein Thema, nicht nur explizit, sondern auch implizit (vgl. ausführlich Saxton & Cole, 2012). Der Titel zitiert die Anfangszeile des Gedichts *Sailing to Byzantium* von William Butler Yeats (1926). Als Yeats mit 60 das Gedicht schrieb, setzte er sich nach einer schweren Krankheit mit der Endlichkeit des Lebens auseinander. Der Film stellt also ein Palimpsest überlagerter Textschichten dar: vom Gedicht zur Filmidee, von dort zum Roman und schließlich zum Drehbuch und dem nicht ganz damit übereinstimmenden realisierten Film. Bei diesen Über- und Umschreibungen kam es zu einer Reihe signifikanter Veränderungen.

Schon McCarthy gibt die von Yeats favorisierte Kunstlösung weitgehend auf. Die Klage des Dichters über die von jungen Leuten bevölkerte Welt, an der der Alternde keinen Teil mehr hat (»That is no country for old men. The young/In one another's arms, birds in the trees …«; Yeats, 1926) mündet in eine Apotheose der unsterblichen Kunst. Während der Dichter sich klangvoll zum Sänger ewiger Schönheit verklärt, ist McCarthys Prosa über weite Strecken lakonisch, in schlichtem Südstaatendialekt und auffallend »geradlinigen« Western-Gedanken gehalten, also betont irdisch.

Von McCarthys Roman zum Film ist es ein nicht ganz so weiter, aber doch beträchtlicher Schritt. Wie in jeder Literaturverfilmung nimmt auch *No Country for Old Men* Streichungen vor, sowohl auf der Handlungsebene wie in den Backstories der Figuren. Einige dieser Veränderungen sind ausschlaggebend für die Interpretation des Films.

Während im Roman der Prosatext von Bells Erinnerung fast ein Drittel des Buches einnimmt, ist er im Film auf zwei kurze Sequenzen am Anfang und am Ende reduziert; die erstere ist extradiegetisch als Voice over präsentiert, während die Reflexionen gegen Ende des Films in die Handlungsebene eingebaut sind. Dadurch wird der Held viel stärker als handelnde denn als reflektierende Figur eingeführt, und große Teile seiner Backstory werden weggelassen. Wir erfahren nichts von seinem Kriegstrauma: Er hat als »last man standing« seine verlorene Einheit im Stich gelassen (McCarthy, 2005, S. 179, 250ff.;

vgl. Peebles, 2009, S. 133). Und wir hören weder etwas von seiner Tochter, die »jetzt 30 wäre« (S. 260), noch davon, dass er Moss' Vater besucht und mit ihm über den Vietnamkrieg gesprochen hat (S. 270ff.). Und dass er doch noch einmal nach Chigurh gesucht hat.

Jim Welsh, Nestor der literaturwissenschaftlichen Filmforschung, sieht in diesen Auslassungen eine Trivialisierung und wirft den Coens vor, in ihrer »unverschämt postmodernen« Version die Figur des ratlosen Sheriffs Bell sympathischer und erträglicher zu machen und dadurch den existenziellen Kern des Romans zu verfehlen (Welsh, 2009, S. 83). Dem ist zu widersprechen. Die Figur wird durch die Einkürzung der Backstory zwar zum »unverschämt postmodernen« Typus gemacht, aber gerade dadurch nichts weniger als trivial. Die Verdünnung der Figur, ihre filmische Flächigkeit zeigt, was sie zeigen soll: das Vater-Phantasma als dürftige Projektion. Im Roman trägt Bell eine Überlebensschuld (nicht mit seinen Kameraden gestorben zu sein), im Film ist er bloß ein Nostalgiker, eine Filmfigur, die früheren Filmfiguren nachtrauert.

Auch die oben besprochene Grausamkeit des Kleinen Mannes Llewellyn Moss wird im Film gegenüber dem Buch anders dargestellt. Die letzte Bitte des sterbenden Mexikaners, die Autotür wegen der Kojoten zu schließen, wird ihm im Roman gewährt (McCarthy, 2005, S. 18). Auch diese Abweichung dient der Zuspitzung: Indem Moss an dieser Stelle etwas sinnlos Grausames tut, wird er von Beginn an einbezogen in das System der »Maßlosigkeit« des modernen Verbrechens.

Auch die mise en scène von Moss' Tod zeigt eine wichtige Abweichung zwischen Buch und Film. Im Film ist er, ebenso wie im Roman, elliptisch erzählt: Das Letzte, was wir von ihm hören, ist der Bier-Dialog mit der Frau am Pool. Dann sehen wir ihn erst als Leiche wieder. Dennoch ist der Erzählsprung im Film viel größer als im Buch. Dort steht anstelle der Mini-Episode mit der lüsternen Frau am Pool eine lange Fahrt mit einer minderjährigen Tramperin, die sich Moss an den Hals zu werfen versucht. Er hält sie väterlich davon ab und schenkt ihr Geld, damit sie über die Runden kommt. Sterben müssen sie dann aber beide (S. 215). Hier aber liegt der entscheidende Unterschied zwischen Buch und Film. Die Coens haben die folgende Passage aus dem Buch gestrichen, in der der örtliche Polizist eine Zeugenaussage über den Ablauf der Tat berichtet:

> »... wie er [Moss] gesehen hat, dass der Mexikaner eine Waffe auf den Kopf der Frau richtet, hat er seine Pistole auf den Boden gelegt. Sowie er das gemacht hat, hat der Mexikaner die Frau weggestoßen, auf sie geschossen, sich dann umgedreht und auf ihn geschossen [...]« (S. 216).

Moss hat also, um das Mädchen zu retten, seine Waffe auf den Boden gelegt – ein Akt des Mitgefühls, wieder einmal »some dumber than hell«, der Beide das Leben kostet. Es ist, und das ist bedeutsam vor dem Hintergrund von Chigurhs fatalistischem System des Münzwurfs, eine Willensentscheidung von Moss, seinen eigenen Schutz (die Waffe) zugunsten eines solidarischen Verhaltens (Schutz des Mädchens) aufzugeben; ein Akt der Selbstlosigkeit, der in den Wertekanon des klassischen Western passt, nur dass er dort in der Regel zum Sieg führt. Indem der Film uns dieses entscheidende Detail verweigert und an seine Stelle eine Leerstelle setzt, schließen die Coen-Brüder sich Chigurhs fatalistischer Logik an. Die menschliche Willensfreiheit hat in diesem System keinen Platz (vgl. Cutchins, 2009).

In die gleiche Richtung weisen die Striche, die die Coens bei Chigurh anbringen. Durch die Auslassung der Szene, in der Chigurh das Geld zurückgibt und sich dem obersten Auftraggeber als einzig verlässlicher Geschäftspartner darstellt (McCarthy, 2005, S. 227ff.), erscheint er umso mehr als Nemesis-Figur (vgl. Wallach, 2008, S. xvi. Welsh, 2009, S. 80). Die Weglassung dieser Szene nimmt Chigurh das einzige eigennützige Motiv, das ihm der Romanautor zugeschrieben hatte. Die Figur wird dadurch noch ver- und entrückter.

Und schließlich Carla Jean. Im Buch trifft sie die Wahl, die Chigurh ihr anträgt – und wählt die falsche Seite der Münze: Kopf (McCarthy, 2005, S. 235). Sie stirbt. Im Film verweigert Carla Jean diese Entscheidung. Diese Verweigerung ist für die Interpretation des Films von erheblicher Bedeutung (ich komme darauf zurück) – und die Regisseure scheinen sich erst spät entschieden zu haben, dies so zu inszenieren, denn im veröffentlichten Drehbuch (No Country for Old Men, Skript (o.J.), S. 112) ist das *gesamte* Münzwurf-Angebot gestrichen.

Die erste Romanverfilmung der Coen-Brüder gleicht einem »intertextuellen Tanz« (Welsh, 2009, S. 76), in dem der spätmoderne Cormack McCarthy die Vorlage bildet für eine postmoderne Reinszenierung von Coen-Figuren. Chigurh ist der letzte in einer langen Reihe von sinnlos mordenden Coen-Bösewichtern (Seeßlen, 1998), er ist der Repräsentant der Logik des Tauschwerts, der affektfreien Rationalität.

No future

No Country for Old Men spielt auf dem Genre des Western das Lied vom Tod, aber nicht vom Tod als Gefahr in einem Abenteuer-Narrativ, sondern als schwarzem Hintergrundrauschen des Lebens. Es ist nicht der Vater- und Sohnesmord des Ödipusdramas, der hier in Szene gesetzt wird, sondern eine vom sozialen und affektiven Erleben abgetrennte Mechanik.

Wie weit gehen McCarthy und die Coens in der Verschränkung von Tod und Leben? Lassen sie den Tod das Leben bestimmen, sodass ihm gegenüber sinnhaftes Erleben nur als metaphysische Täuschung erscheint? Oder sehen sie den Sinnverlust als Folge einer aus dem Ruder gelaufenen Entwicklung? Glaubt man Sheriff Bell, so gab es vordem eine gute alte Zeit, in der moralische Werte noch gegolten haben. Die Gegenwart ist dagegen korrumpiert. Aber kann man ihm glauben? Schon am Anfang des Films ist klar, dass der Sheriff aufgeben muss. Aber nicht nur weil er sich der Übermacht eines Antagonisten beugt – das wäre, wenn auch ein verlorenes, so doch ein ödipal strukturiertes Drama (vgl. Cant, 2009) –, sondern weil er seiner eigene Verstrickung in das verzerrte Wertgefüge erliegt. Dies allerdings ist die Botschaft des Films, mehr als des Romans, und deshalb war es auch erforderlich, die psychologischen Hintergründe der Bell-Figur auszuwaschen und ihre neue, viel negativere Gestaltung einer filmisch dichten mise en scène zu überlassen – einer Inszenierung, die weitgehend mit dem Unsichtbaren operiert.

Filmisch wird die Einkürzung der ödipalen Dimension durch kaum merkliche Signale transportiert, die umso tiefer unter die Haut gehen. Schon einleitend haben wir in Bells Lebensbeichte das Problem erfahren: Er hat ein Kind getötet, das ein Kind getötet hat. Er hat dem jungen Mann, der schon immer geträumt hatte, zu töten und dann in die Hölle zu kommen, geholfen, diesen perversen Wunsch zu erfüllen. Bell ist Teil des Bösen geworden, das er als Vertreter des Gesetzes ausrotten wollte. Das Gesetz hat sich selbst verraten. Natürlich ist das eine politische Botschaft, sie kommentiert den tiefgreifenden Wandel der amerikanischen Gesellschaft nach 9/11, die Selbstabschaffung der Demokratie zum Zweck der Bekämpfung des Terrorismus, der die Demokratie abschaffen will. Um die Fundamentalisten zu fangen, die die Freiheit des Rechtsweges abschaffen wollen, wird die Freiheit des Rechtsweges abgeschafft und Guantanamo eröffnet. Aber über die vorbewusste Botschaft hinaus gehört die

Austauschbarkeit von Gut und Böse auch ins Repertoire der unbewussten Szene. Sie wird durch unmerkliche filmische Operationen vermittelt, vor allem in der Figurenkonstellation von Sheriff Bell und Chigurh.

Abb. 6

Die Verschränkung von Gut und Böse haben wir schon in den Einleitungspassagen des ersten Aktes gesehen. Spannender noch wird es, wenn wir die Schicksale der beiden Männer, die sich erst nach und nach als die eigentlichen Protagonisten des Films entpuppen, Chigurh und Bell, durch den Film verfolgen. Sie sind niemals zugleich auf der Leinwand zu sehen und doch intensiv miteinander verschränkt. Sie hängen zusammen wie Dr. Jekyll und Mr. Hyde. In zwei Szenen wird diese bildliche Nähe besonders greifbar:

Abb. 7

Abb. 8

Chigurh sitzt in Moss' Trailer auf der Couch und trinkt aus einer Milchflasche. Wir sehen ihn in der leeren Mattscheibe des Fernsehers gespiegelt (Abb. 6). Später kommen Bell und sein Deputy, Wendell (Garret Dillahunt), zum Trailer. Bell erkennt, wo Chigurh gesessen hat, nimmt den gleichen Platz ein und trinkt ebenfalls Milch. Auch ihn sehen wir in der Spiegelung des Fernsehers (Abb. 7). Als Wendell Bell an dieser Stelle fragt, ob Moss wohl wisse, wer da hinter ihm her sei, sagt er (etwas rätselhaft): »I don't know. He ought to. He's seen the same things that I've seen and it certainly made an impression on me.« (00:35:25) Erneut diese seltsame Begegnung zwischen Bild und Ton: Denotativ kann Bell nur das Drogenverbrechen in der Wüste meinen. Bildsprachlich ist Bell in Chigurhs Spiegelbild geschlüpft.

Der altmodische Fernseher, der in beiden Einstellungen als haftender Spiegel dient, in dem die Bilder der Antagonisten sich vereinigen, wird schon mit einer Pointe in den Film eingeführt: Als wir ihn nach Moss' Rückkehr aus der Wüste zum ersten Mal sehen, läuft (schwarzweiß) der Technicolorfilm *Flight to Tangier* (Charles Marquis Warren, 1953)

Abb. 9

Abb. 10

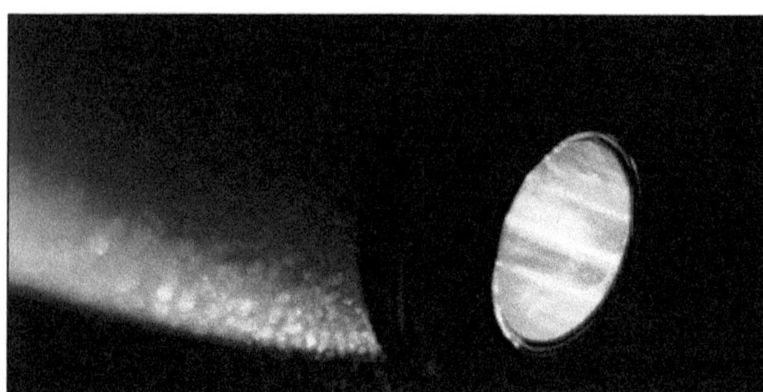

Abb. 11

Abb. 12

(Abb. 8). Dieser Film beginnt mit dem Absturz eines führerlosen Flugzeugs und verschwundenen Millionen. Nicht nur inhaltlich gibt es einen Bezug zu *No Country for Old Men* – er war auch einer der ersten experimentellen 3D-Filme, und das kann man in einem Schwarzweißfernseher noch weniger sehen als Technicolor-Farben. Er verweist damit doppelt auf etwas nicht Sichtbares – so schreiend wie die Witwe Marthe in der berühmten Ekphrasis in Heinrich von Kleists *Der zerbrochne Krug* (1808): »Seht Ihr den Krug, ihr wertgeschätzten Herren? Seht Ihr den Krug? [...] Nichts seht ihr, mit Verlaub, die Scherben seht ihr.« (Vers 643ff.) Das Sichtbare ist eben genau das Unsichtbare.

Später, als Bell zum Hotelzimmer, in dem Moss ermordet wurde, zurückkehrt, findet er an der Tür das Zeichen von Chigurh: das mit dem Bolzenschussapparat herausgestanzte Türschloss. Wir sehen in Großaufnahme den Stanzkanal und darin unmerklich eine Bewegung (01:36:10; Abb. 9). Schnitt auf Chigurh, der im Inneren des Zimmers hinter der Tür wartet, erhellt nur von dem dünnen Lichtstrahl durch das herausgeschossene Schloss (Abb. 10). Dann sehen wir in Detailaufnahme den Stanzkanal von innen (Abb. 11). Bell tritt ein, die Tür schwingt weit auf, Chigurh ist jetzt nicht mehr zu sehen. Verdeckt durch die Tür? Oder war er gar nicht da? An der gegenüberliegenden Wand sehen wir Bells zweifachen Schlagschatten, ähnlich einer Doppelbelichtung (Abb. 12).

Abb. 13

Diese optische Verklammerung stellt gegenüber dem Roman eine extreme narrative Verdichtung dar. Was im Buch ein – wenn auch von rätselhaften Ellipsen geprägtes – gegenseitiges Belauern auf dem Hotelparkplatz ist, wird im Film an die Zimmertür verlegt. Die beiden Antagonisten sind nur durch das schmale Türblatt getrennt wie die zwei Seiten einer Münze, zwei letztlich austauschbare Zeichenträger: Kopf und Zahl, »heads« und »tails«.

Die filmische Verschmelzung von Bell und Chigurh in der Türschloss-Einstellung ist schon im Drehbuch minutiös ausgefeilt (No Country for Old Men, Skript (o.J.), S. 105; vgl. Wallach, 2009, S. xv):

> »The curved brass of its hollow interior holds a reflection of the motel room exterior. Lights and shapes. The curvature distorts to unrecognizability what is reflected, but we see the color of Sheriff Bell's uniform. The reflection is very still. Then, slow movement. – OUTSIDE. Sheriff Bell finishes bringing his hand to his holstered gun. It rests there. Still once again. His point-of-view of the lock. The reflection from here, darker, is hard to read.«

Die Beschäftigung mit solchen Zerrbildern hat in der psychoanalytischen Kunsttheorie Tradition: Lacan (1987) sieht darin (am Beispiel eines bis zur Unkenntlichkeit perspektivisch verzerrten Totenschädels in Holbeins Gemälde *Die Gesandten*, 1533) eine Thematisierung der Subjektkonstitution im Gesehenwerden; im Zerrbild werden wir »als Subjekte auf dem Bild buchstäblich angerufen [...] und also dargestellt [...] als Erfaßte« (1987, S. 98). Diese Anrufung aber erfahren wir wegen der perspektivischen Verzerrung erst im Weggehen, aus dem Augenwinkel.

Während die Bildbegegnung im Türschloss normalerweise beim ersten Sehen des Films nicht wahrgenommen wird, hat die nachfolgende optische Irritation, Bells doppelter Schatten, viele Zuschauer erreicht. Jeanne C. Harasemovitch (2009, S. 137) meint sogar, das Doppelbild könnte auch Chigurhs Schatten enthalten: »This moment of visual and visceral confusion fuses the two characters for the viewer.« Der doppelte Schlagschatten ist natürlich von Bell, nicht von Chigurh – aber dem Zuschauer unbewusst haben Bell und sein diabolischer Doppelgänger sich kurz zuvor im Stanzkanal der Penetrationsmaschine anamorphotisch vereinigt. Chigurh, ein Anagramm von »rich hug«, hat den Helden in den Bann seiner Umarmung (hug) gezogen. Wie ein Rückverweis auf das Nicht-Gesehene ruht kurz darauf Bells Blick (und der der Kamera) auf einem weiteren anamorphen Objekt, dem Fensterriegel aus Messing (Abb. 13). Er bedeutet nichts weiter als die Erinnerung an den Messingkanal des Türzylinders, in dem die beiden Männer sich getroffen haben. Indem der altmodische Fensterriegel aus Messing so zum Träger der Blickverunsicherung wird, wird auch die Sicherheit infrage gestellt, mit der wir uns im Alltag orientieren. Der Zuschauer soll und wird sich jetzt immer fragen, ob auch banale Gegenstände erst entziffert werden müssen. Er findet sich gefangen in einer konstruierten Welt. Vertraute Kulturgegenstände taugen nicht mehr als eindeutige Bedeutungsträger. Seeßlen (1998, S. 259) bezeichnet solche im Werk der Coen-Brüder häufig auftretenden Bildelemente zutreffend als »Zeichen für nichts«.

No tunes

Die Wahrnehmungsverunsicherung des Zuschauers entfaltet sich auch in einer weiteren »Unsichtbarkeit« des Films, im Fehlen der Musik. Nicht erst seit der Ära des Tonfilms, schon seit der Erfindung de Kinos überhaupt war Musik die treue Begleiterin der Imagination. Hier wird sie uns verweigert. Dennoch hat *No Country for Old Men* eine raffinierte Geräuschregie, die sowohl den Suspense unterstützt als auch die metaphysische Leere des Films akustisch übermittelt. In der erwähnten Schlussszene des Films sehen wir Bell in der Küche einen Traum erzählen. Aber was wir im Hintergrund hören, ist eine Leerstelle, ein Void, um es mit dem Architekten Daniel Libeskind zu sagen. Kaum hörbar war da das leise Ticken einer Uhr und der Wind (vgl. Swaford, 2008). Durch diese Tonlosigkeit wird der Wind als Schlüssel zum Soundtrack lesbar. Es ist der gleiche, den schon Bertolt Brecht in seinem Gedicht *Vom armen B. B.* charakterisiert hat: »Von diesen Städten wird bleiben: der durch sie/Hindurchging, der Wind!« Im Rückblick kann aus der Sprache des Windes, die schon im Schwarzbild vor der ersten Aufblende des Films ertönt und in der Schlussszene signifikant wird, auch der Soundtrack über den ganzen Film rekonstruiert werden.

Der Film spricht durch den Soundtrack direkt mit dem Unbewussten des Zuschauers. Wie raffiniert er das macht, und was er damit bewirkt, zeigt sich auch an der Stelle, an der Moss zum ersten Mal die Leichen in der Wüste sieht. Er zoomt sie mit seinem Fernglas heran, die Kamera folgt seinem subjektiven Blick (00:07:15). In diesem Moment, also wenn wir – nicht durchs Fernglas, denn das Bild zeigt keine Kreisblenden, sondern durch seine Augen – hineinversetzt in seine Vorstellung der Szene den Tatort vergrößert sehen, hören wir den Wind pfeifen. Das Geräusch verstummt abrupt beim objektiven Gegenschuss auf den sich mit der Waffe im Anschlag nähernden Moss. Was ist hier geschehen? Das kaum hörbare Windgeräusch, das dem Zuschauer das »Realitätszeichen« (wie Freud es genannt hätte) vermittelt, nämlich die Illusion erzeugt, Teil der Szene zu sein – es ertönt nur im Inneren der Vorstellungswelt des Protagonisten. Sobald wir ihn von außen sehen, wird er durch gespenstische Stille abgelöst. Das ist kein Fehler, sondern es hat Methode: Als Llewelyn Moss den Tatort verlässt um nach »last man standing« zu suchen, hören wir noch einmal kurz einen solchen pfeifenden Windstoß (00:10:25), der ebenso plötzlich wieder verstummt.

Als akustischer Gegenspieler des Windes tritt im Minimal sound des Films das Zuggeräusch auf – schon während Chigurh den Deputy erdrosselt, ist eine Lokomotive zu hören. Und während Bell angespannt vor der Zimmertür des Motels wartet, hören wir im Hintergrund Autos vorbeigleiten, und kaum wahrnehmbar dahinter einen entfernten Zug, dann einen Windhauch und einen Orgelklang. Das Klicken, mit dem der Sheriff seine Pistole aus dem Holster löst und das Quietschen der aufschwingenden Zimmertür nehmen sich gegen diesen minimalistischen Hintergrund wie akustische

Großaufnahmen aus. Der Zug – jenes Werkzeug der Zivilisation, mit dem die Eroberung des Westens begann (und dessen Geräusch, wie wir wissen, von Anfang an den geisterhaften Killer Chigurh begleitet) – und der Wind, die Signatur der Wüste, sind unterschwellig kopräsent an der Stelle, an der Gut und Böse miteinander verschmelzen.

All dies ist ohne gezieltes Hinhören nicht bewusst wahrnehmbar. Die subversive Geräuschregie zieht den Zuschauer tief in die Dekonstruktionsabsicht des Films hinein (vgl. Seeßlen, 1998, S. 238f.). Die Leerstelle, die die zerronnene Westernmoral in *No Country for Old Men* hinterlässt, verweist auf eine tiefere Leere, die zu überbrücken oder zu plombieren sie gedient hatte. Es ist, so denke ich, die Leerstelle einer verdorrten Primärinstanz, psychoanalytisch metaphorisiert: der toten Mutter.

Das tödliche Spiel der Geburt

Untergründig ist die tote Mutter in vielen amerikanischen Filmen, zumal Western, thematisiert, und zwar immer dann, wenn Bezüge zum alten Europa oder zum Genozid an den nordamerikanischen Indianern deutlich werden, und das ist, zumal im Western, gar nicht selten (Krause, 2012, Hamburger & Pramataroff, 2014). Ich möchte deshalb an den Schluss meiner Ausführungen einige Überlegungen zum latenten Thema der toten Mutter stellen.

Zahlreiche Autoren interpretieren Chigurh als Allegorie des Todes (Cant, 2009, Vanderheide, 2009) und sehen wie Harasemovitch (2009) das Münzspiel als vorsprachliche Geste im Sinne einer Auflösung von Raum und Zeit. Diese Überlegungen können unterstützt werden durch den Rekurs auf die früheste Erfahrung des Säuglings, der die Zuwendung der Mutter noch nicht als zeitlich stabile Erwartungsfigur verinnerlicht hat, sondern den Überfällen von Hunger und Durst wie einer blinden, unvorhersehbaren Attacke ebenso ausgeliefert ist wie der Zu- oder Abwendung der Mutter, die er noch nicht mentalisieren kann, deren Handlungsweisen noch nicht als geordnet oder gar bezogen erscheinen können. In dieser archaischen Erlebensdimension ist die Mutter nicht nur lebensspendend, sondern im gleichen Maß auch jederzeit todbringend, und der Unterschied zwischen beiden Zuständen erscheint dem Baby als vollkommen unvorhersagbar. Wenn also Chigurh auf seinem Münzspiel besteht, so repräsentiert er damit eine tödliche mütterlichen Dimension des vernichtenden Zufalls (vgl. Woodson, 2009, S. 6). Er ist nichts anderes als der Bote der Kontingenz.

Bedeutsam ist, dass Chigurh immer wieder im Zusammenhang mit dem Münzwurf das Motiv der Reise erwähnt, die jahrelange Vorbereitung des Moments der Entscheidung. »Well, I got here the same way the coin did.« (01:46:19) Im hier erörterten Zusammenhang der Mutter-Metapher steht diese Reise für die Schwangerschaft und der Münzwurf für die Geburt: In der Logik des präobjektalen Kindes ist das Gesetz des Zufalls das einzige, das über Leben und Tod, Glück und Verhungern/Verdursten regiert. »Everything« steht auf dem Spiel, wie Chigurh dem Tankwart – in dieser Logik ganz zutreffend – versichert. Und nicht nur in dieser Logik: Denn angesichts der existenziellen Bedrohung, einen allmächtigen Killer im Tötungsmodus vor sich zu haben, ist der alte Mann (und mit ihm, daran sei erinnert, der Zuschauer) tatsächlich faktisch auf die Wahlmöglichkeiten des vier Wochen alten Kindes reduziert, das noch nicht einmal weiß, wie ihm geschieht.

Chigurhs affektlose Logik kulminiert in einem Spiel um Leben und Tod, als er den Tankstellenbesitzer um sein Leben spielen lässt, ohne dass der es weiß. Der Auslöser dafür ist, wie wir oben gesehen haben, dass dieser seine Frau erwähnt hatte, und die Kinder, die er mit ihr in »Temple, Texas« aufgezogen habe – woraufhin Chigurh, eigenartig besessen, auf der Formulierung »You married into it« besteht und in den Tötungsmodus umschaltet (00:23:19–00:23:23).

Das grausame Münz-Spiel wiederholt sich am Ende des Films. Chigurh wartet auf Carla Jean, als sie von der Beerdigung ihrer Mutter zurückkehrt, um sie zu erschießen – wie er es Llewelyn Moss angedroht hat, falls der ihm nicht das Geld zurückbringe. Sie hält ihm entgegen, dass er nun, da er keinen Gewinn mehr davon haben kann, seine Drohung nicht mehr ausführen muss. Chigurh scheint auf das Argument einzugehen: Er ersetzt die mechanische Konsequenz (»I gave my word«) durch den Zufall, wie er es schon an der Tankstelle getan hatte. Er bietet Carla Jean an, dass der Münzwurf über ihr Leben entscheiden soll. Statt darauf einzugehen, benennt sie dieses Angebot als Verrücktheit, und als er beharrt, weigert sie sich – und hier weicht der Film von der Romanvorlage ab: Während Carla Jean im Buch nachgibt und wählt (McCarthy, 2005, S. 235), verweigert sie im Film die Wahl: »The coin don't have no say. It's just you.«

An dieser entscheidenden Stelle des Films rettet Carla Jean, in vollem Bewusstsein der Unausweichlichkeit der Situation, ihre menschliche Würde durch eine Entscheidung gegen den Zufall. Sie überlebt nicht, aber im Nicht-Überleben bleibt sie mit sich als Mensch identischer als in der Überantwortung an die fatalistische Logik der Münze (Cutchins, 2009, Harasemovitch, 2009, Johns 2009). Sie trifft eine freie Willensentscheidung.

Dennoch ist das Münzspiel mehr als ein Zufallsgenerator. Es ist nicht ohne Belang, dass gerade ein Geldstück als Medium dient. Dies zeigt ein Ersetzungstest – und der Film bringt uns sogleich einen solchen vor Augen:

Nur Sekunden nach dem (elliptisch übergangenen) Mord an Carla Jean wird Chigurhs Auto von einem anderen Auto gerammt und Chigurh schwer verletzt. Reiner Zufall. Ein Gottesurteil, ohne dass Geld im Spiel ist? – Falsch, es ist doch Geld im Spiel. Chigurh, schwer verletzt, bittet einen der Jungen, die er vor dem Unfall im Rückspiegel gesehen hat, um dessen Hemd – und bietet ihm dafür Geld an; und der Junge, der ihm zuerst mitleidig das Hemd schenken will, nimmt es schließlich an. Mephistophelisch hat Chigurh menschliche Empathie käuflich gemacht (01:46:58–01:49:13).

Dass Chigurhs affektlose Logik mit dem Münzspiel verbunden wird, deutet die Ursache an, aus der der Film den Verlust der nährenden und sinnspendenden Mutter-Landschaft ableitet: die Logik des Kapitals. Sie ist vordergründig eine männliche Logik (vgl. Johns, 2009), nämlich die Logik der kompetitiven anstelle einer kooperativen Gewinnmaximierung. Innerlich wird sie jedoch mit der Leerstelle der regulierenden Mutter verknüpft. Darin besteht die schockierendste Grausamkeit des Films: Dass am Schluss auch Carla Jean sterben muss, das mütterliche Mädchen, und zwar in einem Moment, wo die Zweckrationalität der Gewinnmaximierung gar nicht mehr greift, wohl aber das Prinzip, auf dem die Tauschgesellschaft beruht: Pacta sunt servanda.

Um diesem Stück Analyse noch einen empirischen Anhaltspunkt mitzugeben: Nach der ersten Sichtung des Films hatte ich, wie erwähnt, eine falsche Erinnerung gespeichert, die ich erst in der zweiten korrigieren konnte. Ich dachte, Carla Jean sei schwanger gewesen. Irgendwie denke ich es, wenn ich mir ihr menschliches Gesicht anschaue, immer noch.

Der weg hinkende Chigurh wird überblendet vom nachdenklichen Gesicht von Sheriff Bell – in der Überblendung sind sie zum zweiten Mal seit der anamorphotischen Vereinigung gemeinsam im Bild (Abb. 14) –, der, wie oben beschrieben, seiner Frau die Träume erzählt.

Wir hören leise das Ticken einer Uhr und den Wind. Nach Bells letztem Satz: »Then I woke up«, folgt eine Schwarzblende. Erst im Abspann, mit der Rückkehr zur Schrift, verdichten sich die Geräusche, erstmals, zur Musik. Erst mit der Schrift, die darauf verweist, wie dies alles gemacht ist, und wer dies alles gemacht hat, sodass wir nicht anders konnten als glauben: »Die Welt ist eben so. Es war ein kindlicher Irrtum, zu glauben, sie habe einen Sinn«, kehren wir in ein gültiges Dasein zurück, in dem auch etwas wächst (vgl. Hamburger, 2014). Vielleicht macht es Sinn, seine Träume zu erzählen. Wenn jemand zuhört. Yeats hat in seinem Gedicht *Sailing to Byzantium* zu dem Schluss gefunden, es sei die Kunst, die auf die Dauer Sinn mache. Die Coens zeigen uns etwas Ähnliches: Die Welt ist ein Konstrukt, ein Traum. Kein Zweifel, auch dies ist ein Coen-Film, ein Lichtspiel. Es ist vielleicht gut, ihn sich geduldig und genau anzusehen.

Abb. 14

Literatur

Baudry, J.-L. (1994 [1975]). Das Dispositiv: Metapsychologische Betrachtungen des Realitätseindrucks. *Psyche – Z Psychoanal, 48*, 1047–1074.

Blothner, D. (2010). Unterhaltung mit Gewalt – Wirkungsanalyse des Films »No Country for Old Men«. *Psyche – Z Psychoanal, 64*, 172–178.

Brettd (2010). The character, Anton Chigurh, from No Country for Old Men, does his name have any meaning? eNotes Homework Help, 17. November 2010. http://www.enotes.com/homework-help/character-anton-chigurh-from-no-country-old-men-219729 (Stand 21.12.2013).

Cant, J. (2009). Oedipus Rests: Mimesis and Allegory in *No Country for Old Men*. In L.C. King, R. Wallach, & J. Welsh. (Hg.). *No Country for Old Men. From Novel to Film* (S. 46–59). Lanham, Toronto, Plymouth, UK: The Scarecrow Press.

Collado-Rodriguez, F. (2012). Trauma and Storytelling in Cormac McCarthy's *No Country for Old Men* and *The Road. Papers on Language & Literature, 48* (1), 45–69.

Covell, S. (2009). Devil with a Bad Haircut: Postmodern Villainy Rides the Range in *No Country for Old Men*. In L.C. King, R. Wallach, & J. Welsh. (Hg.). *No Country for Old Men. From Novel to Film* (S. 95–109). Lanham, Toronto, Plymouth, UK: The Scarecrow Press.

Cutchins, D. (2009). Grace and Moss' End in *No Country for Old Men*. In L.C. King, R. Wallach, & J. Welsh. (Hg.). *No Country for Old Men. From Novel to Film* (S. 155–172). Lanham, Toronto, Plymouth, UK: The Scarecrow Press.

De Boever, A. (2009). The Politics of Retirement: Joel and Ethan Coen's *No Country for Old Men* after September 11. *Image [&] Narrative* [e-journal], X (2). http://www.imageandnarrative.be/l_auteur_et_son_imaginaire/DeBoever.htm (Stand 1.2.2014).

Devlin, W.J. (2010). *No Country for Old Men*: The Decline of Ethics and the West(ern). In J.L. McMahon, & B.S. Csaki. (Hg.). *The Philosophy of the Western* (S. 221–239). Lexington: University Press of Kentucky.

Ellis, J. (2009). *No Place for Home: Spatial Constraint and Character Flight in the Novels of Cormac McCarthy*. London, New York: Routledge.

Freud, S. (1900a). *Die Traumdeutung*. GW 2/3.

Frye, S. (2009). Yeats' »Sailing to Byzantium« and McCarthy's *No Country for Old Men*: Art and Artifice in the Novel. In L.C. King, R. Wallach, & J. Welsh. (Hg.). *No Country for Old Men. From Novel to Film* (S. 13–20). Lanham, Toronto, Plymouth, UK: The Scarecrow Press.

Hamburger, A. (2001). Zur Konstruktion der Pubertät in Wedekinds Frühlings Erwachen. In O. Gutjahr. (Hg.). *Frank Wedekind* (S. 55–92). Würzburg: Königshausen & Neumann (= Freiburger literaturpsychologische Gespräche. Jahrbuch für Literatur und Psychoanalyse Band 20).

Hamburger, A. (2012). Wo Es war, soll Ich werden. Soljaris – Regie: Andrej Tarkowskij. In P. Laszig. (Hg.). *Blade Runner, Matrix und Avatare. Psycho-*

analytische Betrachtungen virtueller Wesen und Welten im Film (S. 1–22). Heidelberg, New York: Springer.

Hamburger, A. (2013). Arbeit in der Tiefe. Vorüberlegungen zu einer skeptischen Kulturanalyse. In H. Hierdeis. (Hg.). *Psychoanalytische Skepsis* (S. 123–183). Göttingen: Vandenhoeck & Ruprecht.

Hamburger, A. (2014). Wie schwer das Leben ohne Boden ist. In E. Frick, & A. Hamburger. (Hg.). *Freuds Religionskritik und der »Spiritual Turn«. Ein Dialog zwischen Philosophie und Psychoanalyse* (S. 34–50). Stuttgart: Kohlhammer.

Hamburger, A. (im Druck). Kinometaphern. Eine psychoanalytische Perspektive. *Psychosozial*, Sonderheft »Metaphernanalyse«.

Hamburger, A. & Leube-Sonnleitner, K. (2014). Wie im Kino. Zur Filmanalyse in der Gruppe. Methodologie der psychoanalytischen Filminterpretation anhand von Lars von Triers »Melancholia«. In D. Blothner, & R. Zwiebel. (Hg). »Melancholia« – Wege zur psychoanalytischen Interpretation des Films (72–109). Göttingen: Vandenhoeck & Ruprecht.

Hamburger, A. & Pramataroff-Hamburger, V. (2014). Die Hure als Heilige. Vivian Ward (Julia Roberts), Edward Lewis (Richard Gere). Pretty Woman. In S. Doering, & H. Moeller. (Hg.). *Mon Amour trifft Pretty Woman. Liebespaare im Film* (S. 437–449). Heidelberg: Springer.

Hamburger, A. & Wernz, C. (im Druck). Aus der Zeit. Les vacances du M. Hulot. *Psyche – Z Psychoanal.*

Harasemovitch, J. C. (2009). *No Country for Old Men* directed by Joel and Ethan Cohen. Miramax Films, 2007, 122 min. *Fort Da, 15*, 134–142.

Hembus, J. (1979). *Western-Geschichte 1540 bis 1894. Chronologie – Mythologie – Filmographie*. München: Hanser.

Jarrett, R. (2009); Genre, Voice, and Ethos. McCarthy's Perverse ›Thriller‹. In L. C. King, R. Wallach, & J. Welsh. (Hg.). *No Country for Old Men. From Novel to Film* (S. 60–72). Lanham, Toronto, Plymouth, UK: The Scarecrow Press.

Johns, E. K. (2009). A Flip of the Coin: Gender Systems and Female Resistance in the Coen Brothers' *No Country for Old Men*. In L. C. King, R. Wallach, & J. Welsh. (Hg.). *No Country for Old Men. From Novel to Film* (S. 139–154). Lanham, Toronto, Plymouth, UK: The Scarecrow Press.

King, L. C. (2009). Preface: Too Smart for Mainstream Media? In L. C. King, R. Wallach, & J. Welsh. (Hg.). *No Country for Old Men. From Novel to Film* (S. v-viii). Lanham, Toronto, Plymouth, UK: The Scarecrow Press.

Körte, P. & Seeßlen, G. (Hg.). (1998). *Joel & Ethan Coen*. Berlin: Bertz + Fischer.

Krause, R. (2012). Jeremiah Johnson (USA 1972). In A. Gerlach, & C. Pop. (Hg.). *Filmräume – Leinwandträume. Psychoanalytische Filminterpretationen* (S. 99–110). Gießen: Psychosozial-Verlag.

Landrum, J. (2009). Cold-Blooded Coen Brothers: The Death Drive and *No Country for Old Men*. In L. C. King, R. Wallach, & J. Welsh. (Hg.). *No Country for Old Men. From Novel to Film* (S. 199–218). Lanham, Toronto, Plymouth, UK: The Scarecrow Press.

Lacan, J. (1987 [1964]). *Die vier Grundbegriffe der Psychoanalyse*. Berlin, Weinheim: Quadriga.

Manon, H. (2010). Comment ça, rien? Screening the Gaze in Caché. In B. Price, & J. D. Rhodes. (Hg.). *On Michael Haneke* (S. 105–126). Detroit: Wayne State University Press.

Metz, C. (1975 [1994]) Der fiktionale Film und sein Zuschauer. Eine metapsychologische Untersuchung. *Psyche – Z Psychoanal, 48*, 1004–1046.

Metz, C. (1977 [2000]). *Der imaginäre Signifikant – Psychoanalyse und Kino*. Münster: Nodus-Publ.

No Country for Old Men. Skript (o. J.). Adapted Screenplay by Joel Coen & Ethan Coen. Based on the Novel by Cormac McCarthy. http://www.raindance.org/site/picture/upload/image/scripts/No_Country%20_(Shooting).pdf (Stand 1.12.2013)

Ogden, T. H. (2008 [2007]). Träumerisches Sprechen. *Int. Psychoanalyse, 3*, 198–218.

Peebles, S. (2009). »Hold still«: Models of Masculinity in the Coen's *No Country for Old Men*. In L. C. King, R. Wallach, & J. Welsh. (Hg.). *No Country for Old Men. From Novel to Film* (S. 124–138). Lanham, Toronto, Plymouth, UK: The Scarecrow Press.

Reiche, R. (2011). *Mutterseelenallein 2. Das Tabu der Schönheit in Kunst und Psychoanalyse*. Frankfurt a. M.: Stroemfeld.

Saxton, B. & Cole, T. R. (2012). No Country for Old Men: a search for masculinity in later life. *International Journal of Ageing and Later Life, 7*, 97–116.

Seeßlen, G. (1998). Spiel. Regel. Verletzung. Auf Spurensuche in Coen Country. In P. Körte & G. Seeßlen. (Hg.). *Joel & Ethan Coen* (S. 209–274). Berlin: Bertz + Fischer.

Soldt, P. & Nitzschmann, K. (Hg.). (2009). *Arbeit der Bilder. Die Präsenz des Bildes im Dialog zwischen Psychoanalyse, Philosophie und Kunstwissenschaften*. Gießen: Psychosozial.

Stiglegger, M. (2003). Rituale der Verführung. Seduktive Strategien filmischer Inszenierung. In C. Ernst, P. Gropp, & K.-A. Sprengard. (Hg.).

Perspektiven interdisziplinärer Medienphilosophie (S. 163–179). Bielefeld: transcript Verlag.

Stiglegger, M. (2006). *Ritual & Verführung. Schaulust, Spektakel und Sinnlichkeit im Film*. Berlin: Bertz + Fischer.

Topolnisky, S. (2009). For Every Tatter in its Mortal Dress: Costume and Character in *No Country for Old Men*. In L.C. King, R. Wallach, & J. Welsh. (Hg.). *No Country for Old Men. From Novel to Film* (S. 110–123). Lanham, Toronto, Plymouth, UK: The Scarecrow Press.

Tyrer, P. & Nickell, P. (2009). »Of what is past, or passing, or to come«: Characters as Relics in *No Country for Old Men*. In L.C. King, R. Wallach, & J. Welsh. (Hg.). *No Country for Old Men. From Novel to Film* (S. 86–94). Lanham, Toronto, Plymouth, UK: The Scarecrow Press.

Vanderheide, J. (2009). No Allegory for Casual Readers. In L.C. King, R. Wallach, & J. Welsh. (Hg.). *No Country for Old Men. From Novel to Film* (S. 32–45). Lanham, Toronto, Plymouth, UK: The Scarecrow Press.

Wallach, R. (2009). Introduction: Dialogues and Intertextuality. *No Country for Old Men* as Fictional and Cinematic Text. In L.C. King, R. Wallach, & J. Welsh. (Hg.). (S. xi-xxiii). Lanham, Toronto, Plymouth, UK: The Scarecrow Press.

Welsh, J. (2009). Borderline Evil. The Dark Side of Byzantium in *No Country for Old Men*: Novel and Film. In: L.C. King, R. Wallach, & J. Welsh. (Hg.). *No Country for Old Men. From Novel to Film* (S. 73–85). Lanham, Toronto, Plymouth, UK: The Scarecrow Press.

Woodson, L. (2009). »You are the Battleground«: Materiality, Moral Responsibility, and Determinism in *No Country for Old Men*. In L.C. King, R. Wallach, & J. Welsh. L.C. King, R. Wallach, & J. Welsh. (Hg.). *No Country for Old Men. From Novel to Film* (S. 1–12). Lanham, Toronto, Plymouth, UK: The Scarecrow Press.

Yeats, W.B. (1926). *The Tower*. London: Macmillan. (Das Gedicht Sailing to Byzantium ist hier zitiert nach der online-Veröffentlichung in http://www.poets.org/viewmedia.php/prmMID/20310 (Stand 21.12.2013)).

Unbewusstes als Wirkungszusammenhang

Kulturpsychoanalytische Anmerkungen zu *Burn After Reading*

Dirk Blothner

Alltag und Erregung

Den zeitgenössischen Alltag durchzieht eine quirlige Unruhe. Ein buntes Durcheinander von Selbstdarstellungen, Versuchen, andere zu beeindrucken, lauten Behauptungen, aufgeregten Diskussionen, bis zur Karikatur gesteigerten Auftritten – und dabei doch seltsamer Gleichgültigkeit. Hin und wieder wird dieses Gemenge von Strömungen ausgerichtet, in die sich die Menschen hineinwerfen, als gäbe es alles zu gewinnen. Schon klingen sie wieder ab, lösen sich in Nichts auf, aber es kündigen sich andere Begeisterungen an, von denen man sich erneut erfassen lässt. Sportereignisse rufen zu kollektiven Jubelstürmen und Wehklagen auf. Die Menschen werfen die Arme in die Höhe und genießen den Moment des verschmelzenden Triumphs. Geht ihre Erwartung leer aus, kehren sie dem Ereignis den Rücken zu und setzen mit elektronischen Zaubergeräten die Aufregung des nächsten Tages auf »Start«. Doch das Morgen wird das Gestern nur in kleinen Variationen wiederholen. Durch die Kluft zwischen aufgeregter Aktivität und heimlichem Stillstand schlängeln sich Lebenslinien, die sich den Entwicklungsaufgaben des Lebens lange Zeit entziehen können. Das Riesenangebot an Helfern, Unterhaltungsprogrammen und Minutenfüllern macht es möglich, außerordentlich kreativ auf der Stelle zu treten. Und dann schlagen unvorhergesehene Stürme ihre verheerenden Schneisen in das kopflos wirkende Kreiseln. Die »Finanzkrise« von 2008 ist die letzte dieser Verkehrungen eines apersonalen Getriebes, das die Kontrolle über die Handlungen und Empfindungen der Menschen an sich gerissen hat.

Wie hängen all diese unterschiedlichen, zum Teil komisch wirkenden Phänomene miteinander zusammen? Wie gehen sie auseinander hervor? Wie ergänzen sie sich? Die Psychoanalyse spürt die unbewussten Zusammenhänge der zeitgenössischen Kultur in ihren Beiträgen auf (z. B. Schneider, 2012). Dabei kommt ihr als bildhafte Orientierung das Kino entgegen. In seinen besten Komödien stellt es unbewusste Drehpunkte des zeitgenössischen Alltags scharf und verwickelt sein Publikum in deren Mechanik.

Filmkomödien mit scharfem Blick

Vor fünfzehn Jahren legten Alan Ball als Autor und Sam Mendes als Regisseur mit *American Beauty* (1999) eine ungewöhnlich scharfe Analyse des zeitgenössischen Alltagslebens vor. In der überspitzt erzählten Geschichte über zwei Familien einer amerikanischen Vorstadtsiedlung wird ersichtlich: Was die Zeitgenossen bei ihren Reisen durch die Wirklichkeit als Freiheit hochhalten, erweist sich als ein rastloser Wechsel zwischen Zwängen, die das Leben abtöten. Die Freiheit besteht darin, den einen Zwang durch einen anderen auszutauschen. Die Figuren in *American Beauty* ziehen ihren Lebenssinn aus diktatähnlichen Mustern und sehnen sich zugleich nach einer wunderbaren Belebung. Wenn sie zu arg in die Klemme geraten, überlassen sie sich anderen kurzlebigen Blasen der Begeisterung und lösen sich so aus den zur Qual gewordenen Klammern. Die Menschen – so sieht es *American Beauty* mit seinen mutigen Zuspitzungen – kurieren Zwänge mit Obsessionen (Blothner, 2007). Neun Jahre später konnte man im Kino *Burn After Reading* (2008) sehen, eine Komödie der Brüder Joel und Ethan Coen. Auch dieser Film leistet einen Beitrag zur Analyse der zeitgenössischen Kultur. Er verwickelt seine Zuschauer in die Mechanik von Tun und Getanwerden und macht dabei drastisch deutlich: Wenig verstehen wir, aber wir haben es doch selbst gemacht (Abb. 1).

Die Zuschauer werden über einen Blick aus dem Weltall auf den blauen Planeten Erde in den Plot hineingezogen. Sie folgen dem schnellen Sinkflug der Kamera, nähern sich der Ostküste der USA und durchdringen in der Nähe von Washington das Dach eines Gebäudekomplexes, um sich in einem Büro der CIA-Zentrale wiederzufinden. Dort wird der lang gediente Analyst Osbourne Cox (John Malkovich) von einem Mann, der Palmer heißt, in Gegenwart von zwei ernst blickenden Kollegen wegen angeblicher Alkoholabhängigkeit degradiert und sucht sich mit theatralischen Gesten dagegen zu behaupten. Mit ausgestreckten Armen ruft er aus, das sei eine »politische Sache«, eine »Kreuzigung«. Dann quittiert er seinen Dienst und nimmt sich vor, ein die Machenschaften der CIA enthüllendes, autobiographisches Buch zu schreiben. Aber seine Schreibversuche bleiben schon bald stecken und Osbourne ergibt sich seiner Alkoholsucht. Im weinseligen Kreis alter Freunde beschwört er singend die glorreiche Vergangenheit. Es liegt nahe, sich über diese Figur seiner eigenen Souveränität zu vergewissern.

In einem anderen Viertel Washingtons hat Linda Litzke (Frances McDormand) vor, sich über vier schönheitschirurgische Eingriffe in ihren aus der Form geratenen Körper »neu zu erfinden«, wie sie sagt. Da die Krankenkasse die Kosten nicht übernehmen will, versucht sich Linda erst als Erpresserin und dann als Informantin für die Russische Botschaft, um das Geld aufzubringen. Sie weiß nicht, dass der Datenträger, mit dem sie ins Geschäft kommen will, nur wertloses Zeug des Möchtegernenthüllers Osbourne Cox enthält. Auch sie wirkt nicht gerade souverän, aber Chad Feldheimer (Brad Pitt) gegenüber, Lindas Kollegen im Fitnessstudio »Hardbodies«, können sich die Zuschauer noch überlegener fühlen. Gut aussehend, durchtrainiert, aber gesteuert von Tics und

Abb. 1: Szene aus »Burn After Reading«: Wenig verstehen wir, aber wir haben es doch selbst gemacht

Zwängen, zieht diese Rolle die meisten Lacher auf sich. Er will Kollegin Linda zur ersehnten Operation verhelfen, versucht sich in ihrem Auftrag als »eiskalter Bösewicht« und handelt sich dabei – völlig verdattert – eine blutige Nase ein. Und schließlich erlaubt auch George Clooney in der Rolle des Harry Pfarrer den Zuschauern, ein Gefühl von Überlegenheit zu entwickeln. Er war einmal im Personenschutz tätig und trägt aus alter Gewohnheit eine Pistole im Schulterhalfter – die er noch nie benutzte. Seine latente Paranoia sucht er mit wahllosen Sexbeziehungen, einer zweifelhaften Bastelleidenschaft und zwanghaftem Joggen in Schach zu halten.

Folgenschwere Verkehrung

Diese vier Protagonisten halten sich für selbstständig und gewieft, sind aber getrieben von Abhängigkeiten, von Zwängen, fixen Ideen und Irrtümern. Ihnen zuzuschauen, vermittelt ein angenehmes Gefühl von Überlegenheit. Denn sie taumeln durch die amerikanische Hauptstadt, als wären sie Kugeln in einem überdimensionalen Flipperspiel. Die Coen-Brüder wiegen ihre Zuschauer mit filmischen Mitteln in Sicherheit. In vielen Szenen räumen sie ihnen – à la Alfred Hitchcock – einen Überblick über die Ereignisse ein. Die Zuschauer wissen oft mehr, als die Protagonisten mit ihren eingeschränkten Blickwinkeln erkennen können. Sie sehen Komplikationen oder Gefahren voraus, von denen die Figuren noch keine Ahnung haben.

Am Anfang können die Zuschauer noch gut über sie lachen. Doch je länger der Film dauert, desto zahlreicher werden die Schnittpunkte, in denen sich die Storylines der Akteure berühren und desto komplexer wird dadurch das Gefüge, das sie mit ihren Aktionen knüpfen. Je nachdem, wie viel die Aufmerksamkeit des Zuschauers zu fassen vermag, reißt der Faden des Nachvollziehens daher früher oder später ab. So dauert das Lachen aus sicherer Überlegenheit kaum mehr als vierzig Minuten. Dann dreht sich unweigerlich alles um. Der wissende Blick auf das Geschehen verwandelt sich in das Gefühl, den Überblick zu verlieren. Die Lacher werden kürzer und immer häufiger abgelöst von Phasen der Verwirrung. Am Ende lacht man fast nur noch aus Verwirrung.

Der Film entfaltet eine schwer zu verdauende, satirische Härte. Denn seine Figuren fügen einander, ohne es zu ahnen, mit ihren selbstbezogenen Handlungen schließlich die schlimmsten Verletzungen zu. Der Möchtegern-Erpresser Chad wird von dem paranoiden Womanizer Harry aus purem Schreck erschossen. Der vor Wut auf seine Frau kochende Osbourne Cox entdeckt den sanften Ted (Richard Jenkins) – Lindas Chef hat sich überreden lassen, nach mehr Material für ihr Geheimdossier zu suchen – in seinem Haus und erschlägt ihn kurzerhand mit der blanken Axt. Ein CIA-Mann, der Osbourne beschattet hat, greift übereifrig ein und erschießt ihn auf offener Straße. Harry, der inzwischen erfahren hat, dass seine Frau ihn betrügt, kann seine paranoiden Ängste nicht mehr kontrollieren, fühlt sich ausgerechnet von Linda bedroht und rennt laut schreiend in den Park. Linda wiederum wächst ihre Agentenrolle über den Kopf, sie sieht sich ebenfalls von allen Seiten umzingelt. Schlag folgt auf Schlag, und es lässt sich beim ersten Sehen des Films kaum nachvollziehen, wie diese schockierenden Wendungen zustande kommen. Doch wenn man sich gründlich mit dem Plot beschäftigt, stellt man fest: Sie sind alle sorgfältig miteinander verknüpft.

Am Ende – in der letzten Szene – räumt der Film den strapazierten Zuschauern die Möglichkeit ein, die groß gewordene Verwirrung wieder los zu werden. In der CIA-Zentrale fasst Agent Palmer für seinen Abteilungsleiter das scheinbare Durcheinander, das die ganze Zeit gewissenhaft observiert wurde, zusammen. Beide Männer sind ratlos. Sie haben die Ereignisse zwar aktenkundig festgehalten, aber verstanden haben sie nichts. Da aber drei der in das Chaos Verwickelten tot sind, einer sich ins Ausland abgesetzt hat und nur Linda Litzke unbeirrt darauf drängt, dass die CIA die Kosten für ihre vier Schönheitsoperationen übernimmt, beschließt der Abteilungsleiter, ohne weiter darüber nachzudenken, auf Lindas Forderung einzugehen, das Honorar für ihre Operationen zu bezahlen und damit den Vorgang abzuschließen. Keine weiteren Fragen stellen, Akte zu! Burn after reading! Daraufhin zieht die Kamera durch das Dach des Gebäudes nach oben, steigt immer höher, lässt Washington unter sich und nimmt schließlich den schönen, blauen Planeten Erde genauso in den Blick wie zu Beginn des Films.

So endet die haarsträubende Geschichte von *Burn After Reading*. Es ist viel passiert, aber niemand hat eine Ahnung, was. Die Zuschauer verlassen lachend, aber auch kopfschüttelnd das Kino. Was sollte das Ganze? Einige versuchen über kritische Bemerkungen Ordnung in die Gefühle zu bringen. Wie die Menschen in diesem Film gezeigt werden, das sei »zynisch« und »kalt«. Damit hat es sich in der Regel. Die Kinogänger müssen sich nicht deutlich machen, was an dem Ganzen sie nun eigentlich so amüsierte und zugleich so bestürzt machte. Doch die Psychoanalyse möchte den Sachen auf den Grund gehen. Damit die Satire ihre ganze Kunst enthüllt, soll sie daher in einem letzten Schritt in ein Gesamtbild gerückt werden.

Unverfügbare Wirkungszusammenhänge

In *Burn After Reading* werden die Figuren auf ähnliche Weise von Zwängen getrieben wie in *American Beauty*. Aber die Coen-Brüder räumen ihren Figuren noch sehr viel weniger Spielraum ein als Sam Mendes zehn Jahre zuvor. Jeder hat, wie man in Köln umgangssprachlich sagen würde, in *Burn After Reading* »etwas am Laufen« und hält es vor anderen, manchmal auch vor sich selbst, geheim. Ohne es zu wissen, strickt er dabei an einem Gewebe, das ihn mehr und mehr überzieht, ihn in Besitz nimmt und ihm schließlich Ereignisse aufdrängt, als deren Opfer er sich erfährt. Die selbstbezogenen Unternehmungen, die jeder für sich verfolgt, verkehren sich hinter seinem Rücken in harte Konsequenzen. Ihre Auswirkungen hat er weder im Griff, noch sind sie ihm bewusst. Die Zuschauer sind teils schockiert, teils lachen sie über diese Wendungen. Vielleicht spüren sie, dass sie sich in einer ähnlichen Situation befinden. Denn auch unsere Zeit wird immer wieder von Konsequenzen eingeholt, die wir ahnungslos selbst in Gang gesetzt haben (Abb. 2).

So gesehen handelt es sich bei Unbewusstem nicht etwa um einen »Behälter«, in dem schlimme Ereignisse der Kindheit aufbewahrt sind, und auch nicht um eine verdeckte Schicht »unter« dem Bewusstsein. *Burn After Reading* macht Unbewusstes als einen komplexen Herstellungsprozess kenntlich: Das Handeln der Menschen setzt Zusammenhänge in Gang, die ihnen nicht verfügbar sind. Unbewusstes macht sich in deren mal befremdenden, mal überraschenden Wirkungen bemerkbar und – wie auch die CIA in der Anweisung *Burn after reading!* feststellen muss – in der Unmöglichkeit, diese zu überblicken. »Psyche ist ausgedehnt, weiß nichts davon«, schrieb Sigmund Freud im Juni 1938 in sein Notizbuch (Freud, 1941f, S. 152). Mit ihren scheinbar individuellen Handlungen werden die Figuren der Komödie unweigerlich zu Gliedern einer ausgedehnten Wirkungseinheit, die durch Mechanismen der Verleugnung, Verdrängung und Demonstration des Gegenteils zusammen gehalten wird.

Abb. 2: Szene aus »Burn After Reading«: Das Handeln der Menschen setzt Zusammenhänge in Gang, die ihnen nicht verfügbar sind

Fast möchte man meinen: Je größer die Selbstüberschätzung, desto härter die zu erleidenden Konsequenzen.

Nietzsche und Freud tat sich an der Wende zum 20. Jahrhundert dieser unbewusste Wirkungszusammenhang von ungeheuerlicher Ausprägung auf. Wahrscheinlich, um an ihrer Vision nicht zu verzweifeln, machten sie sich an seine Analyse. Bis heute haben ihre Einsichten kaum etwas an Bedeutung eingebüßt. Und doch scheinen die Menschen des 21. Jahrhunderts die Realität des Unbewussten verdrängen zu wollen. Überall wird Verfügbarkeit demonstriert, sei es mit staatsmännischen Posen oder »wissenschaftlichen« Prognosen. Besonders bei der Bewältigung von Krisen. Der Wirrwarr scheint sich auf diese Weise schön in Formeln und Zahlen zur Ruhe bringen zu lassen! Und wenn man wirklich eine Ahnung von den unbewussten Zusammenhängen des zeitgenössischen Lebens bekommen möchte, muss man ins Kino gehen. Zum Beispiel in eine Komödie der Brüder Coen.

Literatur

Blothner, D. (2007). Wirkungsanalyse von »American Beauty«. Ein Beitrag zu psychoanalytischem Verstehen von Spielfilmen. In R. Zwiebel, & A. Mahler-Bungers. (Hg.). *Projektion und Wirklichkeit – Die unbewusste Botschaft des Films* (S. 61–78). Göttingen: Vandenhoeck & Ruprecht.

Freud, S. (1941f [1938]). Ergebnisse, Ideen, Probleme. GW 17, S. 149–152.

Schneider, G. (2012). Perfektion und Zerstörung – eine kulturpsychoanalytische Perspektive auf *Black Swan*. In D. Blothner, & R. Zwiebel. (Hg.). *Kino zwischen Tag und Traum. Psychoanalytische Zugänge zu »Black Swan«* (S. 107–123). Göttingen: Vandenhoeck & Ruprecht.

Ein ernsthafter Mann

Die Begegnung mit dem Film *A Serious Man*

Isolde Böhme

Vorspiel

»Nimm in Einfachheit alles hin, was dir widerfährt. Raschi« Die Filmleinwand zeigt zuerst nur diese Zeile. Raschi, der bedeutende jüdische Gelehrte und Kommentator der Bibel des 11. Jahrhunderts, ist Teil einer Tradition, in der die Worte von größter Bedeutung sind, in der »nicht Blutsverwandtschaften, sondern Texte« (Oz & Oz-Salzberger, 2012, S. 13) die entscheidende Verbindung herstellen, Texte, die auf einander hindeuten und immer neue Deutungsschichten freilegen. In dieser Tradition beginne ich zu beschreiben, was mir als Zuschauerin des Films *A Serious Man* (2009) widerfahren ist.

Die Worte eröffnen ein unheimliches Vorspiel. Das osteuropäische Schtetl zeigt sich in Brauntönen mit dramatischen Lichteffekten. Aus der Vogelperspektive fällt der Blick auf einen Mann, der im Schneegestöber Pferd und Wagen über eine Straße zieht. Dann schaut man ins strahlende Gesicht dieses beherzt durch die Winternacht stapfenden Mannes. »Welch ein Wunder!«, sagt er auf Jiddisch, und noch einmal: »Was für ein Wunder!« Ätherische Klänge begleiten ihn nach Hause. Er kommt Stunden später als erwartet, das Feuer lodert, er steckt Reisig in den Ofen und erzählt seiner Eis zerschlagenden Frau vom Unglück, das ihm zugestoßen ist, als sein Wagen umstürzte, und vom Glück im Unglück, dass ein Wagen zu Hilfe kam. Und noch erstaunlicher: Der Retter war ein den beiden bekannter Mann, ein Rabbi und Gelehrter aus Lemberg. Voller Bewunderung: Jede Stelle der Mischna (der Teil des Talmud, der die Thora, das sind die Bücher Mose, kommentiert) kenne der auswendig.

Im Gespräch des Paares – Velvel und Dora – meinen wir immer wieder jiddische Brocken zu verstehen, gleichzeitig lernen wir aus dem Zusammenhang wie selbstverständlich Vokabeln jüdischen Lebens. Das schafft bei der großen Distanz zu dieser Welt eine eigentümliche Nähe. Velvel spricht viel und engagiert, eine Spur getrieben, Dora dagegen ist wortkarg, sie beobachtet ihn, wirkt misstrauisch, als wüsste sie schon, dass es nicht gut ausgehen wird. Als er den Namen des Retters ausspricht – Traitle Groshkover – erstarrt sie. Jetzt scheint offenbar, was sie ›eigentlich‹ schon wusste: »Wir sind verflucht.« Und dann: »Traitle Groshkover ist tot, schon vor drei Jahren gestorben.« Velvel lacht sehr laut, die Angst tönt laut. Dora verharrt in der Erstarrung, nennt den Mann einen Dibbuk (in der jüdischen Mystik ein Dämon), erzählt von einer Frau, die habe bei Groshkover Schiwe gesessen (am Trauerritual teilgenommen). Velvel erschrickt. Es klopft. Dora: »Wer ist das?« Die Angst ist in beider Schweigen. Dann Velvel: »Der Mann hat mir geholfen!« Er bittet den

Gast herein, der starr, mit weit aufgerissenen Augen in die Stube kommt und Dora in Dichterworten anspricht: »Deine Bäckchen sind wie rote Pomeranzen und deine Beine sind stark. Velvel, du hast ein herrliches Weib!« Der nimmt die dichterische Sprache auf: »Ja, wie ein Sonnenstrahl!« Dora bleibt beim Konkreten, beim Teller Suppe. Als der Gast ablehnt: »Das hab ich schon gewusst«, und: »Ich weiß, dass ein Dibbuk nichts isst.« Er fragt ungläubig: »Dibbuk?«, und lacht. Ganz aufgedreht zu Velvel: »Was für ein Weib Ihr habt!« Der versucht zu erklären, zu beschwichtigen. Dora bleibt in der Welt der Magie, erzählt vom Wächter bei der Totenwache. »Deinen toten Körper ließ er allein. In diesem Moment hat der böse Geist von dir Besitz ergriffen.« Der Rabbi: »Meinen toten Körper!«, und lacht und lacht. Dora fasst seine Wangen an. Die nicht ganz symmetrische Rasur ist ihr ein Zeichen. Während der Rabbi vom Typhus erzählt, von dem er wieder gesundet sei, stößt Dora ihm den Eispickel in die Brust. Schreie des Entsetzens. Dora selbst wirkt tief erschrocken, der Rabbi schaut auf seine Brust, in der der Pickel steckt, lacht ein Lachen des Schreckens. Velvel findet Worte: »Was hast du getan?« »Ja«, fragt auch der Rabbi: »Was hast du getan?« Die Verletzung scheint ihm nichts angehabt zu haben, dann wird doch ein Blutfleck sichtbar, breitet sich aus. Der Rabbi fühlt sich schwach: »Vielleicht sollte ich besser gehen. Der Mensch weiß ja, wenn er unerwünscht ist.« Er geht in die Winternacht, lässt die Tür offen. Die Musik hebt wieder an. Velvel: »Wir sind am Ende. Morgen wird man die Leiche finden. Es ist alles verloren.« Dora: »Stuss, Velvel.« Sie geht zur offenen Tür und sagt: »Gesegnet sei der Herr, dass wir das Böse los sind.«

Diese rätselhafte Geschichte zieht uns in eine mit der Shoah untergegangene Welt und schlägt Themen an, die auch den nachfolgenden Hauptfilm bestimmen werden: Der Riss in der Welt zwischen einer Tradition der Worte und des Geistes auf der einen und dem Bösen, Schuld und Tod auf der anderen Seite, hat in der Geschichte eines Paares Gestalt gefunden, in der eine Spannung entfaltet wird, die aus der Angst rührt. Der denkende und dichtende Mann, der dem Lehrer vertraut, steht der Frau gegenüber, die ihre archaische Angst in ein magisches, dem Körper und dem Realen aber näheres Denken verwandelt. Die eine zieht sich zurück, der andere spricht und übertönt die Stille; die eine erstarrt vor Angst und bricht im Tun aus der Einengung aus, beim anderen verhüllt und zeigt das Lachen den Schrecken. Der Ausgang der Geschichte bleibt in der Schwebe. Die Tür schließt die Geschichte mit einem Knall. Der Hauptfilm wird angekündigt: *A Serious Man.*

Eingangs- und Schlusssequenz

In den Film hinein holt uns die mitreißende Kraft des Sound und Beat der späten 60er Jahre. Mit Verzögerung fällt der Blick durch ein Otoskop auf den Knopf im Ohr des 13-jährigen Danny (Aaron Wolff), der in der Thoraschule sitzt und mit seinem Walkman dieser für den Zuschauer dann kaum mehr vernehmbaren Musik zuhört (Abb. 1). Ein alter Lehrer malt hebräische Lettern an die Tafel und spricht hebräische Worte. Schnitt. Ein alter Herr im Arztkittel schaut Larry (Michael Stuhlbarg), einem Mann in den mittleren Jahren, ins Ohr. Schnelle Szenenwechsel. Danny versucht einem Mitschüler einen Geldschein, in sein kleines Radio gesteckt, zuzuschieben. Gelangweilte Schülerinnen erscheinen im Bild. Als der Lehrer den Stöpsel des Walkmans aus Dannys Ohr zieht, sorgt die Musik, die jetzt wieder laut von den späten 60er Jahren tönt, für Partystimmung. Larry wird derweil weiter untersucht, nach den Ohren sind die Augen dran, dann der Bauch, schließlich wird die Lunge geröntgt.

Seine Anspannung, die Scham, entkleidet und ausgeliefert zu sein, vermitteln sich deutlich. Einem Larry im Anzug, in einer selbstzufriedenen Pose, sagt der Arzt, er sei bei bester Gesundheit. Danny sitzt derweil dem alten Lehrer gegenüber, der missmutig und ganz ungeschickt den Walkman ausprobieren will. Der Junge will dem Alten das erklären, was *er* versteht – und wird angeherrscht: »Ivritt!« Er soll Hebräisch sprechen, scheint genervt, gelangweilt, ärgerlich, aber auch belustigt. Noch einmal will er erklären. Und nochmal: »Ivritt!« Als es dem Alten offenbar gelingt, Musik zu hören, huscht ein leises Lächeln über sein Gesicht.

Abb. 1

Das Ende des Films erscheint als unmittelbare Fortsetzung oder als Überarbeitung der Eingangsgeschichte. Danny sitzt wieder samt Walkman in der Thoraschule. Wieder will er dem Mitschüler das Radio mit dem Geldschein zuschieben. Eine dicke alte Frau als Gehilfin des Lehrers kommt in die Klasse. Die Schüler müssen wegen eines Tornados den Raum verlassen, sie sollen in den Keller der Synagoge gehen. Schnitt. Larry wird vom Arzt angerufen, um mit ihm die Ergebnisse der Röntgenuntersuchung zu besprechen. Seine Angst, was auf ihn zukommt, teilt sich mit. Schnitt. Die Jugendlichen sind im Sturm im Freien. Danny ruft dem Mitschüler zu, er habe jetzt die Kohle, der wendet sich aber ab. Am Horizont scheint sich ein Unwetter zusammenzubrauen.

Die Erzählung

Die Eröffnung kündigt eine Geschichte von Vater und Sohn an. Im Narrativ steht Larry oder Lawrence Gopnik im Mittelpunkt, Physikprofessor an einer Universität im Mittleren Westen der USA in den späten 60er Jahren. Die Neubausiedlung, in der er mit seiner Frau Judith (Sari Lennick) und den zwei heranwachsenden Kindern wohnt, ist bieder und abgründig zugleich – die Familie zerbricht in der inneren Zeit des Films. In der Bildergeschichte ist ein Gartenschlauch ein ästhetisches Requisit, ebenso eine Leiter in den Sommerhimmel, mit der Larry auf das Dach seines Hauses steigt (Abb. 2). Dort reguliert er an der Antenne die Fernsehprogramme – und erspäht eine schöne Nachbarin, die zunächst mit ihrer Nacktheit, später mit »neuen Freiheiten« – mit Marihuana – lockt. Im Haus gibt es Sarah (Jessica McManus), die unentwegt ihre Haare im Badezimmer waschen möchte, in dem sich aber der Onkel (Richard Kind) befindet, und Danny, der mit anderen Jungen kifft, sich von einem kräftigeren Jungen wegen Schulden bedroht fühlt – und es gibt den Familienesstisch, an dem der Vater seine Position als Familienoberhaupt nicht halten kann. Der Nachbar, der sehr grobschlächtig imponiert und die Grundstücksgrenze mit dem Rasenmäher verschiebt, gehört als Goi (Nichtjude) – »und was für ein einer« – nicht zur jüdischen Gemeinschaft. Vom Jagen bringt er einen toten Hirsch auf dem Autodach nach Hause.

Abb. 2

Verletzlichkeit des Körpers und die existenzielle Angst zu sein. Die Heftigkeit dieser den Film durchdringenden Angst wird im schrägen Humor moduliert.

An der Universität, an der Larry arbeitet und auf eine Festanstellung hofft, ist ein ernsthafter Mann einer, der etwas zu sagen hat. Die sichere Position, die Unabhängigkeit schaffen könnte, ist gefährdet. Die Verunsicherung reicht tiefer, bis in die Grundfesten, bis in die Physik hinein, die er lehrt. Wir schauen dem Professor zu, wie er eine hochkomplizierte mathematische Beweisfolge an die Wandtafel schreibt: Schrödingers Katze. Er fragt die Studenten »Habe ich recht?«, als hoffte er wirklich, das Dargestellte sei nachzuverfolgen. Ganz unvermittelt und unverständlich hat das Paradox auch die konkrete Gestalt einer Frage: »Ist die Katze tot, oder ist sie nicht tot?« Dem Studenten Clive wird er sagen, auch er verstehe die tote Katze nicht, und nur die Mathematik könne den Beweis führen. Auch Heisenbergs Unschärferelation weist auf die Grenzen von Wissen und Verstehen hin, sie beweise, »dass wir nie wirklich wissen können, was geschieht«. Zu hören ist der Wunsch nach einem kohärenten Weltbild, das aber in unzählige mathematische Formeln zerfällt.

Die Figuren des Films sind fast alle Juden. Jüdisches ist in den Gesprächen in eingefügten jiddischen Wörtern präsent, die auf die kulturelle Identität hindeuten, aber offenbar zum Teil ihre Bedeutung längst verloren haben. In jiddischer Volksmusik sucht Larry Trost. Auf Dannys Bar Mizwa – das religiöse Ritual, in dem der Jugendlichen in die jüdische Gemeinde aufgenommen wird, in dem aus einem (spielenden) Kind ein Mann wird, der den Ernst des Lebens kennt, also ein ernsthafter Mann – scheint der Film hinzulaufen. Den Versuch, ein ernsthafter Mann zu sein, versteht Larry zunächst als Bemühen um moralische Integrität, Rationalität und bürgerlich wohlanständige Lebensweise. Diese Vorstellung bekommt Risse in den Begegnungen im Film. Von besonderer Bedeutung sind dabei die Figuren von Larrys Bruder Arthur (Abb. 3), der in eine jüdisch esoterische, ziemlich verrückte und halbseidene Welt der Zocker abgetaucht ist, den Ernst offenbar verfehlt, und von Sy Ableman (Fred Melamed), bei dessen Beerdigung der Rabbi sagt, er sei ein ernsthafter Mann gewesen. Ist einer erst dann ernsthaft zu nennen, wenn er das Leben vollendet hat? Der Anspruch auf Ernsthaftigkeit scheint die Antwort auf die Bedrohung durch den Tod, die

Abb. 3

Beziehungskonstellationen

In der inneren Zeit des Films von nur zwei Wochen trifft Larry Schicksalsschlag auf Schicksalsschlag. Der erste Schlag geht gegen seine moralische Haltung. Der koreanische Student Clive versucht ihn wegen einer nicht bestandenen Prüfung zu bestechen, nutzt als Verstärker seinen Vater, der Larry zu Hause überfällt. Vergeblich versucht der sich gegen die Verdrehung der Wirklichkeit zu wehren, gerät aber immer tiefer in eine Welt aus Scham, Dummdreistigkeit, Ressentiment und Rachsucht. Der Erpressungsversuch verbindet sich mit dem Stichwort des Kulturkonflikts und der Drohung, ihn wegen Verleumdung zu verklagen, die sich, wohlgemerkt!, auf den Versuch der Bestechung bezieht. Der logische Widerspruch findet die Antwort: »Bitte akzeptieren Mysterium!« Hilflose Wut führt zur Unachtsamkeit, als Larry Clive unerwartet neben seinem Auto auf dem Fahrrad sieht. Er beschimpft ihn heftig und fährt auf das vor ihm fahrende Auto auf. Am Ende wird er das Bestechungsgeld für seinen straffälligen Bruder verwenden und die Note ändern.

Seine Frau Judith teilt ihm kühl mit, es sei Zeit, über die Scheidung zu sprechen. Demütigend und manipulativ ist ihre Art, mit ihm zu sprechen: »Sy und ich sind uns sehr nahe gekommen.« Der Subtext des Gesprächs des Paares handelt von der sexuellen Untreue: »Ich habe nichts getan!«, sagt Larry. »Du hast nichts getan und ich habe auch nichts getan«, sagt sie verächtlich und recht aggressiv. Er wiederholt: »Wir haben nichts getan« und führt das zweite Thema ein: das Geld: »Ich bekomme wahrscheinlich eine Festanstellung.« Judith: »Die Dinge haben sich geändert …«, sie fügt blasiert hinzu: »und Sy Ableman – Sy ist in mein Leben getreten.« Das Verlogene entpuppt sich als das Religiöse, die hebräischen Wörter bekommt der Zuschauer erklärt, weil auch Larry sie nicht kennt. Sy wolle einen »Get« – eine rituelle Scheidung. Sonst sei sie eine »Abuna«, eine Frau, der, wie zu vermuten ist, der kirchliche Segen fehlt. Larrys Empörung erreicht sie nicht: »Immer tust du so überrascht! Ich hab dich angefleht, zum Rabbi zu gehen.« Noch manipulativer geht sie ihn gemeinsam mit dem überheblichen Sy an. Die massive Vereinnahmung, die frommer Heuchelei eigen ist, findet eindrucksvolle Bilder in Szenen, in denen der selbstgerechte und herablassende Sy den hilflosen und schamerfüllten Larry umarmt (Abb. 4). Die Verlogenheit nimmt unglaubliche Formen an, als Sy und Judith verkünden, dass es das Beste vor allem für die Kinder sei, wenn er aus der Wohnung ausziehe. Der Ton ist süßlich und betulich, dabei voller Verachtung, am deutlichsten, als Sy die Gewalt gegenüber Larry bedeutungsschwanger mit der »Bar Mizwa eines Kindes« begründet!

Abb. 4

Der Film lässt Sy sterben. Zeitgleich mit Larry erleidet er einen Autounfall. Der Verstorbene – so der Rabbi bei der Beerdigung – sei ein ernsthafter Mann gewesen. Der Selbstgerechte ist jetzt ein Zaddik, ein Gerechter, der einen Platz in Olam Haba, der kommenden Welt, einnimmt. Larry dagegen hat für die Kosten der Beerdigung aufzukommen. Der Film macht Sy zu Larrys innerem Objekt. Im Traum sitzt Sy in der Vorlesung zur Unschärferelation, demonstriert seine Macht, wenn er sagt, im Gegensatz zu Larry wisse er, was geschieht. Larry versucht ihn nach Olam Haba zu befördern, also sich klar zu machen, dass er tot ist, aber es gelingt ihm nicht. Sy als inneres Objekt des ernsthaften Mannes lässt sich nicht umbringen. Seine Macht wird sichtbar, wenn er Larry gewalttätig gegen die Tafel schleudert und ausruft, er habe Judith gefickt.

»Ich habe nichts getan« korrespondiert mit »Was hast du getan!«, das im Vorfilm sich auf den Gesetzesbruch, aufs Töten bezieht. Sprechen tritt in der jüdischen Religion an die Stelle von Handeln, das Gesetz an die Stelle von Gewalt. Die Oz' sagen lakonisch: »Juden reden viel, zitieren viel und streiten viel. So ist es immer gewesen.« (2012, S. 62) In einer Anmerkung erwähnen sie, dass in der Bibel – zählt man die Verben – mehr als dreimal so häufig vom Sprechen wie vom Tun die Rede ist (S. 62, Anm. 34). In eben diesem jüdischen Geist verurteilt Freud das Agieren und setzt auf das Erinnern. Im Vorfilm wird das Auseinanderfallen von Tun und Sprechen in der Polarität zwischen Frau und Mann verhandelt. Im eigentlichen Film taucht dieser Riss in unzähligen Varianten auf.

Was richtig und was rechtens ist, verhandelt Larry mit dem Rechtsanwalt (Adam Arkin). Themen sind die Scheidung, die Frage der Grundstücksgrenze zum Nachbar und die Strafanklage gegen Arthur. Larry ist ganz offensichtlich im Recht, aber er kann in den Gesetzen des Landes kein Recht finden. Er ist mit einem inneren Gesetz beschäftigt. Seine berechtigten Anklagen werden zu Klagen eines verletzten und enttäuschten Mannes, der in einer Welt der Bösen, der Lügner, Heuchler und Betrüger gut bleiben will. »Ist das redlich?«, fragt er, als auf seine Klage, seine Frau habe das Konto leer geräumt, der Anwalt ihm rät, ein eigenes Konto einzurichten. Als der gar ausspricht, dass seine Frau feindselig sei, beginnt er haltlos zu schluchzen wie ein Kind. Mit der Frage, ob er schon mit dem Rabbi gesprochen habe, zeigt der freundliche Mann, dass die rationale Jurisprudenz auf die Frage nach dem richtigen Leben keine Antwort weiß. Er verweist auf zwei Kollegen. Der eine, der Strafanwalt, bleibt unsichtbar, nimmt aber Larry finanziell aus. Vom anderen wird gesagt, er habe eine gute Nachricht. Der dicke ältere Mann mit Pfeife kommt herein, öffnet die Bücher. Die Pfeife fällt ihm aus dem Mund. Er stirbt einen akuten Herztod, ehe er ein Wort gesprochen hat. Der Tod begrenzt den Geltungsbereich des Rechts und des Wortes.

Die Frage nach dem inneren Gesetz ist in der jüdischen Religion zentral. Vertraut ist uns die Geschichte von Moses, der die Gesetzestafeln auf dem Berg Sinai empfängt. Die Oz' schildern den Anfang der mosaischen Religion: »Mose Thora entstand als Gesetzeskodex, Jahrhunderte bevor das hebräische Wort dat die Bedeutung von ›Religion‹ erhielt und Jahrtausende bevor die Begriffe von Judentum und judahat geprägt wurden« (2012, S. 196). Sie zeigen eindrücklich, wie in den Büchern Mose Gott als oberster Richter in besonderen Rechtsfällen zu Rate gezogen wird. Die Religion ist das Gesetz eines unsichtbaren Gottes. Das heißt in der nachfolgenden Geschichte: eines inneren Gottes. Die Israeliten wurden zu Juden im Exil. Mit der Tradition von Thora und deren Kommentaren, bewahrten sie in der Fremde ihr eigenes Gesetz, gaben es vom Vater zum Sohn, vom Lehrer zum Schüler weiter.

Das Gesetz verfolgt den, der das Gesetz bricht. Das wird bildhaft gezeigt, wenn Danny immer wieder vor dem kräftigen Jungen davonläuft. Larry war eine Festanstellung an der Universität zugesagt. Der Leiter der Einstellungskommission quält ihn mit Mitteilungen, dass anonyme moralische Anschuldigungen ihm gegenüber geäußert wurden (Abb. 5). Die ängstigenden Gedanken, dass die Kommission die Anschuldigungen gegen ihn verwenden könnte, werden nur in der Verneinung formuliert. So versucht der Kollege die begleitenden Gefühle zu vermeiden. Im Verlauf der Gespräche werden sie für Larry so heftig spürbar, dass seine Verzweiflung aus ihm herausbricht: »Ich bin kein schlechter Mensch. Ich habe nichts getan.«

Abb. 5

Als er sich tatsächlich von der schönen Nachbarin verführen lässt, also etwas »tut« – die neuen Freiheiten sind zunächst einmal gemeinsamer Genuss von Eistee, Marihuana und Musik der 60er Jahre –, wird Arthur als sein Alter ego in Handschellen von der Polizei ins Familienhaus gebracht. Larry träumt vom sexuellen Verkehr mit der Verführerin, bis die Angst über die Lust siegt und der Träumer Sy den Sargdeckel schließen lässt – und erwacht.

Hass und Neid werden in der Beziehung zu Arthur verhandelt. Der hat sich schuldig vor den amerikanischen Gesetzen gemacht, ist auf Larry angewiesen. Er klagt Gott an, der ihm ein Scheiß-Leben gegeben habe. Dagegen habe der Bruder eine Familie und einen Job. Larry sucht ihn zu beruhigen, sucht sein eigenes Schuldgefühl zu beschwichtigen, aber er sagt auch: »Manchmal muss man sich selber helfen.« Er kämpft mit dem Zirkel aus Schuld und Scham. Als Entwerteter, Angeklagter und Ausgestoßener, als Arthur, muss er sich schämen, als Larry, der etwas besitzt, der etwas annimmt, der sein Glück sucht und mitspielt im Leben, muss er sich schuldig fühlen. Im Traum fahren die Brüder zum Großen See, ein Schild »Canada« kündet von Fluchtplänen. Larry gibt Arthur das Bestechungsgeld, damit der in Kanada, jenseits des Sees neu anfangen kann. Ein Schuss ist zu hören: Arthur kippt mit seinem Boot um und ertrinkt. Versinkt er im Boden vor Scham? Der Träumer Larry will ihn loshaben, wird schuldig. Er dreht sich um und sieht den grobschlächtigen Goi und den kleinen Sohn auf sich zielen. Der Vater schreit: »Noch ein Jude!« – und Larry erwacht. Der Mord an den europäischen Juden ist unmittelbar präsent. Einen amerikanischen Kontrapunkt setzt die andere Szene am See: Arthur kommt vom Schwimmen aus dem Wasser und ruft begeistert aus: »Wenn man diese Luft abfüllen könnte, würde man Millionen verdienen.« Selbst die Luft zum Atmen soll zu Geld werden!

Die drei Rabbis und Dannys Bar Mizwa

Der erste Rabbi, der Junior-Rabbi Scott (Simon Helberg), kleidet seine Belehrung in die Form einer Selbstoffenbarung, versucht so, den skeptischen Larry, der halbherzig seine Ehesituation schildert, in die Welt religiösen Denkens zu holen. Auch er kenne es, Haschem – so nennt er den jüdischen Gott – zu verlieren. Und das sei genau Larrys Problem. Er empfiehlt eine positivere Art zu denken, rät zu einem neuen Blick auf die Dinge, zu einer neuen Perspektive. Er erklärt seinen Gedanken ganz profan, blickt mit Larry auf einen Parkplatz, über den man staunen könne. Haschem reiche in die Welt hinein. Larry weist die Deutung zurück. Spitz lässt er verlauten, seine Frau treffe sich mit Sy Ableman, deshalb wolle sie den »Get«. Ganz kurz wird der Rabbi unsicher, findet einen Satz von Gottes Willen, der Larry ja nicht gefallen müsse. Der reagiert ironisch: »Der Boss hat nicht immer recht, aber er bleibt doch der Boss.« Der Rabbi kehrt zur alten Begeisterung über den Parkplatz zurück.

Als sich Larry an den Rabbi Nachtner (George Wyner) wendet, plagt er sich mit Grübeleien. So fragt er sich, warum er Sys Beerdigung bezahlen soll. Er stellt seine innere Welt infrage. Was bedeutet es, dass er zur gleichen Zeit einen Unfall hatte wie Sy? »Ist Sy ich, und sind wir alle eins?« Nachtner scheint ein Teebeutelritual vorzuführen und kleidet seine Botschaft in ein Gleichnis. Er erzählt die schräge Geschichte vom Zahnarzt Sussman, der ausgerechnet in den Unterkieferzähnen eines Goi eine hebräische Inschrift fand: »Hilf mir! Rette mich!« Schon die Zahnarztszene, in dem der Goi die Prozedur eines Abdrucks für einen Zahnersatz über sich ergehen lassen muss, ist ein großartiger Slapstick, ebenso die folgenden Pirouetten, in denen Sussman die Botschaft findet und nach neuen Botschaften sucht. Begleitet ist die ganze Geschichte vom Drive der 60er-Jahre-Musik. In einer karikierten Szenenfolge erfahren wir: Sussman kann nicht essen, er kann nicht schlafen. Er findet keine weiteren Botschaften, nicht im eigenen Mund, nicht in dem seiner Frau. Die Zuschauer sind dabei, schauen von oben ins Ehebett des Paares. Die Botschaft findet sich nicht im Mund seiner Patienten, seien es Goi oder Juden. Sussman erinnert sich kabbalistischer Zahlenmystik, übersetzt die Botschaft in eine Telefonnummer, die ihn in einen Supermarkt führt. Er kann immer noch nicht schlafen, wendet sich an den Rabbi: Wer hat die Botschaft eingraviert? Ist es ein Zeichen von Gott? Soll er, Sussman, dem Goi helfen, oder soll er den Menschen allgemein helfen?

Dem verzweifelten Larry ist das Lachen längst vergangen, ihm entgeht der Humor der Bilder. Er möchte Antworten auf Sussmans Fragen und auf seine eigenen haben. Die Antwort des Rabbis ist lakonisch: »Eine Botschaft von Haschem. Wir wissen es nicht. Die Zähne. Wir wissen es nicht. Den Menschen helfen, ist immer gut.« Die Angelegenheit habe allmählich ihre Bedeutung verloren. Und Larry? Vielleicht seien seine Fragen so etwas wie Zahnschmerzen, die wieder abklingen könnten.

Vom uralten und weisen Rabbi Marshak kann Larry nur einen Blick erhaschen. Mit seinem Unglücklich-Sein, er spricht jiddisch von seinem »Zorres«, seinem Bemühen, ein ernsthafter Mann zu sein, wendet er sich zunächst an dessen Sekretärin, eine runde ältere Frau.

Abb. 6

Die nimmt seine Klagen schweigend auf, geht zum Rabbi, der hinter seinem Schreibtisch sitzt, kommt zurück: »Der Rabbi ist beschäftigt.« (Abb. 6) Larry: »Aber er sieht nicht so aus, als ob er beschäftigt sei.« »Der Rabbi denkt nach.« Der Rabbi schweigt.

Dannys Bar Mizwa geschieht in einer verdächtig anmutenden Ruhe. Die Kamera zeigt schräge Bilder des bekifften Danny, der sich taumelnd unter den alten Männern bewegt, Thoragesänge rezitiert, und Bilder des Elternpaars, das ihm einträchtig lauscht. Judith macht eine begütigende Bemerkung zu den letzten Wochen gegenüber Larry, der sofort einlenkt. Danny schaut in die schräg gefilmte Gemeinde, deren Gesichter Rührung und Langeweile zeigen. Er trifft auch auf die Augen der schönen Nachbarin, für den Jungen offenbar so begehrenswert wie für den Vater.

Anders als sein Vater wird Danny von Rabbi Marshak empfangen. Schon das Eintreten in den dunklen Raum weckt Staunen: Man erblickt Kunstgegenstände, darunter ein großes Gemälde von der Opferung Isaaks, dann unzählige Dinge, deren Bedeutung ganz unklar bleibt. Der Junge sitzt dem Alten gegenüber, der schweigt, dann mühsam seine Lippen zu einer Zeile eines Rocksongs formt: »When the truth is found to be lies and all the hope within you dies. [Wenn sich herausstellt, dass die Wahrheit Lüge ist, und in dir alle Hoffnung stirbt; Übers. I. B.] Was dann?« Ist nicht genau das die Frage, die der Film stellt, die sich Larry stellt: Was dann, wenn das Gesetz dieser Religion, das innere Gesetz, seine Bedeutung verliert? Der Rabbi stellt sich auf sein jugendliches Gegenüber ein, nennt eine Reihe von Namen – Danny wird aufmerksam, spricht leise einen weiteren Namen vor sich hin, den der Rabbi sucht und gerade nicht findet. Das seien die Mitglieder von Jefferson Airplane, einer Rockgruppe, die Danny anscheinend bevorzugt. Danny bekommt sein Radio zurück, nimmt es begierig an sich. Und zuletzt: »Sei ein guter Junge!«

Larry – ein moderner Hiob?

Ian Nathan (2012) macht in seinem Büchlein über die Coens eine Bemerkung über den Film als einer Wiederaufnahme des Buches *Hiob*. Das Buch *Hiob* des *Alten Testaments* erzählt davon, dass Hiob zunächst ein gutes Leben führte. »Der war fromm und rechtschaffen und mied das Böse.« (Hiob 1, 1) Er hatte insgesamt zehn Kinder und großen Besitz. Gott, der Herr wollte Hiob prüfen und überließ Satan alles, was er besaß. »Nur an ihn selbst lege deine Hand nicht.« (Hiob 1, 12) Jetzt erreichen Hiob die Botschaften, in denen ihm vom Verlust allen Besitzes erzählt wird, dann vom Tod seiner Kinder. »Der Herr hat's gegeben, der Herr hat's genommen, der Name des Herrn sei gelobt!« (Hiob 1, 21) Im zweiten Kapitel nimmt Gott Hiob seine körperliche Unversehrtheit. Satan schlägt ihn »mit bösen Geschwüren von der Fußsohle bis auf seinen Scheitel« (Hiob 2, 7). Hiob wird von drei Freunden besucht, die ihn beklagen und trösten wollen. Im dritten Kapitel klagt Hiob, klagt Gott an, dass er geboren wurde. In den Kapiteln 4–37 streiten sich Hiob und seine Freunde. Sie greifen ihn an wegen seiner Anklage, bleiben in der Vorstellung, dass Gott die Gesetzestreue belohnt: »Siehe, Gott verwirft die Frommen nicht und hält die Hand der Boshaften nicht fest.« (Hiob. 8, 20) In den Kapiteln 38–42 antwortet Gott Hiob, er spricht aus einem Wettersturm. Gottes Wort führt am Ende zu einer großartigen Wiedergutmachung an Hiob: »Und Hiob starb alt und lebenssatt.« (Hiob 42, 17)

Der Film legt nahe, über die Geschichte der Juden nachzudenken, eine Geschichte voller Leid und Schmerz bis zum namenlosen Schrecken der Shoah. Martin Buber fragt in einem Text aus dem Jahr 1952 *An der Wende*:

> »Wie ist nach Auschwitz ein jüdisches Leben möglich? [...] Wagen wir es, den Überlebenden von Auschwitz, dem Hiob der Gaskammern, zu empfehlen: ›Danket dem Herrn, denn er ist gütig, denn in Weltzeit währt seine Huld!‹ Aber wie ist das mit Hiob selber? Er klagt nicht nur, er klagt an, daß er ihm ›sein Recht beseitigt habe‹, daß also der Richter der ganzen Erde wider das Recht handle. Und er empfängt von Gott eine Antwort. Aber was Gott sagt, beantwortet die Anklage gar nicht, [...] die wahre Antwort, die Hiob empfängt, ist die Erscheinung Gottes allein, daß ›sein Auge ihn sieht‹ (42, 5), daß er ihn wiedererkennt. Nichts ist erklärt, nichts ausgeglichen, das Unrecht ist nicht Recht geworden und die Grausamkeit nicht Milde. Nichts ist geschehen, als daß der Mensch wieder Gottes Anrede vernimmt.« (1993, S. 178)

Ist Larry ein moderner Hiob? Tatsächlich erreichen Larry Hiobsbotschaften, denen er schwer etwas entgegensetzen kann. Er sucht wie Hiob nach einem inneren Gesetz. An Hiobs Geschwüre erinnern Arthurs Grützbeutel, die drei Freunde Hiobs tauchen als Rabbis auf. Von ihnen bleibt Scott ganz im Vernünfteln und Sich-Herausreden. Nachtners Geschichte zeigt die Fragwürdigkeit von Deutungen, die sich anzubieten scheinen. Aus dem Kontext gerissen, bleibt ein heiliger Text bedeutungslos. Marshak antwortet mit seinem Schweigen und einer Frage: »Wenn Wahrheit und Hoffnung verlorengehen: Was dann?« Die Stimmen der Rabbis verschränken sich mit denen der anderen Figuren, mit der Arthurs, der Gott anklagt, der des Rechtsanwalts, des Kollegen und der von Sy, der in seine Träume gelangte, und bahnen den Weg zu traumatischen Affekten. Schmerz und Wut lassen im Film aus stummen Klagen Anklagen werden. Ein Wettersturm steht am Ende des Films. Larry hat Angst vor dem Tod, aber der kräftige Junge ist für Danny nicht mehr gefährlich.

Vom Vorfilm könnte man sagen, er erzähle eine alte Geschichte, die nachträglich Licht auf eine neue Wirklichkeit wirft. Eine solche Aufgabe habe, so Harold Bloom 1975, die Überarbeitung der *Kabbala* durch Isaak Luria im 16. Jahrhundert übernommen. Sie sei eine »Psychologie der Verspätetheit« – er meint damit wohl eine Psychologie der *Nachträglichkeit* –, mit der es möglich sei, die *Heilige Schrift* samt ihren Kommentaren mit den Leiden des Exils in Verbindung zu bringen. 1492 wurden die Juden aus Spanien vertrieben. Entscheidend sei gewesen, dass Lurias *Kabbala* »den Massen der leidenden Judenheit einen persönlich erfahrbaren und unmittelbareren Glauben gegeben habe, als die Strenge der orthodoxen Tradition erlaubt hätte« (Bloom, 1997, S. 30). Im Übrigen sei die Kabbala im Vergleich zu anderen esoterischen Lehren weniger mystisch und spekulativ als deutend und kommentierend, sie zeige »Präfigurationen der Freudschen Lehre« (S. 39).

Den Film als Ganzes lässt sich in diesem Sinne als eine rätselhafte Geschichte auffassen, die von der Schutzlosigkeit gegenüber existenziellen Bedrohungen weiß, die uns heimatlos gewordenen Bewohnern der westlichen Welt eigen ist, in der Gesetz und Tradition zwar weiterhin Gültigkeit besitzen, aber ihre Bedeutung verloren haben, wie der italienische Philosoph Giorgio Agamben in seinem Buch *Homo sacer* (1995) herausgearbeitet hat. Mit diesem Gedanken folge ich der Faktur des Films, die auf Vater und Sohn weist, und damit auf die Tradition. Ralf Zwiebel (2014) dagegen hat in seiner Arbeit zu *A Serious Man* sich vom Protagonisten Larry und seiner Geschichte in den Film hineinholen lassen und ist dann konsequent einer selbstreflexiven Spur gefolgt. Raschis »Nimm in Einfachheit alles hin, was dir widerfährt« überprüft er in der Auseinandersetzung mit dem Gegenüber des *serious man* Larry und kommt an bei einem »zen-buddhistische[n] Koan, das in eine ausweglose Situation führt und gedanklich nicht aufgelöst werden kann« (2014, S. 748).

Vom Coenesken des Films

Die Fama, *A Serious Man* trage autobiographische Züge, geht dem Film voran. Nathan (2012) bestätigt dies für den Ort der Handlung und die kulturelle Atmosphäre. Der Film zeigt den Vorort von Minneapolis, in dem Ethan und Joel Coen in den 60er Jahren in einer orthodox jüdischen Familie aufgewachsen sind, als Wohnort der Familie Gopnik. Vor allem die Mutter, die aus Lettland stammte, sei eine fromme Frau gewesen. Gezeigt wird eine wenig inspirierende, bieder anmutende amerikanische Welt, die in einem eigentümlichen Widerspruch zum orthodoxen Judentum steht, zum Abgründigen und zur Gewalt.

Die Coens stellen eine Welt dar, in der sie als Kinder und Jugendliche gelebt haben. Naheliegend scheint es zu sein, die Deutung des Films beim Schauen und Hören des 13-jährigen Danny auf die Widersprüche der Welten beginnen zu lassen, mit denen er konfrontiert ist und die er sich zu sehen, zu hören und zu erleben traut. Nathan weist darauf hin, mit welcher Detailtreue die Coens diese Zeit beschreiben: mit dem Red Owl Grocery Store, dem Columbia Record Club, mit Santanas Album *Abraxas* und dem psychedelischen Rock von Jefferson Airplane.

Larry erscheint in seinen Versuchen, in der Welt zu bestehen, immer wieder selbst als Junge. In der Szenenfolge der körperlichen Untersuchung meint man die Scham eines Pubertierenden über den eigenen Körper zu spüren. Der Blick der Kamera auf den Professor an der Tafel, auf die eingeknickten Knie, auf seine körperliche Getriebenheit, die kindliche Euphorie über das, was er herausgefunden hat, ist nicht eben freundlich. Judith beschimpft ihn, er sei kindisch, als er empört und verzweifelt auf den Vorschlag der Scheidung reagiert. Der heuchlerische Sy wiederum betont, wie erwachsen er in diesem Gespräch gewesen sei. In dessen Umarmungen ist Larry ein wehrloses Kind. Als ein »guter« Bar Mizwa-Junge will er vom Rabbi empfangen werden (Abb. 7). Diese kindliche Seite ist es, die ihn trotz aller masochistischen Unterwerfung liebenswert macht. Vater und Tochter Oz kommentieren die Kinder des Volkes Israel wie Larry:

> »Manche Verhaltensweisen der Juden gegenüber Gott, Rabbinern und der weltlichen Autorität haben etwas Pubertäres, ewig Infantiles an sich. Das Buch Genesis wimmelt nur so von allen möglichen Vätern und Müttern, dazu jeder Menge Sprösslinge, die alle unter der väterlichen Aufsicht des Schöpfers stehen.« (Oz & Oz-Salzberger, 2012, S. 6)

Jugendliche suchen einen Platz. Larry verliert seinen Platz unter denen, die wissen. Die betuliche Bekannte, mit der er am See spricht, tönt in Pseudo-Gewissheiten: »Es kann ein Weilchen dauern, bis du spürst, was immer schon im Ver-

Abb. 7

borgenen lag.« Und: »Wir sind Juden, wir können aus einem Quell von Tradition schöpfen, der uns hilft zu verstehen.« Larry sagt: »Was soll das bedeuten? Alles, was ich für ganz gewiss hielt, ist jetzt vollkommen anders.« Von den Figuren der Coen'schen Filme sagt Nathan: »Es sind die, die ihren Platz infrage stellen, die bestraft werden« (2012, S. 89; Übers. I. B.).

Jugendliche fragen nach der Spannung zwischen den Geschlechtern. Im Film sind die jugendlichen Mädchen langweilig, die Frauen passiv, aber mächtig. Dannys Mutter ist kalt und berechnend, der Vater scheint ihrer Selbstgerechtigkeit und Feindseligkeit nicht gewachsen. Die Gehilfinnen der Männer, die des Lehrers, des Rabbis, Larrys Sekretärin, haben ihren Platz in der Welt, nach dem Larry verzweifelt sucht. Nur die schöne Nachbarin ist eine verlockende Frau. Dass sie ein Jugendattribut der Zeit hat, nämlich Marihuana raucht, gehört zum Spiel.

Der Film in allen seinen Facetten ist der *ernsthafte Mann*, der zu einer Komödie voller Tragik gerät. Die Angst und die Scham, der Wagemut und die Unverfrorenheit, der Spaß am Albernen und Überdrehten von Adoleszenten gehören zum Geheimnis von Coen-Filmen, das sie uns zumuten und ermöglichen. Zu der Art, wie die Coen-Brüder Filme machen, gehört das Schräge und Komische, der schwarze Humor, gehört das Lachen, sich gerade über das lustig zu machen, was dem Herzen nahe geht, auch, dass Ernsthaftes lächerlich erscheint. Ihre Arbeitsweise ließe sich mit diesem »autobiographischen Film« als jüdisch beschreiben. Schon im Vorfilm wird der Schrecken im Lachen bewältigt, auf diese Weise mühsam zu verdecken gesucht und gerade so offen gemacht.

> »Die Coens gestalten den ganzen Film als einen langen komplizierten Witz mit vielen Einsichten [...] Es gibt kein Entkommen. Die allerdings, die bis zum Abspann geblieben sind, haben vielleicht über das Dementi gelacht: Kein Jude hat Schaden erlitten bei der Filmproduktion.«(Nathan 2012, S. 90; Übers. I. B.)

Literatur

Agamben, G. (2002 [1995]). *Homo sacer*. Frankfurt a. M: Suhrkamp.

Bloom, H. (1997 [1975]). *Kabbala. Poesie und Kritik*. Basel/Frankfurt: Stroemfeld/Nexus.

Buber, M. (1993 [1952]). An der Wende. In Ders. *Der Jude und sein Judentum. Gesammelte Schriften und Reden* (S. 141–179). Gerlingen: Lambert Schneider.

Die Bibel oder die ganze Heilige Schrift des Alten und Neuen Testaments. Nach der deutschen Übersetzung Martin Luthers. Württembergische Bibelanstalt Stuttgart.

Nathan, I. (2012). *Masters of Cinema: Ethan and Joel Coen*. Paris: Cahier du Cinema.

Oz, A.& Oz-Salzberger, F. (2012). *Juden und Worte*. Berlin: Jüdischer Verlag im Suhrkamp Verlag.

Zwiebel, R. (2014). »Nimm in Einfachheit alles hin, was Dir widerfährt« – Filmpsychoanalytische Bemerkungen zu »A Serious Man« von Joel. und Ethan Coen (USA 2009). *Psyche – Z Psychoanal, 66*, 740–752.

»Wie doch die Zeit vergeht«

Filmpsychoanalytische Anmerkungen zu *True Grit*

Ralf Zwiebel

Deutungswunsch und zentrale Deutungsphantasie

Welcher Film gewinnt das besondere Interesse des Psychoanalytikers? Auch der an Filmen besonders interessierte Psychoanalytiker schaut sich Filme zur Unterhaltung und zur Entspannung an. Ab und zu aber bleibt er an einem Film »hängen«, ein Film, der ihn besonders bewegt, aufwühlt, fesselt, verwirrt und auf diese Weise Fragen aufwirft, die die professionelle »forschende Grundhaltung« des Psychoanalytikers wecken (Leuzinger-Bohleber, 2007). Vergleichbar einem besonders eindrücklichen und/oder verwirrenden Traum entsteht ein Deutungswunsch, der dann zu einer intensiveren Beschäftigung mit diesem speziellen Film führt. Die Entstehung dieses Deutungswunschs wird durch eine weitere Annahme plausibel, nämlich die einer zentralen Deutungsphantasie beim Zuschauer bzw. Filmpsychoanalytiker. Diese Deutungsphantasie kann man als ein oft latentes Interpretationsmuster von Selbst und Welt betrachten, das sich aus individuellen, hochspezifischen unbewussten verinnerlichen Beziehungsstrukturen speist. Es wäre auch möglich, von einer impliziten Alltagstheorie zu sprechen, die im Falle des Psychoanalytikers durch sein professionelles Arbeitsmodell überformt ist.

Die zentrale Deutungsphantasie wird ständig in aktuellen Erlebnissituationen aktualisiert und durch begleitende emotionale Erfahrungen und Verarbeitungen umgeschrieben – sie sucht gleichsam die sich ergebenden Lebensereignisse (einschließlich ästhetischer Erfahrungen) ab, um die impliziten Deutungsmuster zu überprüfen, zu bestätigen oder aber auch zu modifizieren (Zwiebel, 2012). Diese Annahme macht die oft unterschiedlichen Deutungen von Kunstwerken ebenso verständlich wie das spezielle Interesse für bestimmte Thematiken. Sie macht aber auch deutlich, dass es kaum möglich ist, ein Kunstwerk, aber auch sonstige Erfahrungen im Leben, ohne jegliche vorangehende Konzeptualisierung aufzunehmen und zu verarbeiten. Dies gilt auch für die folgenden Ausführungen zum Film *True Grit* (2010) von Ethan und Joel Coen, den ich im Folgenden aus einer aktuellen Fragestellung heraus untersuchen möchte.

Der Film und seine »Forschungsfrage«

True Grit ist ein Remake des Films *True Grit – Der Marschall* (Henry Hathaway, 1969), basierend auf dem gleichnamigen Roman von

Charles Portis aus dem Jahr 1968. Auf den ersten Blick ist er dem klassischen Western-Genre zuzuordnen und handelt von der 14-jährigen Mattie Ross (Hanlee Steinfeld), deren Vater bei einer Schießerei getötet wird. Sie selbst engagiert den raubeinigen und versoffenen, einäugigen Marschall »Rooster« Cogburn (Jeff Bridges), und beide folgen, nachdem sich noch der Texas Ranger LaBoeuf (Matt Damon) ihnen angeschlossen hat, dem flüchtenden Mörder Tom Chaney (Josh Brolin) in das unwegsame, gesetzlose Indianergebiet. In der dramatischen Schlussszene erschießt sie selbst den Mörder, stürzt aber aufgrund des Rückstoßes des Gewehrs in eine tiefe Grube, wo sie von einer giftigen Schlange in den Arm gebissen wird. Cogburn rettet sie aus der Höhle und bringt sie mit letzter Kraft an einen rettenden Ort, wo man ihr allerdings den linken Arm amputieren muss.

Beim ersten Sehen von *True Grit* vor einigen Jahren bin ich nicht an dem Film »hängen geblieben«: Er fiel »nur« in den Bereich guter Unterhaltung, auch wenn ich das Gefühl hatte, einen hervorragenden, spannenden Film gesehen zu haben. Beim zweiten Sehen nach einiger Zeit wurde mir deutlich, dass ich dabei einen wesentlichen Aspekt des Films übersehen hatte: Der Film wird nämlich aus der Rückerinnerung von Mattie Ross erzählt – wie übrigens manche anderen Filme der Coen-Brüder (*The Man Who Wasnt There*, 1991, oder auch in etwas anderer Weise *No Country for Old Men*, 2007) Zu Beginn kommt Matties Stimme als die einer erwachsenen Frau aus dem »Off« – am Ende erfährt der Zuschauer: 25 Jahre nach den erzählten Ereignissen – und schildert die Ermordung ihres Vater. Dann tritt sie selbst als 14-Jährige auf und der Zuschauer begleitet sie in ihrer Verfolgungsjagd durch das gefährliche Indianergebiet, dabei den inneren Erzählcharakter des Films vergessend, bis sie am Ende als 40-Jährige, in Schwarz gekleidete trauernde »Witwe« erneut als direkte Erzählerin in Erscheinung tritt. *True Grit* ist also eine bebilderte Erzählung der Protagonistin, was der Zuschauer jedoch erst am Ende in seiner ganzen Konsequenz realisiert. Dieser Aspekt erweist sich aus meiner Sicht für die Coen-Version von *True Grit* als wesentlich, zumal die erste Verfilmung diese Rahmenerzählung nicht enthält, obwohl auch im Roman von Portis die Geschichte von allem Anfang an als Rückblick auf lange zurückliegende Ereignisse geschildert wird. Die Struktur der rückblickenden Erzählung, der sich der Zuschauer erst ganz am Ende des Films – auf eine durchaus schockierende Weise – wieder bewusst wird, gibt diesem Western eine tragische Tiefendimension, die im Folgenden etwas verdeutlicht werden soll.

Beim »zweiten Blick« kam es also zu einem persönlichen »Andocken« an den Film, das in eine Zeit fiel, in der ich mich auch mit den anderen Filmen der Coen-Brüder beschäftigt und über den Film *A Serious Man* (2009) eine Arbeit geschrieben hatte, die bei mir vor allem das Interesse an der filmischen Erzählweise der Coen-Brüder weckte (Zwiebel, 2014). Etwa seit der gleichen Zeit war ich mit der Thematik der Vergänglichkeit beschäftigt, die im Buddhismus eine zentrale Rolle spielt, im psychoanalytischen Denken aber eher nur implizit mit bedacht wird (Zwiebel & Weischede, 2014). Eine der Überlegungen in dieser Arbeit ist der Gedanke, dass es einen komplexen Zusammenhang zwischen der Tatsache der Vergänglichkeit und ihrer Bewältigung auf der einen und frühen Erfahrungen in der kindlichen Entwicklung auf der anderen Seite gibt. Knapp formuliert: von Beginn des Lebens ist das Kind mit der Vergänglichkeit konfrontiert – Liebsch (2004) spricht von der »Abschiedlichkeit« des Lebens –, aber je traumatischer die frühen Erfahrungen sind, umso eher wird die notwendige Trauerarbeit über die Vergänglichkeit blockiert. Man könnte dann auch von einer gescheiterten Abschiedsarbeit mit der Folge einer Verleugnung der Vergänglichkeit und einem Festhalten am Vergangenen sprechen. Die drei Schlüsselbegriffe sind hier also: Vergänglichkeit, Trauma und Trauer in ihrer Beziehung zueinander.

Beim »zweiten Blick« auf den Film *True Grit* in der Version der Coen-Brüder und beim wiederholten Sehen meine ich darin eine visuelle Meditation über diese Zusammenhänge zu erkennen. Allerdings taucht die berechtigte Frage auf, ob ich den Film als Illustration meiner These verwende oder ob diese Überlegungen tatsächlich den Schlüssel zu einem tiefenpsychologischen Zugang, zu dem Subtext oder der unbewussten Botschaft des Films ermöglichen. Gerade im Vergleich mit dem Roman von Portis und der ersten Verfilmung, die aus heutiger Sicht als eine verharmlosende Adaptation des Romans erscheint, lässt sich vermuten, dass die Coen-Brüder von einer ähnlichen Überlegung motiviert waren: Daher betrachte ich den Film selbst als eine Art »Forschung«, in der die Coen-Brüder über die eben genannten Zusammenhänge in filmischen Bildern »nachdenken«. Die Thematik von *True Grit* – aus dem Roman und aus der ersten Verfilmung – hätte nach dieser *These* bei den Filmkünstlern selbst einen Deutungswunsch geweckt, der vor allem in der veränderten Form des Films gegenüber der Erstverfilmung, aber auch dem Roman selbst erkennbar wird[1].

1 Erstaunlich scheint mir, dass Donna Tartt, die gerade einen großen Roman über einen traumatisierten Jungen geschrieben hat (*Der Distelfink*, 2013), in ihrem Vorwort von 2011 zur Neuausgabe des Romans *True Grit* von Portis eher an der Heldenversion der Protagonistin festhält, ohne die tragische Komponente der Geschichte zu betrachten. Allerdings schreibt sie auch über die Heldin: »Mattie's narrative tone is naive, didactic, hardheaded, and completely lacking of self-consciousness«, eine Beschreibung, die für meine Überlegungen wesentlich ist.

Die Erzählform von *True Grit*

Der Film besteht aus drei Teilen. Der erste Teil erzählt die Vorgeschichte mit der Stimme von Mattie Ross aus dem »Off«: den Mord am Vater durch einen üblen Halunken. Der zweite Teil, der Hauptteil der Geschichte, ist im Grunde die Erzählung von Mattie Ross im Rückblick nach etwa 25 Jahren; als Zuschauer sehen wir diese erzählte Geschichte präsentisch und gewissermaßen naiv – »also so haben sich die Ereignisse abgespielt« –, während es sich in Wirklichkeit um die persönliche, subjektive Version der Protagonistin handelt. Im dritten Teil erlebt der Zuschauer die mittlerweile erwachsene Frau und realisiert, was aus diesem jungen, mutigen Mädchen geworden ist: eine verhärtete, depressive, vorgealterte Jungfer, die vereinsamt in ihrer Beziehung zum toten Vater gefangen ist und nie mehr ins Leben zurück gefunden hat. Es handelt sich im Grunde um ein schockierendes Ende, wenn man bedenkt, was aus diesem jungen, lebendigen und wirklich mutigen Mädchen geworden ist – natürlich auch ein drastisches Bild für die Vergänglichkeit.

Meine *Hauptthese* ist, dass der Film dem Zuschauer einen Einblick gibt in die innere Welt einer Frau, die durch ihre traumatischen Erfahrungen in der Pubertät (die Konfrontation mit Verlust, Tod und der eigenen Lebensbedrohung) so entscheidend geprägt worden ist, dass es ihr später nicht mehr möglich war, ein befriedigendes Leben als Frau zu führen. Ihr Verlust besteht nicht nur in einer körperlichen, sondern auch einer seelischen Amputation, die genau darin bestehen könnte, dass sie die erlittenen Verluste und damit die Erfahrung der Vergänglichkeit nicht reflektierend verarbeiten und betrauern kann, sondern dies verleugnend in sich selbst vergraben hat. Die seelische Lücke füllt sie mit ihrer Erinnerung an den toten Vater und am Ende mit dem toten Cogburn, den sie sich als Vater-Ersatz geschaffen hat. Die

Bindung an die Toten als einer Art Krypta bedeutet ein Festhalten der Vergangenheit und ein verlorenes Interesse an der lebendigen Gegenwart und möglichen Zukunft.

Nach meinem Verständnis untersucht der Film, wie es zu einer solchen Entwicklung kommen kann, allerdings ohne eine wirkliche Antwort zu geben. Diese Antwort bleibt dem Zuschauer überlassen, was aber nur dann gelingen kann, wenn der Zuschauer den Film mit einem »zweiten Blick« betrachtet und hinter der spannenden Western-Geschichte mit einem »echt mutigen« Mädel die tragische Geschichte einer schweren Traumatisierung entdeckt, die man als durchaus exemplarische verstehen kann.

Die Entfaltung einer inneren Welt

Der Film beginnt wie auch *A Serious Man* (2009) mit einem Motto: »Der Gottlose flieht – auch wenn niemand ihn jagt«, ein Spruch aus Salomon 28,1. Aus dem Dunkel taucht wie hinter einem Schleier aus strömendem Regen ein kleines, gelblich gefärbtes Licht auf, das sich langsam als ein beleuchtetes Haus erweist – dies begleitet von einer sehnsuchtsvollen, melancholisch klingenden Klavierstimme. Dazu hört der Zuschauer die Stimme einer erwachsenen Frau, die von dem Tod ihres Vaters durch einen Landarbeiter namens Tom Chaney berichtet und dabei anmerkt, dass wohl kein Mensch sich vorstellen könne, dass ein Mädchen von 14 Jahren mitten im Winter ihr Zuhause verlässt, um den Tod ihres Vaters zu rächen. Je klarer das Bild wird, umso deutlicher sieht man einen reglosen Körper vor dem Haus liegen, dann einen Reiter, der wie auf der Flucht vorbei galoppiert und schließlich die letzten Worte der Frau: Jeder müsse für seine Taten im Leben bezahlen, nichts sei umsonst, lediglich die Gnade Gottes. Der Zuschauer wird ihre Stimme (und die Musik) erst am Ende des Films wieder hören und dann vielleicht realisieren, dass er einer erzählten Geschichte gefolgt ist. Visuell lässt sich diese erste Szene in der Tat wie das Auftauchen einer wichtigen Erinnerung aus dem »Dunkel« des unbewussten Gedächtnisses verstehen.

Wie soll man nun den großen zweiten Teil des Films nacherzählen, wenn nicht mehr vergessen werden kann, dass es sich eben um eine Erinnerung der Protagonistin handelt? Könnte man sich bei aller Unwahrscheinlichkeit die Möglichkeit vorzustellen, dass Mattie Ross als depressive, enttäuschte Frau einen Psychoanalytiker aufsucht und ihm ihre Geschichte erzählt? Was würde sie ihm wohl erzählen? Vielleicht so: »Als ich damals von dem Tod meines Vater hörte, machte ich mich gleich auf den Weg nach Fort Smith, um mich um die ganze Angelegenheit zu kümmern; meine Mutter war bei solchen Dingen überfordert und von keiner großen Hilfe, sie konnte noch nicht einmal richtig lesen. Ich war damals ein selbstbewusstes Mädchen von 14 Jahren, mit langen Zöpfen und mit einer sehr engen Beziehung zu meinem Vater, den ich sehr bewunderte. Beim Leichenbestatter sah ich die Leiche des Vaters im offenen Sarg und der Bestatter forderte mich auf, sie zu küssen (Abb. 1). Ich aber begann sofort mich über die hohen Kosten zu beschweren und mit ihm zu handeln, einschließlich der Forderung, in der kommenden Nacht bei ihm übernachten zu dürfen – woran ich festhielt, obwohl noch drei weitere ›Gäste‹ von einer bevorstehenden Hinrichtung angekündigt waren. Die Hinrichtung der drei Männer konnte ich gleich anschließend beobachten: Einer jammerte über sein Schicksal, der andere wirkte nur enttäuscht darüber, dass er den falschen Mann getötet hatte, und ein Indianer konnte überhaupt nichts mehr sagen, weil sofort das schwarze Tuch über seinen Kopf gezogen wurde. Mein Hauptinteresse war aber, möglichst schnell mit dem Sheriff zu sprechen, um mich nach dem Verbleib des Mörders meines

Vaters zu erkundigen. Dieser war in das Indianergebiet geflohen, zu dem nur die US-Marshalls einen Zugang haben. Daher erkundigte ich mich, wer wohl der Beste sei, den ich mit der Verfolgung und der Festnahme von Chaney beauftragen könnte, und hörte, dass Rooster Cogburn ein mitleidloser, harter ›Hund‹ sei, der lediglich manchmal etwas über den Durst trinke. Ich suchte Cogburn im Saloon, fand ihn aber auf einem Scheißhaus, wo er umständlich sein ›Geschäft‹ erledigte. Auf meinen Geschäftsvorschlag wollte er nicht eingehen, sodass ich abends unverrichteter Dinge zum Bestatter zurückging, um dort zu übernachten. Mittlerweile waren auch die drei Gehenkten angekommen und der Bestatter erlaubte mir, in einem Sarg zu übernachten.«

dem erlittenen Verlust deutlich oder weitergehender noch: mit dem Tod selbst. Fast ungerührt schildert sie die Begegnung mit der Leiche des Vaters – wenn sie etwa sagt: »Danke, ich will ihn nicht küssen, sein Geist hat ihn verlassen«, und sofort wieder mit dem Bestatter um die Bezahlung zu feilschen beginnt –, ebenso die Beobachtung der Hinrichtungsszene und schließlich die Übernachtung beim Bestatter in einem Sarg. Die eher als natürlich angesehenen Gefühle der Scheu oder sogar des Abscheus vor den Toten und die Trauer um den Tod des Vaters scheinen überhaupt nicht aufzukommen, sondern durch ihr forsches, aggressives Verhalten überspielt zu werden. Ein Vergleich mit der Erstverfilmung ist interessant, weil Mattie dort in einem stillen Moment sich ihrer Trauer wirklich hingibt.

Abb. 1

Leicht kommen dem Betrachter bei der »späteren Mattie« psychoanalytische Termini in den Kopf – etwa: Abwehr der Weiblichkeit durch aggressives Betonen der Phallizität oder auch, in der Kleinianischen Terminologie, eine Überbetonung der paranoid-schizoiden Position gegenüber der depressiven Position –, aber mit der eingangs formulierten Präkonzeption würde ich lieber Folgendes sagen: Aus der Schilderung von Mattie kann man erkennen, wie sie auf die Konfrontation mit dem Verlust und der Vergänglichkeit (repräsentiert durch die Toten) mit einer forcierten Aktivität und Gefühlsabwehr reagiert. »Wahrer Mumm« bedeutet für sie also, sich weder vor Tod noch Teufel zu fürchten und nicht wie alte Weiber zu jammern, sich dem Schicksal nicht zu ergeben, sondern es selbst in die Hand zu nehmen: Wendung von der Passivität in Aktivität. Fast prophetisch erscheint dann das Angebot des Bestatters, sie

Wenn man »True Grit« mit »echtem Mut« oder »Mumm« übersetzen will, so stellt sich Mattie in ihrer Erzählung in der Tat als ein selbstbewusstes, tatkräftiges Mädchen dar, das sich im Grunde vor nichts zu fürchten scheint, keine Spur von Ängstlichkeit zeigt. Trotz ihrer langen Zöpfe wirkt sie in ihrem Auftreten eher wie ein Junge und vor allem wie ein kämpfender, aggressiver Junge, der in einer schmerzlichen und auch ganz fremden Situation sofort zum Angriff übergeht und tatkräftig nur ein Ziel ins Auge fasst, nämlich den Tod des Vaters zu rächen. In ihrer Erzählung wird aber auch ihr Umgang mit könne in einem Sarg übernachten, weil dies wie eine Prophezeiung ihres späteren Lebens erscheint: die Nähe und Verbundenheit mit dem Toten, eine Form von seelischer »Einsargung«, wird sie nicht mehr verlassen.

Ein kurzer Zwischenruf

Die Versuchung einer Figurenanalyse analog der klinischen Situation ist für den Filmpsychoanalytiker ständig virulent. Die Figurenanalyse übersieht vor allem, dass es sich bei den Filmfiguren um konstruierte Figuren und keine lebendigen Menschen handelt. Sie können aber für den Zuschauer – als Ausdruck seiner zentralen Deutungsphantasie – exemplarisch seine Selbst- und Welterfahrung repräsentieren und damit einen Kontakt zu der eigenen Person und inneren Welt herstellen. So wird man der Versuchung widerstehen, über die Vorgeschichte von Mattie zu phantasieren (die negative Beziehung zur Mutter, die Idealisierung des Vater etc.), um dabei nicht aus dem Auge zu verlieren, was für den Zuschauer selbst – wenn er sich nur den Bildern gegenüber emotional öffnen kann – von der *Oberfläche* her erkennbar ist.

Nach meinem Verständnis geht es in der geschilderten Anfangsszene um eine grundlegende menschliche Situation, nämlich die unvermeidliche Konfrontation mit Verlusten, die als Manifestation der dem Leben inhärenten Vergänglichkeit zu verstehen sind, und den jeweils spezifischen persönlichen Umgang mit diesem »fact of life« (Money-Kyrle, 1971). Auf der Erfahrungsebene manifestiert sich die Vergänglichkeit in einer Dynamik von An- und Abwesenheit, die emotional toleriert und balanciert werden kann, wenn sich ein relativ konstantes Ich-Selbst konstituiert, das wie ein GPS-System eine Steuerung in einer von Ungewissheit und ständigem Wandel geprägten Welt ermöglicht (Vermote, 2013, Zwiebel & Weischede, 2014). Für diese Strukturierung werden die Erfahrungen mit den Primärobjekten als entscheidend angesehen. Traumatische Erfahrungen sind das Ich-Selbst überfordernde Konfrontationen mit diesem stetigen Wandel – die abrupte Abwesenheit durch den Tod des Anderen oder die eigene ständig drohende eigene Abwesenheit –, die dann zu Schutzmechanismen führen, wie die angedeutete Wendung von Passivität in Aktivität auch als Ausdruck einer omnipotenten Kontrolle und einer forcierten defensiven Besetzung des Ich-Selbst einschließlich einer reaktiv zu verstehenden Aggressivität angesehen werden kann.

Betrachten wir aus dieser Sicht die Anfangsszene noch einmal etwas genauer (ohne dabei zu vergessen, dass es sich um die subjektive Version von Mattie handelt): Beim Anblick des toten Vaters schaut Mattie einen Moment hilflos und traurig aus, als Zuschauer ahnt man ihren tiefen Schmerz, der sich allerdings schnell in eine vorwurfsvolle und kämpferische Haltung gegenüber dem Bestatter umzuwandeln scheint. Staunend erlebt man, wie dieses junge Mädchen innerhalb eines kurzen Moments die »Herrin der Situation« wird, dem begleitenden Diener Anweisungen gibt, seine Einwände mit der Inkompetenz der Mutter zurückweist und in aller Entschlossenheit ihren Racheplänen folgt. Auf eine Situation von großer Abwesenheit (ihres Heimatorts, der Mutter, des Vaters), in einer Situation des Abschieds und Verlusts, reagiert sie mit einer kämpferischen Haltung und verbietet sich jeden Gefühlsausdruck. Wenn man als Zuschauer ein wenig bei dieser Erzählung verweilt – was eben nur mit einem »zweiten Blick« möglich ist –, dann wird man vielleicht Gefühle des Staunens, der Bewunderung, aber auch des Mitgefühls, ja des Mitleids empfinden, oder man wird sich fragen, ob dies nicht eine notwendige Reaktion in einer Welt war, in der man gleichsam täglich mit Tod und

Verlust konfrontiert war. Diese reflektierenden Überlegungen bleiben aber Mattie fremd.

Aber vielleicht taucht beim Zuschauer auch die Frage auf, ob dies wirklich »echter Mumm« ist, wie ja der Titel des Films suggeriert, oder ob es nicht gerade im Angesicht des Endes sich als fragwürdig erweist. Was ist wirklich echter Mut? Mattie Ross erlebt und schildert sich als mutig, wie sie den Vater und später ihren Ersatz-Vater Rooster Cogburn als mutig erlebt. Vermutlich versteht sie Mut als Ausdruck von Angstfreiheit, wie es ja auch der Sheriff in seiner Beschreibung von Cogburn ausdrückt: ein Mann ohne Angst. Das wäre gleichsam die kontraphobische Form von Mut. Ein anderes Modell von Mut könnte aber sein, dass man sich trotz aller Ängste und anderer Gefühle bedrohlichen Situationen stellt und nicht flieht, man also akzeptiert, dass Ängstlichkeit ein Grundgefühl aller Menschen in einer ungewissen, vergänglichen Umwelt ist. Man sollte diese Frage weiter im Auge behalten, weil sie ja bereits durch den Titel des Films direkt formuliert wird. Haben die Coen-Brüder ein Remake von *True Grit* in dieser veränderten Form gemacht, weil sie die Frage des »echten Muts« ironisch brechen wollten? Das mutige Mädchen Mattie endet als verbitterte Frau, und sie sagt ja am Anfang des Films, dass jeder für seine Taten bezahlen müsse, dass nichts umsonst sei, bis auf die Gnade Gottes. Denkt sie dabei auch an sich? Für welche Tat muss sie so schwer bezahlen, dass sie ihr Leben im Leben verliert? Und welche Verbindung gibt es zum Motto des Films: »Der Gottlose flieht, auch wenn er nicht verfolgt wird?« Auch hier ist das Thema der Angst implizit angesprochen: Mut wäre dann, sich ganz in die Hände Gottes zu begeben? Vermutlich wird Mattie Ross als erwachsene Frau dieses Bild von sich aufrechterhalten, ohne aber zu realisieren, dass sie genau dies nicht getan hat: Sie hat unter Verleugnung ihrer Angst selbst Gott gespielt, sich einen Ersatzvater erschaffen und sich an die Stelle eines rächenden Gottes gesetzt. Sie realisiert wohl nicht, dass ihr trauriges Leben der Preis ist, den sie nun dafür zahlen muss.

Verfolgung statt Trauer

Aus räumlichen Gründen muss hier die Schilderung des weiteren Verlaufs der Geschichte abgekürzt werden: Mattie schildert die Rekrutierung von Cogburn, ihr Treffen mit dem Texas-Ranger LaBoeuf, der auch auf der Jagd nach Chaney ist, wie sie sich von den beiden nicht abschütteln lässt und ihnen in das gesetzlose, gefährliche Gebiet folgt. In der langen Passage bis zum Zusammentreffen mit Chaney kann der Zuschauer in der Erzählung von Mattie sehr klar die Spannung nacherleben, in der dieses Mädchen ist: Nach und nach begegnet sie weiteren vorgefundenen oder »produzierten« Toten, und die Unvorhersehbarkeit der Ereignisse wird ihr überdeutlich; außerdem erlebt sie den Konflikt zwischen Cogburn und LaBoeuf, die sich schließlich trennen, obwohl Mattie einen Schlichtungsversuch macht.

Aber in der Erzählung von Mattie wird auch erkennbarer, dass sie nicht wirklich angstfrei ist: Beschämend, wie LaBoeuf sie wie in kleines Kind durchprügelt, bis Cogburn mit der Waffe eingreift; auch ihr machen die Dunkelheit, die Schlangen, das Abschneiden eines Erhängten von einem Baum, das Wegreiten von LaBoeuf etwas aus. Viel mehr als vorher erlebt der Zuschauer die unglaubliche Kluft zwischen ihrer betonten Erwachsenheit unter Abwehr von Angst und Trauer und ihrer mädchenhaften Kindlichkeit, die sie mit ihrer betont forschen Attitüde überdeckt. Der Gedanke der Parentifizierung liegt nicht fern, wenn man hypothetisch an ihre Rolle in ihrer Familie im Grenzgebiet »zur gesetzlosen Welt« in der damaligen Zeit um 1875 denkt, eine Rolle, die sie auch den beiden Männern gegenüber zu spielen vermag: als Zuhörerin der aufschneiderischen Geschichten von Cogburn, als Schlichterin in dem Streit zwischen den beiden Männern, wenn sie ihnen selbst eine Geschichte über den mitternächtlichen Geist erzählen möchte.

Jetzt spürt der Zuschauer selbst aus der subjektiven Erzählung von Mattie, dass sie einen Schutzwall gegenüber den ständigen Bedrohungen des Lebens – der Tod ist in der Tat allgegenwärtig – aufgebaut hat, der sich in der Haltung äußert: »Ich bestimme, wo es lang geht!« Dies mag man als Ausdruck eines ständig vital gefährdeten Ich-Selbst ansehen, das massiv »besetzt« und damit geschützt werden muss – etwa mit der Phantasie einer omnipotenten Kontrolle –, um einer traumatisierenden Umwelt gewachsen zu sein, letztlich: um zu überleben. Mehr und mehr schleicht sich bei mir als Zuschauer das Gefühl ein, dass dieses Mädchen doch überfordert ist oder sie sich selbst überfordert, vielleicht visuell auch darin erkennbar, dass sie manchmal etwas verloren auf ihrem Pferd sitzt, mit ihrem etwas zu großen Mantel des Vaters und ihrem zu großen Hut – als sichtbare Diskrepanz zu ihrer inneren Situation. Sie selbst erzählt allerdings nichts von ihrer Überforderung, die sie niemals reflektiert, aber für den Zuschauer ist die Überforderung deutlich – vor allem am dramatischen Höhepunkt ihrer Erzählung – zu erkennen. Langsam schleichen sich also bei mir als dem Zuschauer ein Gefühl der Trauer und ein Mitgefühl ein, ein Wunsch, sie doch zu beschützen, ihrer kindlichen Ängstlichkeit und Unsicherheit endlich einen bergenden Raum zu geben. Die Kluft zwischen dem schützenswerten kindlichen Selbst und dem mutigen, frühreifen erwachsenen Selbst (wohl durch »Überspringen« bestimmter Entwicklungsschritte), die die verkappte Überforderung ausmacht, wird nun im dramatischen Höhepunkt von Matties Schilderung offenbar, die im Folgenden noch geschildert werden soll.

Das traumatische Erleben der eigenen Vergänglichkeit

Bis zur direkten Begegnung mit Tom Chaney ist ihr Weg schon mit weiteren Leichen »gepflastert«, diesmal aber erlebt sie den Tod und das Sterben noch unmittelbarer. Kurz nachdem die beiden Männer die Suche nach ihm aufgegeben haben, trifft Mattie beim Wasserholen am Fluss direkt auf Chaney. Mit der Waffe des Vaters schießt sie ihn an, aber als er auf sie zukommt, versagt beim zweiten Schuss die Pistole und sie wird von Chaney und den ihn begleitenden Gangstern gefangen genommen. Ned Pepper (Barry Pepper), der Hauptanführer, bedroht Mattie direkt mit seiner Waffe und droht sie umzubringen, falls Cogburn, der dies in der Ferne mitbekommen hat, sich nicht aus dem Staube macht.

Jetzt also steht ihr eigenes Leben direkt und unmittelbar auf dem Spiel. Aber selbst in dieser Situation stellt sich Mattie als cool und unerschrocken dar: Als sich Cogburn tatsächlich entfernt und sie ins Lager der Gangster kommt, fragt sie als Erstes, ob sie noch etwas von dem Speck haben könne. In dieser absolut lebensbedrohlichen Lage beginnt sie noch mit den Halunken zu handeln, selbst als sie schließlich mit Chaney allein bleibt, der sie dann mit einem Messer bedroht und sie nur im letzten Moment von dem plötzlich auftauchenden LaBoeuf gerettet wird. Nach einigem weiteren Kampfgeschehen steht Mattie plötzlich Chaney allein gegenüber (Abb. 2) und erschießt ihn mit einem Gewehr, durch dessen Rückstoß sie in eine tiefe Höhle stürzt, wo nur dickes Gestrüpp sie vor einem weiteren Sturz in die Tiefe bewahrt. Jetzt hängt sie kopfüber in einer aussichtslosen Lage, entdeckt eine halb verweste Leichen neben sich, aus deren Gedärm eine Schlange auftaucht, die sie in die Hand beißt (Abb. 3). In diesem Moment taucht Cogburn auf und holt sie mithilfe von LaBoeuf aus der Höhle heraus. Er versorgt die Wunde, nimmt sie zu sich auf ihr Pferd und reitet, das Pferd gnadenlos antreibend, los, um rettende ärztliche Hilfe zu bekommen. Jetzt setzt die Musik aus dem Anfangsteil des Films ein, der Zuschauer sieht den Ritt von Cogburn mit der immer schwächer werdenden Mattie, bis das Pferd nicht mehr kann und zusammenbricht, sodass Cogburn Mattie selbst weiter tragen muss. Selbst zusammenbrechend erreicht er gerade noch die rettende Hütte – und sagt stöhnend, dass er wohl langsam alt werde.

Abb. 2

Abb. 3

Hier nun erlebt man als Zuschauer auch in Matties Schilderung den traumatischen Zusammenbruch einer pubertären narzisstischen Phantasie, auch wenn sie dies in ihrer Erzählung nicht reflektieren kann. Entscheidend scheint mir, dass sie Chaney zwar mit dem Gewehr in Notwehr erschießt, aber dem Rückstoß nicht gewachsen ist und in die beinahe tödliche Höhle stürzt, in der sie auf eine nochmals grausamere Weise als zuvor mit der Sterblichkeit (der verwesende Leichnam) und vor allem ihrer eigenen Sterblichkeit (durch den Schlangenbiss, der ihr diese Erkenntnis ermöglicht) konfrontiert wird. Eine wirklich eindrucksvolle Visualisierung der angesprochenen seelischen Überforderung!

Das tragische Schicksal eines mutigen Mädchens

Mit dem Auftauchen der rettenden Hütte hören die Zuschauer wieder die Stimme der erwachsenen Mattie: Man sieht sie als Frau mittleren Alters in einem Zug, wie am Anfang hinter der Glasscheibe des Zugabteils, und sie erzählt den Ausgang der Geschichte. Sie wurde gerettet, aber der linke Arm musste ihr abgenommen werden, was man auch eindrücklich sieht. (Im früheren Film fehlt diese Sequenz völlig: Mattie verabschiedet sich dort von Cogburn mit einer Schlinge um den verletzten Arm – und damit ist auch die seelische Amputation verschwunden.) Lange Zeit hatte sie nichts von Cogburn gehört, aber kürzlich bekam sie einen Brief von ihm, in dem er ihr von seinen Auftritten auf Wildwest Shows erzählte. Sie reist an, um ihn zu treffen, muss aber hören, dass sie zu spät gekommen ist: Vor wenigen Tagen sei er gestorben, teilt ihr ein Mann von der Show mit. Mit unbewegtem Gesicht hört sie die Nachricht, fährt einen der Männer, mit dem sie gesprochen hat und der sich nicht achtungsvoll vor ihr erhoben hat, an: »Bleiben Sie sitzen, Sie Abschaum!«

Aus dem »Off« hören wir, dass sie die Leiche von Cogburn in ihr Familiengrab hat umbetten lassen, dass sich die Leute über sie als schrullige alte Jungfer wundern – sie sagt, es stimme, sie habe keine Zeit für solche Flausen wie das Heiraten gehabt –, und sehen ein eindrucksvolles Schlussbild, in dem sie am Grab des Vaters und Cogburns in der Silhouette zu sehen ist, mit ihrem fehlenden linken Arm, ganz in Schwarz durch die Gegenlichtaufnahme, und wie sie langsam, sich vom Zuschauer entfernend, am

Horizont verschwindet und den letzten Satz sagt: »Wie doch die Zeit vergeht« – ein meinem Empfinden nach unglaublich berührender und schmerzlicher Moment (Abb. 4). Erst beim genauen Betrachten dieser letzten Szene wird noch einmal ein zentrales Detail deutlich: Zwischen dem vorletzten und dem letzten Schnitt ist Mattie noch einmal um vielleicht weitere 20 Jahre gealtert, jetzt ist sie eine alte, immer noch eine trauernde und vor allem tief einsame Frau. könnte man hier eine Ich-Spaltung erkennen, in dem Mattie einerseits mit einem abwesenden Anderen verbunden ist (dies in einer Form der Zeitlosigkeit) und andererseits die anwesenden Anderen verachtungsvoll entwertet (die Gegenwart ist nicht mehr lebenswert).

Auch das Erinnern und Erzählen kann diese Funktion bekommen, nämlich etwas Abwesendes ständig lebendig zu halten, aber mit der Gefahr, das Anwesende zu übersehen und nicht in

Abb. 4

Wie doch die Zeit vergeht

Diese letzten Worte der depressiven Mattie drücken noch einmal die Folgen der traumatischen Vergangenheit aus, die sie dem Zuschauer erzählt hat. Ja, sie weiß, dass die Zeit vergangen ist, aber gleichzeitig verleugnet sie die Vergänglichkeit und nimmt sie nicht wahr, denn sie lebt ganz in der Vergangenheit, die sie durch ihr Erzählen lebendig hält. Auf einer tieferen Ebene ist das Vergehen der Zeit aufgehoben, die Zeit stehen geblieben und eben nicht vergangen! Wenn man die Thematik der Vergänglichkeit auf der Erlebnisebene als Dynamik von An- und Abwesenheit beschreiben kann, dann

eine Beziehung mit ihm zu treten. Allerdings kann man sagen, dass diese Ich-Spaltung in milderer Form wohl etwas relativ normales ist: Die meisten Menschen gehen davon aus, dass sie sterblich sind, aber in ihrem unbewussten Selbst halten sie sich für unsterblich. Mit Gernot Böhme könnte man von einer Polarität von Ich und Selbst im Ich-Selbst sprechen (Böhme, 2012): Das Ich erkennt die eigene Vergänglichkeit an, während das Selbst (im Sinne des Leiblichen und Unbewussten) diese nicht anerkennt. Das Verständnis, das man aus dem Film entwickeln kann, lautet, dass diese oszillierende Polarität durch massive traumatische Erfahrungen so verändert werden kann, dass die

Besetzung von Abwesenheit (Vergangenheit) überstark wird und Anwesenheit (Gegenwart) verleugnet und entwertet wird.

In ihrer Erzählung schildert Mattie ihre aussichtslose Lage, die in der Höhle, wo sie mit dem Kopf in die Tiefe hängt und von der Giftschlange gebissen wird, ihren Höhepunkt erreicht. Voller Angst, Panik, Verzweiflung und Hilflosigkeit schreit sie um Hilfe – jetzt wirklich wie ein kleines Kind oder Baby – und macht die traumatische Erkenntnis ihrer eigenen Vergänglichkeit, die sie bislang total verleugnet hat: Obwohl ständig von Tod und Sterben bedroht, erlebte sie die Suche nach Chaney immer noch wie eine spannende abenteuerliche Geschichte, deren Heldin sie war. Erst in der Höhle bricht diese ganze Konstruktion zusammen: Sie ist total allein und direkt, unmittelbar vom Tode bedroht. Die Rettung durch Cogburn und LaBoeuf ist durch Zufall und Glück bestimmt und nicht mehr von ihrem eigenen Handeln abhängig. Es findet somit wie schon erwähnt ein traumatischer Zusammenbruch ihrer ganzen Selbst- und Weltsicht statt. Noch ein anderer Aspekt ihrer seelischen Amputation wird deutlich: Es gibt zwar Retter – deren Abwesenheit hätte ihren Tod bedeutet –, aber es gibt keinen wirklichen Raum für das »Durcharbeiten« ihrer emotionalen Erfahrungen, da nach ihrer Rettung der von ihr geschaffene Ersatz-Vater sich wieder in die Abwesenheit begibt und sie selbst einsam zurückbleibt – sozusagen ohne einen empathischen Anderen, mit dem sie ihre schrecklichen Erfahrungen teilen und verarbeiten kann. Es könnte sogar passieren, dass auch der Zuschauer sich nicht zu einem empathischen Anderen entwickelt, wenn er nämlich nur ihrer Heldengeschichte vom schneidigen Mädchen folgte und nicht die grausamen Folgen ihrer Erfahrungen wahrnehmen würde – so, wie es mir als Zuschauer und manchen anderen Zuschauern beim ersten Sehen des Films ergangen ist. Hier fand dann vielleicht eine Abwehr der Trauer statt, die durch die Identifizierung mit der heldenhaften Seite von Mattie bedingt war; erst beim weiteren Einlassen auf den Film konnte ich selbst mit dieser abgewehrten Seite der Trauer in Berührung kommen, die in dem Schlussbild durch einen fast überwältigenden Affekt zum Ausdruck kam. Diese Erfahrung lässt noch einmal einen Blick auf den generellen individuellen und kollektiven Umgang mit Traumatisierungen zu, der oft zwischen Verleugnung auf der einen und Dramatisierung und Übertreibung auf der anderen Seite schwankt.

In der ersten Verfilmung mit John Wayne sind die Traumatisierung und ihre Folgen – die physische und seelische Amputation Matties – einfach ausgeblendet, visualisiert durch die Schlinge um den verletzten Arm, der aber erhalten bleibt. Es ist zu vermuten, wie ich schon angedeutet habe, dass die verharmlosende und verleugnende erste Verfilmung des Romans ein Anreiz für die Coen-Brüder war, die Geschichte von Mattie noch einmal zu verfilmen, und zwar vor allem in ihrer tiefenpsychologischen und tragischen Dimension. So könnte das Motto der Coen-Verfilmung von *True Grit* auch lauten: »Rache gelungen – Leben gescheitert«. Dies macht noch einmal sehr deutlich, dass das *Scheitern* eines der großen Themen der Coen-Brüder ist – wie es sich an den Filmen *A Serious Man, The Man Who Wasn't There, No Country for Old Men, Barton Fink* (1996), *Fargo* (1991) unschwer zeigen lässt.

Literatur

Böhme, G. (2012). *Ich-Selbst. Über die Formation des Subjekts.* München: Fink.

Leuzinger-Bohleber, M. (2007). Forschende Grundhaltung als abgewehrter »common ground« von psychoanalytischen Praktikern und Forschern? *Psyche – Z Psychoanal, 61,* 966–994.

Liebsch, B. (2004). Das Selbst im Zeichen des Ab-

schieds vom Anderen. *Psyche – Z Psychoanal, 58*, 953–979.
Money-Kyrle, R. (1971). The aim of psychoanalysis. *Int J Psychoanal, 52*, 103–106.
Portis, C. (2011). *True Grit*. London: Bloomsbury Publishing.
Vermote, R. (2013). Der undifferenzierte Bereich psychischen Geschehens. Ein integratives Modell und seine klinischen Implikationen. *Psychoanalyse in Europa, 67*, 18–38.
Tartt, D. (2014 [2013]). *Der Distelfink*. München: Goldmann.
Zwiebel, R. (2012). Gedanken zum Arbeitsmodell der Filmpsychoanalyse am Beispiel von »Black Swan«. In D. Blothner & R. Zwiebel. (Hg.). *Kino zwischen Tag und Traum. Psychoanalytische Zugänge zu »Black Swan«* (S. 125–139). Göttingen: Vandenhoeck & Ruprecht.
Zwiebel, R. (2014). »Nimm in Einfachheit alles hin, was Dir widerfährt« – Filmpsychoanalytische Bemerkungen zu »A Serious Man« von Joel. und Ethan Coen (USA 2009). *Psyche – Z Psychoanal, 66*, 740–752
Zwiebel, R. & Weischede, G. (2014). Über Vergänglichkeit – buddhistische und psychoanalytische Aspekte. *Bewusstseinswissenschaften – Transpersonale Psychologie und Psychotherapie, 1*, 5–15.

Zur Rolle der Musik im inneren Drama der Coen-Filme

Dietrich Stern

Zur Rolle der Musik

Musik spielt im Gesamtkonzept der Filme von Joel und Ethan Coen eine so auffällige Rolle, dass es wohl mit der einfachen Beschreibung als Verstärkung der Handlung und Unterlegung der Emotionen, wie im herkömmlichen Hollywood-Film üblich, nicht getan ist. Die Musik soll wahrgenommen werden. Hier gilt keinesfalls, dass die beste Filmmusik die wäre, an die man sich danach nicht mehr erinnert. Die Coen-Brüder richten die Aufmerksamkeit in vielfältiger Weise auf die Musik und machen sie damit zu einem selbstständigen Element des inneren Dramas ihrer Filme.

Inside Llewyn Davis (2013) – auch die Musik wird infrage gestellt

Musik wird in *Inside Llewyn Davis* in einem zweiten Schritt selbst Thema des Films. Hier geht es zunächst um das Leben eines Musikers. In subtiler Weise wird aber auch die Musik verhandelt, die er spielt – mit ihren Möglichkeiten und Unmöglichkeiten.

Der Folkmusiker Llewyn Davis (Oscar Isaac) scheint mit seinen traditionellen wie auch aktuell geschriebenen Balladen immer die richtige Musik am falschen Platz und zur falschen Zeit zu machen. Seinen Songs, so schön gespielt und ausdrucksvoll gesungen sie auch sein mögen, haftet etwas Larmoyantes an. Er verkauft sich nicht gut. Die introvertierten, leidenden oder anklagenden Töne herrschen vor. Es fragt sich, wie die Coen-Brüder eigentlich zu dieser Musik stehen. Mit viel Liebe zum Detail und mannigfachen Bezügen zur Folk-Bewegung der frühen 60er geben sie diesen Songs breiten Raum, spielen sie meistens von Anfang bis Ende aus. Dabei kann sich der Zuschauer in Ruhe in die Gefühlslage des Sängers hineinversetzen und vor allem die großartige Authentizität des Schauspielers Oscar Isaac bewundern, der den Gitarrenpart und den Gesang ohne Hilfe eines Doubles eins zu eins darbietet.

Und dennoch säen die Coens immer wieder Zweifel an dessen Musik. Die Studio-Aufnahme, an der er ohne Begeisterung und nur des Geldes wegen teilnimmt, atmet eine ganz andere Unbeschwertheit, einen Optimismus, über den Llewyn Davis nicht verfügt, auch wenn der Titel *Hey, Mr. Kennedy* teilweise vielleicht albern wirkt. Auf der Rückfahrt von seinem vergeblichen Probevorspiel in Chicago hört er aus dem Autoradio klassische Musik, und es ist, als würde das Fenster aufgemacht und frische Luft hereingelassen. Allerdings gibt der vierte Satz aus Mahlers 4. Sinfonie mit der Überschrift »Sehr behaglich« und dem Text »Wir genießen die himmlischen Freuden« dann doch einen beißenden Kommentar zur permanenten Ausweglosigkeit, zu den Gedanken an sein Kind, das er nie kennenlernen wird, und zu dem Schrecken, eben eine Katze überfahren zu haben. Es wird einem beim Anschauen des Films kaum bewusst, wie viel klassische Musik als Gegenpart zu den Folksongs eher beiläufig gebracht wird: Mozarts *Requiem*, Chopin, Beethoven, Schumann …, dies aber immer in der Szene als Bestandteil der realen Umgebung.

Am schärfsten bringt der abstoßende, unsympathische Jazz-Experte Roland Turner auf dem Rücksitz des Autos, gespielt von John Goodman, die Kritik an der Folkmusik auf den Punkt: »Cowboy-Akkorde – G-Dur, C-Dur, G-Dur, D-Dur, G-Dur«. Damit hat er unzweifelhaft Recht, auch mit seinem Verweis darauf, dass der Jazz »alle 12 Töne benutzt«.

Aber Vorsicht: Wenn Folkmusik Volksmusik sein will, muss sie überschaubar, ja simpel bleiben. Auch europäische Volkslieder halten in der Regel mit drei bis vier Akkorden Haus. In Bezug auf die Hauptfigur Llewyn Davis wird aber mit der Kritik an musikalischer Armut beziehungsweise Redundanz der Finger in eine ganz andere Wunde gelegt: Seine Grundhaltung zum Leben bekommt mit dieser Musik eine stark regressive Tendenz. Damit sind wir im Zentrum seines inneren Dramas. Sein Lebensentwurf beruht eher auf Ablehnung dessen, was ihn umgibt, und gleichzeitig darauf, dass er sich immer auf ein Sofa retten kann. Der Vater in dementer Starre versunken, die Mutter nicht mehr vorhanden, Schwester und Ex-Freundin behandeln ihn abweisend, womöglich wegen der schlechten Erfahrungen, die sie mit ihm gemacht haben … da wird die sanft-klagende Gitarren-Ballade zum Ersatz fehlender Mütterlichkeit. Am anrührendsten beschwört er diese herauf, wenn er seinem reglosen Vater vorspielt (Abb. 1, 2).

Abb. 1

Abb. 2

In diesen Kokon spinnt sich Llewyn ein, während er es ablehnt, sich auf die Anforderungen des Lebens einzulassen – eine Zukunft aufzubauen, seine Papiere zu sortieren, sich in Gruppen musikalisch und sozial integrieren zu lassen.

Es lohnt sich, konkret den Texten der Lieder nachzugehen. Diese sind in der jeweiligen Situation genau ausgewählt und wirken wie eine Fortsetzung des Dialogs auf anderer Ebene. In *Shoals of Herring*, das Llewyn seinem Vater vorsingt, verspricht ein junger Mann, dass er zur See, das heißt ins Leben hinaus gehen will, um »zu lernen, seinen Mann zu stehen« und dann einen reichen Fang nach Hause zu bringen – was Väter von ihren Söhnen so erwarten. In finsterem Sarkasmus ersparen uns die Coens auch nicht die Reaktion des Vaters: Er nässt sich ein, immerhin eine Reaktion!

If I could fly … verklammert kommentierend die nicht gerade hochfliegende Fahrt von den bildungsbürgerlichen Freunden zur Ex-Freundin und ihrem Sofa. Selbst das irische Gefängnislied von Brendan Behan, gesungen von der Gruppe in Wollpullovern, mag sich durchaus auch auf das innere Gefängnis beziehen, in dem sich Llewyn Davis zu befinden scheint.

Genial lassen die Coen-Brüder die Frage in der Schwebe, ob der Musiker an seinem Elend selbst schuld ist, oder ob er nur vom Pech verfolgt wird und ihm seine Umgebung keine Chance lässt. Für beide Seiten könnte man Verständnis aufbringen. So bleibt es auch dem Zuschauer überlassen, sich in die Regressivität von Llewyns Musik fallen zu lassen, ihrer Verführung zu erliegen, oder die sanft störenden, kritischen Signale zur Musik im Film wahrzunehmen. Dass diese Signale mit großer Kennerschaft und Bildung gesetzt werden, steht außer Zweifel. Wie eine große Vorübung im ironischen Hinterfragen und Aufbrechen musikalischer Mythen wirkt übrigens der Film *O Brother, Where Art Thou?*, in dem Country, Southern und Gospel Hauptrollen spielen.

The Man Who Wasn't There (2001) – die begabte Wunschtochter

In *The Man Who Wasn't There* wird die Musik ebenfalls thematisiert und ganz ähnlich wie in *Inside Llewyn Davis* kritisiert. Anstatt des gebrechlichen Jazz-Experten spricht hier ein aufgeblasen wirkender Klavierlehrer. Dieser fällt über das junge Mädchen (Rachel »Birdy« Abundas/Scarlett Johansson), das sich am Klavier in langsamen Beethoven-Sätzen ergeht, ein vernichtendes künstlerisches Urteil. Er zweifelt vor allem an ihrer Erlebnis- und Ausdrucksfähigkeit. Damit wird der Grundkonflikt des Films, wie er sich in der Hauptfigur Ed Crane (Billy Bob Thornton) und seinem Verhältnis zu diesem Mädchen manifestiert, deutlich ausgesprochen und an der Musik, die wir hören, festgemacht.

Was diese junge Frau spielt, hören wir schon von Beginn an als Filmmusik: langsame Sätze aus verschiedenen Beethoven-Sonaten, z. B. der *Pathetique*, der *Appassionata* oder der *Mondschein-Sonate* – Klavierschülerinnen-Musik, wenn man so will. (N. B.: Über die musikalische Erziehung der Coen-Brüder scheint nichts bekannt zu sein). Diese Musik in Verbindung zum Schwarz-Weiß des Films ergibt einen starken Retro-Effekt ähnlich wie bei Ingmar Bergman oder Jean-Luc Godard. Wie oft auch bei Godard bleibt es nicht beim Hören der Filmmusik, irgendwann »sehen« wir sie auch, gespielt von dem Mädchen in einem Raum voller Klaviere respektive Flügel. Damit ist sie in unsere Aufmerksamkeit gerückt und wir können (oder müssen) uns Gedanken machen, was diese Musik im Film soll.

Offensichtlich an dieser Musik ist sowohl das Klassische, das Instrument Klavier, als auch ihre Langsamkeit. Die Gattung der Klaviersonate weist in eine bildungsbürgerliche Richtung, die Auswahl der langsamen Sätze auf die Langsamkeit und Passivität der Hauptfigur Ed Crane, des Verbrechers wider Willen, der auch noch wegen einer Tat, die er nicht begangen hat, zum Tode verurteilt wird. Edward ist zwar der Vorname des Vaters der Coen-Brüder … doch wagen wir uns da nicht zu weit! Zu den offensichtlichen Analogien zwischen Musik und Hauptfigur kommt ein tiefer liegender, schwerer zu fassender Konflikt – gezeigt in der Initiative, die Ed Crane entgegen seiner sonstigen Passivität in Bezug auf das junge Mädchen ergreift und die kläglich scheitert. Er ist von ihr und ihrem Klavierspiel wie ein stolzer Vater bis zur Verliebtheit begeistert (Abb. 3).

Abb. 3

Dabei mischen sich verschiedenste Motive: der Reiz, der von ihrer Jugend und (vermeintlichen) Unschuld ausgeht und der ebenfalls vermeintliche Tiefgang ihres Beethoven-Spiels, das sich aber nie an wirklich schwere Sätze heranwagt. Ihr richtiger Vater (Walter Abundas/Richard Jenkins) trinkt und ist mit sich selbst beschäftigt, die Mutter ist wieder einmal nicht vorhanden. Das Mädchen wirkt auf Crane so, als sei es sehr begabt aber einsam und als wolle von ihm quasi adoptiert werden. Später stellt sich heraus, dass sie einen ziemlich normalen Freundeskreis und wenig künstlerische Ambitionen hat, dafür aber seine Zuneigung als sexuell missversteht und nichts daran fände, ihn im Auto zu befriedigen. Ein Schock für den Beinahe-Vater!

Noch schockierender aber wirkt die Erkenntnis (auch beim Zuschauer), dass er ein Künstlertum in sie hinein projiziert hat, das sie nicht erfüllen kann und will. So wird von dem unsympathischen Klavierlehrer etwas bloßgelegt: Die Träume des Ed Crane sind mittelmäßig und haben einen ähnlich regressiven Charakter wie die von Llewyn Davis. Dafür stehen die langsamen Beethoven-Sätze: als Projektionen und Träume eines verhinderten Vaters. In diesem Zusammenhang ist dann vielleicht auch die gesamte Retro-Ästhetik des Films zu verstehen, die ja durchaus viel Genuss bereiten kann, die aber doch deutlich mit ironischen, kritischen Widerhaken versehen ist. In Bezug auf die Musik wird dabei wieder ein Mythos aufgebrochen, der nämlich der klassischen Bildung.

Fargo (1996) – ein Lied als Kristallisationspunkt des Rettenden

Waren die bisher erwähnten Filme musikalisch »monochrom«, also auf einen vorherrschenden Stil festgelegt, so ist die Verfahrensweise bei *Fargo* wesentlich vielschichtiger. Hier treffen wir musikalisch auf drei Ebenen: erstens eine Fülle von szenischer Musik, d.h. Musik, die in den dargestellten Räumen vorkommt, natürlich gezielt ausgesucht, und die damit den Bezug der Szenen zur alltäglichen Realität, zu den Orten der Handlung verdeutlicht – Musik in der Hillbilly-Kneipe, im Café, in der Polizei-Kantine usw. Hier ist sie Teil eines genau gesetzten und durchgestalteten Ambientes. Auf diesem Gebiet waltet bei den Coens durchaus Ironie bis zum Sarkasmus, wofür ich später noch einige Beispiele anführen möchte.

Zweitens gibt es in *Fargo* von Carter Burwell komponierte regelrechte »Hollywood-Musik«, also die Dramaturgie, den Spannungsbogen und die emotionale Einbeziehung des Zuschauers verstärkende Musik. Das ist Musik, die – auf ihre Funktion des Dramaturgischen beschränkt – kaum ein Eigenleben führen kann und ein solches ohne den Film wohl auch nicht hat. Burwells Einfälle sind nicht sehr prägnant. Sie halten sich gezielt zurück und können durchaus weitgehend mit Geräuschen und anderen Sound-Elementen verschmelzen. In lang gezogenen Orchesterakkorden wird selbst über die grotesk-blutigen Verbrecher eine elegische, eher weiche Stimmung gelegt, die von einer gewissen Nachdenklichkeit, ja fast Trauer zeugt. Interessant ist, wie sparsam dieses eher konventionelle musikalische Mittel eingesetzt wird. Bei steigender Spannung in der Handlung setzt die Musik aus, ganz im Gegensatz zu den Hollywood-Gewohnheiten, und die Coens erweisen sich als wahre Meister des Spannungsaufbaus ohne das plumpe Hilfsmittel bedrohlicher, angsterfüllter Musik. So kommt der gnadenlos spannende und harte Film *No Country for Old Men* (2007) bis auf zwei Ausnahmen ganz ohne Musik aus.

Zielt die Musik in den Coen-Filmen auf starke emotionale Wirkung, dann tritt diese eher unvermittelt und überraschend ein, sodass weniger unbewusste Einfühlung als eine gewisse Irritation entsteht – siehe der Beginn von *Fargo*, wo ein zartes poetisches Lied plötzlich zum hochdramatischen Orchestersound empor gepusht wird und damit die Autofahrt durch den Schnee auf einmal wie das sich Nähern eines Monsters erscheint.

Dieses Lied wiederum bezeichnet die dritte Ebene der Musik in *Fargo*, gewissermaßen eine epische. Es erzählt uns etwas über die grundsätzliche Haltung, mit der die Coen-Brüder den Film gemacht haben, und soll ganz gewiss bei seinem Auftreten in bestimmten Schlüsselszenen des Films wahrgenommen werden.

Das norwegische Volkslied vom *Verlorenen Schaf* (*Den bortkomnen Sauen*) wird von Burwell im authentischen Klang norwegischer Volksmusik arrangiert, dem vibratolosen Streichen der Hardanger-Fiedeln, das, kombiniert mit dem Klang einer Laute, fast an mittelalterliche Musik erinnert. Dieses Lied kommt wie ein Leitmotiv immer wieder im Film vor und wird dabei je nach Szene subtil in Klang und Tonfolge verändert.

Gleich zu Anfang führt es uns in Verbindung mit der Schneelandschaft auf eine vielleicht trügerische poetische Fährte. In dem fast konturlosen Weiß der Anfangsszene gibt die Musik so etwas wie einen inneren Halt. Das Nirgendwo, in dem die Geschichte eigentlich spielt, hat einen inneren Ort und Bezugspunkt. Durch den beschriebenen Wechsel ins große Orchester gewinnt dieselbe Melodie dann an Pathos und Dramatik und kündigt eher Unheil an.

Das Lied wird im weiteren Verlauf des Films hauptsächlich der schwangeren Polizistin Marge (Frances MacDormand) zugeordnet, zum ersten Mal, wenn wir in ihr Zuhause und das ihres Mannes Norm Gunderson (John Carroll Lynch) kommen – beim Schwenk über ausgestopfte Enten, Pinsel und Farbtöpfe zum Bett der beiden, in dem sie friedlich schlafen. Hier fehlen der Melodie ein paar Töne, stattdessen hat sie mehr Pausen, eine Reaktion vielleicht auf den Schlafrhythmus von Ein- und Ausatmen, und eventuell ein kleine Anspielung auf die Wortkargheit dieser Minnesota-Bewohner. Die kleine, möglicherweise spießige aber doch zufriedene Welt, die wir jetzt kennenlernen, wird durch das Lied weitab von jeder Ironie liebevoll verklärt und überhöht.

Schließlich taucht es geradezu programmatisch für die Grundaussage des Films wieder im Auto auf, als die Polizistin den schwer gestörten Verbrecher (Peter Stormare) kampfunfähig abtransportiert (Abb. 4). Hier wird wohl endgültig klar, wer mit dem »verlorenen Schaf« gemeint ist: ein Mensch, der in schockierender Weise kalt und empfindungslos, bar jeden menschlichen Gefühls aus nichtigen Anlässen gemordet hat. Sie sagt zu ihm, was für ein heller Tag es sei, und konstatiert betroffen und fassungslos: »Aber davon weißt Du ja gar nichts. Wie kann das möglich sein, dass Du von all dem nichts weißt …?«

Abb. 4

Diese Äußerung von Betroffenheit setzt sich im Lied fort, und zwar auch in seiner pathetisch überhöhten Fassung. Dem Zuschauer wird hier durchaus nahegelegt, die Emotionen von Marge mit zu empfinden, und das mag vielleicht so etwas bedeuten wie eine humanistische Botschaft.

Am Schluss kommt das Lied wieder, wenn Marge alle Verbrechen aufgeklärt hat, sich an den Arm ihres Mannes schmiegt und ihn wegen seines bescheidenen künstlerischen Erfolges lobt. Das, was sie an Irrsinn in einer völlig aus den Fugen geratenen Welt erlebt hat, ist nicht mehr der Rede wert. In zwei Monaten kommt das Baby … Als Arrangement hören wir hier so etwas wie eine Spieluhr, hohe, »gläserne« Klänge, und assoziieren ein kindliche Welt von Gleichförmigkeit, Wiederholung und – Sicherheit.

Und doch wäre diese Zuordnung des Lieds als Kristallisationspunkt des Rettenden noch zu einfach. In einer Variation mit einer klagenden Oboe wird es dem ungeschickten Möchtegern-Intriganten und -Erpresser Jerry Lundegaard (William H. Macy) zugeordnet, der ja für die ganze blutig scheiternde Intrige (Schein-Entführung seiner Ehefrau) verantwortlich ist. Die dominanten Vater-Figuren, denen das Land gehört, haben ihn wieder einmal aus einem vielversprechenden Geschäft hinausgeworfen. Und dann ist die Frontscheibe seines Autos so vereist, dass er sie nicht freibekommt. Dieses Eiskratzen bringt die ganze Wut und Verzweiflung, aus der seine idiotischen Handlungen zwar nicht gerechtfertigt, aber doch verständlich erscheinen, zum Vorschein. Hier gönnen ihm die Filmemacher durch das Lied Verständnis und tröstende Zuwendung.

Aber was erzählt das Lied eigentlich? Ganz einfach: Das verlorene Schaf hatte sich in Sturm und Schnee verirrt und wäre umgekommen, hätte nicht der Schäfer sich erinnert und es gesucht. Dieser Inhalt des Lieds korrespondiert mit dem *Neuen Testament*, in dem der Schäfer auch seine Herde zurücklässt, um das *eine* verlorene Schaf zu suchen. Der Schäfer ist die Polizistin, der ihre Schwangerschaft eine Aura der Unverletzlichkeit verleiht und die natürlich das Mütterliche repräsentiert, von dem der verlorene Verbrecher nie etwas erfahren durfte. Sie kommt aus der Welt der kleinen Leute und macht keinen Hehl daraus, dass sie sich in dieser Welt in Minnesota, deren Boden skandinavische Zuwanderer bildeten, wohl fühlt. Mit dem sanften Arrangement des norwegischen Lieds wird diese Welt noch überhöht und zu einem regelrechten Zufluchtsort gemacht. Es enthält in seiner Melodie natürlich auch *die* typische Wendung norwegischer Melodik: den nach unten abspringenden Leitton. Dieser geht nicht, wie in klassischer Musik üblich, in einer kraftvollen Geste nach oben in die Tonika, sondern biegt in einem zärtlichen bis resignativen Gestus eine Terz nach unten, in die Quinte der Tonika – prominentestes Beispiel dafür ist Griegs Lied der Solveig in *Peer Gynt*.

Einen beunruhigenden Widerhaken lassen die Coens in diesem vielleicht zu harmonisch aufgehenden Plot noch stehen. Der Indianer in der Autowerkstatt (Shep Proudfoot/Steve Reevis), der – vorbestraft – den Kontakt zu den beiden Gangstern hergestellt hat, trägt deutlich lesbar auf seinem Overall den Namen »Shep«. Soll er der »shepherd«, der Hüter des Landes sein? Dann ist es jedenfalls einer, dem man alles genommen hat und der deshalb nur noch brutale Härte kennt.

Widersprüche zwischen Szene und Musik

Es mag deutlich geworden sein, dass die Coen-Brüder ein sozusagen emanzipiertes Konzept von Filmmusik verfolgen. Bei ihnen leistet Musik mehr und anderes als unbewusste Einfühlung. Sie ist selbstständiger Teil des Filmkonzepts, vergleichbar dem Schnitt, dem Dialog, der Einstellung, und damit stärker in die Aufmerksamkeit geholt. Ein Dogma lässt sich daraus nicht ableiten, wohl aber können häufig wiederkehrende Vorgehensweisen beobachtet werden, für die ich am Schluss noch einige Beispiele geben möchte.

Musik wird szenisch lokalisiert und sichtbar gemacht. Ein Grammophon läuft oder ein Autoradio, und während der Film in neue Einstellungen weitergeht, bleibt diese Musik weiter unterlegt. Dabei kann es dann zu einem krassen Widerspruch zur Szene kommen und so zu einem Kommentar zu unter Umständen grausamen Vorgängen – wie in *Blood Simple* (1984): Während hier ein (noch) nicht ganz Toter zu seiner makabren Beerdigung gefahren wird, dudelt aus dem Autoradio *Vamos a bailar*, Latin-Tanzmusik, die einen Bezug zur Bar des Mordopfers herstellt, aber natürlich in erster Linie das Beklemmende der Szene verstärkt.

Umgekehrt wird die Gewalt in *Miller's Crossing* (1990) ironisiert. Beim großen Maschinengewehr-Showdown mit explodierendem Auto läuft *Oh Danny Boy* im sentimentalsten Opern-Gestus vom Grammophon des irischstämmigen Mafia-Bosses, der umgebracht werden sollte – die inoffizielle irische Nationalhymne, ein Hohelied auf Liebe und Freundschaft. Und genau auf den höchsten Ton geschnitten fliegt das Auto in die Luft. Mafia-Brutalität als Operette.

Schließlich stehen sich in dem Film, der fast ganz ohne Musik auskommt, *No Country for Old Men* (2007), die völlig entgegengesetzten Verfahrensweisen von Sarkasmus und Trost in der Musik noch einmal diametral gegenüber. Als sich Moss, der aussichtslose Held, nach Mexico geflüchtet hat, kommt eine geradezu tödlich-fröhliche Mexikaner-Kapelle ins Bild (Abb. 5), und beim weiteren Schwenk der Kamera sehen wir ihn, schon moribund, auf den Steinstufen einer Treppe liegen. Diese Szene ist noch nicht sein Ende, kündigt es aber mit der sarkastisch-bösen Heiterkeit der Musik jedenfalls an.

Abb. 5

Wenn wir dann bis zum Schluss des Films dem maschinellen, eiskalt empfindungslosen Vernichtungszug des Killers gefolgt sind, *ohne* Musik zu hören, dann erscheint im Abspann tatsächlich eine tröstende, uns aus der Härte und Sinnlosigkeit des Tötens »erlösende« Musik, als könnte der Film das Bedürfnis des Zuschauers verstehen, nach solchem Geschehen in den Arm genommen zu werden.

Autorinnen und Autoren

Peter Bär, Dr. jur., Rechtsanwalt in Mannheim, Fachanwalt für Familienrecht. Filmanalytische und filmhistorische Vorträge seit über 30 Jahren. Ehrenamtliche Aktivitäten (Vorstand, Kurator kultureller Filmprogramme, Organisation von über 40 Filmseminaren und Symposien) für CINEMA QUADRAT e. V. Mannheims kommunales Kino.

Veröffentlichungen: »Filmzensur und Filmförderung: Verfassungsrechtliche Grenzen der Filmfreiheit«. Diss. Freiburg 1984; »Film und Rechte«, Handbuch kultureller Filmarbeit, Frankfurt 1997; »Meta Erna Niemeyer und der abstrakte Film« in: »Ré Soupault – Künstlerin im Zentrum der Avantgarde« Verlag Das Wunderhorn, Heidelberg, 2011.

E-Mail: baer-mannheim@t-online.de

Anschrift: Lohengrinstr. 31, 68199 Mannheim

Dirk Blothner, Prof., Dr. phil., niedergelassener Psychoanalytiker, Lehranalytiker (DGPT), apl. Professor für Kunstpsychologie und Alltagsästhetik an der Universität zu Köln, regelmäßige Mitarbeit bei der Arbeitsgemeinschaft Psychoanalyse und Film Düsseldorf, Berater für Drehbuchentwicklung, zusammen mit Wilhelm Salber u.a. Herausgeber der seit 2010 erscheinenden Zeitschrift für Psychologische Morphologie *anders*. Veröffentlichungen zur Wirkungsanalyse des Films, zuletzt zusammen mit Ralf Zwiebel: »Melancholia« – Wege zur psychoanalytischen Deutung des Films.

Homepage: www.blothner.de

Anschrift: Zülpicher Str. 83, 50937 Köln

Isolde Böhme, Dr. med., Psychoanalytikerin (DPV) und Gruppenanalytikerin in eigener Praxis. Lehranalytikerin der DPV. Veröffentlichungen zu mehreren Filmen, zuletzt zu Hanekes »Liebe«, zur Foto- und Videokunst Shirin Neshats, zur Auseinandersetzung von Beckett mit späten Bion-Texten (mit Ursula Burkert und Johann Peter Haas), zur Begegnung der Subjekte in der kleinianischen und bionianischen Psychoanalyse (im Druck) und (gemeinsam mit Claudia Frank) zur psychoanalytischen Supervision in der Ausbildung (im Druck).

E-Mail: isolde.boehme@t-online.de

Anschrift: Von-Werth-Str. 44, 50670 Köln

Andreas Hamburger, Prof., Dr. phil., Dipl.-Psych., Jg. 1954. International Psychoanalytic University (IPU), Berlin, Privatdozent Uni Kassel, Psychoanalytiker (DPG), Lehranalytiker und Supervisor der Akademie für Psychoanalyse und Psychotherapie München (DGPT). Studium der Germanistik (Staatsexamen) und Psychologie (Diplom). Studiengangskoordinator MA Psychologie Teilzeit. Forschungsschwerpunkte: Sprachentwicklung, Soziales Trauma (Forschungsnetzwerk »Trauma, Trust, and Memory« in Südosteuropa), Hospitalisierte Holocaust-Überlebende, szenisch-narrative Mikroanalyse von Videointerviews, Literatur- und Filmpsychoanalyse, Supervisionsforschung.

E-Mail: andreas.hamburger@ipu-berlin.de

Anschrift: IPU Berlin, Stromstr. 3, 10555 Berlin

Stefan Hinz, Dr. phil., Dipl.-Psych. Psychoanalytiker (DPV/IPA), niedergelassen in Mannheim. Supervisor und Dozent am Psychoanalytischen Institut Heidelberg der Deutschen Psychoanalytischen Vereinigung. Vorsitzender des Instituts von 2008 bis 2012.

E-Mail: drstefanhinz@googlemail.com

Katharina Leube-Sonnleitner, Fachärztin für Allgemeinmedizin. Psychoanalytikerin in eigener Praxis.

Studium der Medizin, Facharztweiterbildung u.a. in Herzchirurgie, Kinderchirurgie, Innere Medizin und Psychoanalyse/Psychotherapie

Mitglied der Arbeitsgruppe »Film und Psychoanalyse« der Akademie für Psychoanalyse und Psychotherapie, in Zusammenarbeit mit dem Filmmuseum München.

Autorin zahlreicher psychoanalytischer Vorträge zu Filmen diverser Genres.

E-Mail: katharina.leube@arcor.de

Anschrift: Bauerstr. 19, 80796 München

Christiane Mathes, M.A. Filmwissenschaft, Philosophie und Neuere Deutsche Literatur, freie Mitarbeit für verschiedene Filmfestivals sowie Verlage im Bereich Theater, Filmwissenschaft und Drehbuch. Arbeitsschwerpunkte: Identitäts- und Körperkonstruktionen, Schizoanalyse des Films, Narratologie. Derzeit Promotion zu Interdependenzen von Identität und Erzählstruktur in David Lynchs Spätwerk. Lebt und arbeitet in Berlin als freie Autorin und Lektorin.

E-Mail: downthelosthighway@gmail.com

Manfred Riepe, geb. 1960, Studium der Germanistik und der Theater-, Film- und Fernsehwissenschaft in Frankfurt/Main. Arbeitet als freier Journalist, Autor und Filmkritiker, u.a. für »epd Film«. TV-Kritiken für das Branchenfachblatt »Funk Korrespondenz«.

Publikationen zur Problematik medialer Gewalt sowie zu psychoanalytischen Themen, u.a. in der »Psyche«, der »Zeitschrift für psychoanalytische Theorie und Praxis« sowie in »Riss. Zeitschrift für Psychoanalyse. Freud-Lacan«. Lehraufträge an der Universität Basel. Monographien: »Bildgeschwüre. Körper und Fremdkörper im Kino David Cronenbergs« (2002), »Intensivstation Sehnsucht. Blühende Geheimnisse im Kino Pedro Almodóvars« (2004) sowie »Der große Andere und der kleine Unterschied. Freud, Lacan, Saussure und die Metapher des Geschlechts« (2014).

E-Mail: mriepe6341@aol.com

Gerhard Schneider, Dr. phil., Dipl.-Psych., Dipl.-Math. Niedergelassen in eigener Praxis in Mannheim. Lehranalytiker der Deutschen Psychoanalytischen Vereinigung (DPV) und DGPT. Vorsitzender der DPV von 2008 bis 2010. Arbeitsschwerpunkte: personale Identität, Internalisierungsprozesse, Behandlungstechnik, Psychoanalyse von Film und bildender Kunst, Psychoanalyse und Kultur. Zahlreiche Veröffentlichungen in diesen Bereichen, u.a. *Psychoanalyse und bildende Kunst* (Hg., 1999), *Internalisierung und Strukturbildung* (Hg. zus. mit G.H. Seidler; Neuaufl. 2012). Zusammen mit Peter Bär Herausgeber der Reihe *Im Dialog: Psychoanalyse und Filmtheorie*«, zuletzt Pasolini (2012), Aronofsky (2012), Cronenberg (2013).

E-Mail: gschneider-mannheim@t-online.de
Anschrift: Goethestr. 6, 68161 Mannheim

Dietrich Stern, geboren 1948 in Nordhessen. Studium der Schulmusik, Komposition, Musikwissenschaft und Geschichte in West-Berlin. Promotion bei Carl Dahlhaus über Filmmusik in den Anfängen des Tonfilms (noch nicht veröffentlicht). Viele Jahre musikalischer Leiter im Schauspiel in Berlin, Frankfurt, Wiesbaden usw.

Mitgründer des Berliner »Hanns Eisler Chors«. Redakteur musikalischer und ästhetischer Bände der Zeitschrift »Argument«. Musikkritiker der »Frankfurter Rundschau«. Veröffentlichungen in »Neue Zeitschrift für Musik«, »Godard intermedial«, »Argument«, Bärenreiter-Verlag.

Zahlreiche Kompositionen und Songs für das Theater, Musical »Lysistrate«.

E-Mail: stern-dietrich@t-online.de
Anschrift: Schulstr. 58, 55124 Mainz

Markus Stiglegger, geb. 1971, Dr. phil. habil., Film- und Kulturwissenschaftler. Momentan Vertretungsprofessor an der Universität Mainz, zuvor Akademischer Oberrat in Siegen, Vertretungsprofessor an der ifs Köln und Gastprofessor an der Clemson University, USA, zudem Lecturer in Mannheim, Klagenfurt und der Filmakademie Ludwigsburg. Zahlreiche Publikationen zu Filmästhetik, -geschichte und -theorie. Promotion zum Thema *Sadiconazista – Faschismus und Sexualität im Film* (1999, 3. Aufl 2014). Habilitation zum Thema *Ritual & Verführung. Seduktive Strategien des Films* (2005). Aktuell: *Kurosawa. Die Ästhetik des langen Abschieds*, München, 2014. Herausgeber des Kulturmagazins: Ikonen. Herausgeber der Buchreihen »Medien/Kultur«, »Kultur + Kritik« (Bertz + Fischer) sowie »Mythos|Moderne« (Eisenhut). Zudem Musiker, Drehbuchautor und Filmemacher.

E-Mail: Marcus.Stiglegger@t-online.de

Mechthild Zeul, Dipl.-Psych., Dr. phil., Psychoanalytikerin, niedergelassen in eigener Praxis in Frankfurt a. M. und Madrid, langjährige Redakteurin und Mitherausgeberin der Zeitschrift *Psyche,* zahlreiche Veröffentlichungen in den Gebieten Psychoanalyse und Weiblichkeit, psychoanalytische Krankengeschichten, Psychoanalyse und Film. Buchveröffentlichungen »Rückreise in die Vergangenheit. Zur Psychoanalyse spanischer Arbeitsremigrantinnen« (1995); »Krankengeschichte als Lebensgeschichte« (Hg.) (1996); »Carmen & Co. Weiblichkeit und Sexualität im Film« (1997); »Das Höhlenhaus der Träume. Filme, Kino & Psychoanalyse« (2007); zuletzt: »Pedro Almodóvar. Seine Filme, sein Leben« (2010).

E-Mail: me.zeul@gmail.com
Anschrift: Oskar-von-Miller-Straße 27, 60314 Frankfurt am Main

Ralf Zwiebel, Prof., Dr. med., Psychoanalytiker (DPV, IPV), Lehranalytiker am Alexander-Mitscherlich-Institut Kassel. Ehemals Professor für psychoanalytische Psychologie an der Universität Kassel. Arbeitsschwerpunkte: Klinische Theorie, Filmpsychoanalyse, Psychoanalyse und Buddhismus.

E-Mail: rzwiebel@web.de

Programm 12. Mannheimer Filmseminar

Joel und Ethan Coen

vom 21. bis 23. März 2014
im Cinema Quadrat, Mannheim

Appetizer

Sonntag, 23. Februar 2014

19:30 ***True Grit***
USA 2010, 110 Min. DF; R. + B.: Ethan and Joel Coen, K.: Roger Deakins, D.: Jeff Bridges, Hailee Steinfeld, Matt Damon; mit einer Filmanalyse von Peter Bär. Ein klassischer Western, von den Coen-Brüdern neu erzählt.

Sonntag 16. März 2014

19:30 ***Blood Simple – Eine mörderische Nacht***
USA 1984, 95 Min, DF; R.: Joel Coen, B.: Ethan and Joel Coen, K.: Barry Sonnenfeld, D.: John Getz, Frances McDormand, Dan Hedaya. Ihr erster Film, ein Film noir voller Intrigen und einem wilden Wechsel von Tätern zu Opfern und umgekehrt.

Seminar: *Im Dialog: Psychoanalyse und Filmtheorie*

Freitag, 21. März 2014

19:30 ***Fargo***
USA 1996, 98 Min., DF; R.: Joel Coen, B.: Ethan and Joel Coen, K.: Roger Deakins, D.: Frances McDormand, William H. Macy, Steve Buscemi. Minnesota im Winter, eine schwangere Polizistin und ein paar Amateure, die den großen Coup planen.

21:30 ***The Man Who Wasn't There***
USA 2001, 116 Min, DF; R. + B.: Ethan and Joel Coen, K.: Roger Deakins, D.: Billy Bob Thornton, Frances McDormand, Michael Badalucco, James Gandolfini. Auch ein Film noir, der in den 40er Jahren in Kalifornien spielt. Ein mit dem Leben unzufriedener Friseur versucht sich als Gangster.

Samstag, 22. März 2014

09:00 Begrüßung

09:15 **Falltür ins Paradies – Literarisch-filmische Streifzüge durch die Psychopathologie des amerikanischen Alltagslebens**
Manfred Riepe, Filmwissenschaftler, Frankfurt

11:15 **»The Lost Sheep« – zu *Fargo***
Mechthild Zeul, Psychoanalytikerin, Frankfurt und Madrid

12:00 Diskussionsrunde 1

14:30 ***Barton Fink***
USA 1991, 105 Min., DF; R. + B.: Ethan and Joel Coen, K.: Roger Deakins, D.: John Turturro, John Goodman, Judy Davis. Eine der zynischsten Abrechnungen mit der Skrupellosigkeit der kommerzorientierten Filmbranche.

16:45 **Der Kopf bleibt verschlossen – *Barton Fink***
Stefan Hinz, Psychoanalytiker, Wilhelmsfeld

17:30 **Meta-Noir: Mit *Barton Fink* in Hollywoods schwarzes Herz**
Marcus Stiglegger, Filmwissenschaftler, Mainz

18:30 Diskussionsrunde 2

20:15 ***Inside Llewyn Davis***
USA 2013, 105 Min, DF, R. + B.: Ethan and Joel Coen, K.: Bruno Delbonnel, D.: Oscar Isaac, John Goodman, Carey Mulligan
Zwei Statements von Mechthild Zeul und Peter Bär
Gespräch mit dem Publikum
Der jüngste Film führt uns ins New York der Folkszene der frühen 60er Jahre.

Sonntag, 23. März 2014

09:15 ***No Country for Old Men***
USA 2007, 122 Min, D, R. + B.: Ethan and Joel Coen, K.: Roger Deakins, D.: Tommy Lee Jones, Javier Bardem, Josh Brolin. Einer der besten Filme der Coens mit viel Melancholie und sehr, sehr schwarzem Humor.

11:45 **Männersachen: Das Unsichtbare in *No Country for Old Men***
Andreas Hamburger, Psychoanalytiker, München und Berlin

12:30 **Mann ohne Eigenschaften – Das Subjekt als Leerstelle in *The Man Who Wasn't There***
Christiane Mathes, Filmkritikerin, Berlin

13:30 Schluss – Diskussionsrunde

Bisher in der Reihe erschienen

Im Dialog: Psychoanalyse und Filmtheorie

Herausgegeben von:
Cinema Quadrat e.V., Mannheim
Institut für Psychoanalyse und Psychotherapie Heidelberg-Mannheim
Psychoanalytisches Institut Heidelberg-Karlsruhe der Deutschen Psychoanalytischen Vereinigung (DPV)
Heidelberger Institut für Tiefenpsychologie
Verantwortlich: Gerhard Schneider und Peter Bär

Band 1 Alfred Hitchcock, Mannheim 2003; 68 Seiten, 2. Aufl. *Vergriffen*.
Mit Beiträgen von Peter Bär, Gerhard Bliersbach, Marli Feldvoß, Ursula von Keitz, Gerhard Schneider und Ralf Zwiebel.

Band 2 Roman Polanski, Mannheim 2004; 90 Seiten, *Vergriffen*.
Mit Beiträgen von Peter Bär, Joachim F. Danckwardt, Ursula von Keitz, Annegret Mahler-Bungers, Gerhard Midding, Rainer Reffert, Gerhard Schneider und Angelika Zitzelsberger-Schlez.

Band 3 Luis Buñuel, Mannheim 2005; 72 Seiten, ISBN 3-939113-00-X.
Mit Beiträgen von Peter Bär, Dirk Blothner, Peter Canzler, Helmut Däuker, Klaus Kreimeier, Gerhard Midding, Gerhard Schneider und Mechthild Zeul.

Band 4 Ingmar Bergman, Mannheim 2006; 96 Seiten, ISBN 3-939113-04-2.
Mit Beiträgen von Peter Bär, Eva Berberich, Claudia Frank, Sabina Ibertsberger, Peter W. Jansen, Ursula von Keitz, Soheila Kiani-Dorff und Gerhard Schneider.

Band 5 Pedro Almodóvar, Mannheim 2007; 74 Seiten, ISBN 978-3-939113-05-8.
Mit Beiträgen von Isolde Böhme, Gerhard Midding, Manfred Riepe, Werner Schneider-Quindeau, Philipp Soldt und Mechthild Zeul.

Band 6 David Lynch, Mannheim 2009; 112 Seiten, ISBN 978-3-939113-06-5.
Mit Beiträgen von Joachim F. Danckwardt, Stefan Hinz, Christiane Mathes, Hildegard Parekh, Volker Pietsch, Gerhard Schneider, Günther Schmidt, Norbert Schmitz und Georg Seeßlen.

Band 7 Michelangelo Antonioni. Mannheim 2011; 84 Seiten, ISBN 978-3-939113-08-9.
Mit Beiträgen von Eva Berberich, Martin Bölle, Peter Dettmering, Ursula von Keitz, Annegret Mahler-Bungers, Ralf Michael Fischer, Dieter Ohlmeier und Eckhard Schleifer.

Band 3–7 sind über die Webseite www.cinema-quadrat.de und über den bücherdienst psychosozial (www.psychosozial-verlag.de) erhältlich.

Erschienen im Psychosozial-Verlag:

Band 8 Pier Paolo Pasolini, Gerhard Schneider, Peter Bär (Hg.), Gießen 2012; 100 Seiten, 978-3-8379-2219-6.
Mit Beiträgen von Martin Bölle, Christoph Klimke, Günter Minas, Reimut Reiche, Gerhard Schneider, Marcus Stiglegger, Edeltraud Tilch-Bauschke und Christoph Walker.

Band 9 Darren Aronofsky, Peter Bär, Gerhard Schneider (Hg.), Gießen 2012; 88 Seiten, ISBN 978-3-8379-2220-2.
Mit Beiträgen von Helmut Däuker, Christiane Mathes, Werner Schneider-Quindeau, Peter Schraivogel, Marcus Stiglegger und Ralf Zwiebel.

Band 10 David Cronenberg, Gerhard Schneider, Peter Bär (Hg.), Gießen 2013; 123 Seiten, ISBN 978-3-8379- 2268-4.
Mit Beiträgen von Joachim F. Danckwardt, Helmut Däuker, Stefan Hinz, Signe Mähler, Christiane Mathes, Manfred Riepe, Marcus Stiglegger, Christoph E. Walker und Angelika Zitzelsberger-Schlez.

www.ingramcontent.com/pod-product-compliance
Ingram Content Group UK Ltd.
Pitfield, Milton Keynes, MK11 3LW, UK
UKHW061656190726
13853UKWH00008B/2241